谨以此书

向为中国科学事业作出卓越贡献的

科学家们致敬!

- "杨振宁星"国际永久编号第 3421 号小行星

- "李政道星"国际永久编号第 3443 号小行星

- "周光召星"国际永久编号第 3462 号小行星

- "钱学森星"国际永久编号第 3763 号小行星

- "朱光亚星"国际永久编号第 10388 号小行星

- "严济慈星"国际永久编号第 10611 号小行星

- "王淦昌星"国际永久编号第 14558 号小行星

- "钱三强星"国际永久编号第 25240 号小行星

- "叶笃正星"国际永久编号第 27895 号小行星

- "李四光星"国际永久编号第 137039 号小行星

- "郭永怀星"国际永久编号第 212796 号小行星

······

与20位大科学家面对面

FACE TO FACE WITH 20 GREAT SCIENTISTS

顾迈男 ◎ 著

广东高等教育出版社
Guangdong Higher Education Press

· 广州 ·

图书在版编目（CIP）数据

与 20 位大科学家面对面 / 顾迈男著 . —广州：广东高等教育出版社，2020.6（2020.7 重印）
　ISBN 978-7-5361-6751-3

Ⅰ . ①与… Ⅱ . ①顾… Ⅲ . ①科学家 – 访问记 – 世界 – 现代 Ⅳ . ① K816.1

中国版本图书馆 CIP 数据核字（2020）第 069253 号

书　　名	与 20 位大科学家面对面	
	YU 20 WEI DA KEXUEJIA MIAN DUI MIAN	
出版发行	广东高等教育出版社	
	社址：广州市天河区林和西横路　电话：（020）87554153	
	http://www.gdgjs.com.cn	
印　　刷	佛山市浩文彩色印刷有限公司	
开　　本	787 毫米 ×1 092 毫米　　1/16	
印　　张	14.75	
字　　数	296 千	
版　　次	2020 年 6 月第 1 版	
印　　次	2020 年 7 月第 2 次印刷	
定　　价	36.00 元	

如发现印装质量问题，请直接与印刷厂联系调换。

卷首语

卷首语

20世纪60年代至90年代，我在新华社任记者，在中国以及海外采访的数十年间，有机会接触并采访了国内外不少杰出的科学家。在深入采访这些科学家的经历时，我发现他们都是非常可敬可爱的人，不仅事业有成，而且人品高尚，他们的人生道路和一般人一样不平坦，甚至十分坎坷、窘困，但是，他们在人生的旅途中迎着风浪，逆流而上，机遇来临时，能勇敢、认真地面对，经过艰辛的跋涉，终于接近科学的顶峰。

书中记述的多位著名科学家的人生经历说明，个人的前途和命运同国家、民族的前途和命运是休戚相关的。许多科学家在青年时代都经历过民族危亡、颠沛流离的苦难，例如著名物理学家李政道、杨振宁、丁肇中，以及钱三强、严济慈、王淦昌等，在日本侵略者进犯中国的艰难岁月里，他们有的秉烛夜读，或是借助茶馆里比较明亮的灯光专心攻读；有的冒着日本飞机轰炸的风险，去抢救书本；有的挽起袖子在大后方带领年轻人研制战时国家急需的医疗器械……

中华人民共和国的诞生，给科学家们带来新的希望，他们怀着喜悦的心情纷纷回国发展科学、培养人才；当我国自行研制的"两弹一星"的任务摆在科学家们面前时，他们又纷纷放弃了自己多年从事的有名有利的科研项目，销声匿迹，隐姓埋名，到荒郊野外，风餐露宿……人们问他们为什么这样做时，他们朴实地回答：只是个人有名，国家不强盛，也没有用！也有的科学家用诗来形容自己的选择：灵台无计逃神矢。

总之，科学家们的事业是辉煌的，他们的人品是高尚的，他们的人生经历更是美丽动人的。现在，我用自己手中的笔记述了采访他们和他们的人生经历的故事，奉献给广大读者，但愿读者能和我有同样的感受。

顾迈男

2019 年秋

目录

- **1** 让中国大规模蝗灾变成历史
  ——记生态学奠基人马世骏
- **13** 写出中国人自己的建筑史
  ——记建筑史学宗师梁思成
- **25** 为中国找出石油和铀
  ——记中国现代地球科学和地质工作奠基人李四光
- **29** 祖国中兴宏伟　死生甘愿同依
  ——撰写《华罗庚传》的起因
- **45** 慧光穿宇宙　毕生献科学
  ——忆物理学家张文裕
- **56** 根在哪里，心就在哪里
  ——李政道与中国
- **77** 辛勤的架桥者
  ——杨振宁教授采访散记
- **91** 工作，工作，再工作
  ——丁肇中教授采访散记
- **117** 以身许国探秘原子世界
  ——忆王淦昌教授

127 ▶	为蘑菇云升起而奋斗	
	——"中国原子弹之父"钱三强	
139 ▶	此生不需浮名伴	
	——记核物理学家朱光亚	
150 ▶	科学家是有国家的	
	——记理论物理学家周光召	
160 ▶	中华民族永恒的骄傲	
	——记"两弹元勋"邓稼先	
176 ▶	大漠中的理想	
	——记核科学家陈能宽	
183 ▶	用身体保护绝密资料	
	——应永远怀念的科学家郭永怀	
187 ▶	目光穿越时空	
	——钱学森的故事	
194 ▶	追寻科学之光	
	——记中国物理学宗师严济慈	
202 ▶	遨游太空之梦	
	——记"长征三号"运载火箭总设计师谢光选	
210 ▶	大气人生抒远志	
	——记大气物理学家叶笃正	
220 ▶	船骥托起一片天	
	——记工程热物理学家吴仲华	
227 ▶	后记	

让中国大规模蝗灾变成历史

• 记生态学奠基人马世骏

科学家档案

马世骏(1915—1991),山东兖州人,中国生态学家。1937年毕业于北京大学农学院生物系,1948年获美国犹他大学研究院科学硕士学位,1950年获美国明尼苏达大学研究院哲学博士学位,1980年当选为中国科学院院士。

马世骏提出"改治结合、根除蝗害""种群变境成长"以及系统防治等新观点,制定了预测方法,丰富了昆虫种群生态学、生态地理学及害虫综合防治的理论,并在植保工作中发挥了重要作用。在治理环境污染和生态环境的保护方面,提出了"生态经济学"设想、"经济生态学"原则等一系列新观点。

1962年,我采写了题为《揭开蝗虫生活之迷》的通讯,记述了在著名生态学家马世骏教授的实验室里种种关于东亚飞蝗的见闻。新华社播发后,许多报纸在显著位置刊出。

采访之前我查看了关于中国发生蝗害的历史资料,不看则已,一看才知蝗虫在我国为害已有数千年之久。

据《五行志》记载,唐贞元元年(785):"夏,蝗,东自海,西尽河陇,群飞蔽天,旬日不息;所至,草木叶及畜毛靡有孑遗,饿殍枕道。秋,关辅大蝗,田稼食尽,百姓饥,捕蝗为食。"

《元史》又记载，元至正十九年（1359）："五月，山东、河东、河南、关中等处，蝗飞蔽天，人马不能行，所落沟堑尽平。""八月己卯，蝗自河北飞渡汴梁，食田禾一空。"

根据对甲骨文字的考证，我国有蝗灾的记载已经有3000多年的历史。蝗灾多半发生在黄淮海大平原上。新中国成立前，每隔一两年便发生一次，常常与水灾和旱灾交错出现。水灾、旱灾和蝗灾，成为我国历史上三大严重的自然灾害。据记载，近百年来就发生了三次毁灭性的大蝗灾。其中1929年发生的一次，全国受害的农田达3600百多万亩，飞蝗所到之处田禾荡然无存。这年，在南京以东沪宁线的下蜀镇，蝗蝻掩盖了铁轨，使火车无法前进而误点。4年后，蝗灾又大发，蔓延到了9省1市265个县，给人们带来了巨大灾难。1938年，国民党政府炸塌了郑州附近花园口的黄河大堤，大片黄泛区成了蝗虫的滋生地，大批蝗虫轮番在十几个省市近140个县迁飞为害，接连猖獗了几年，致使千百万人背井离乡，四处逃荒。

那么，蝗害到了20世纪60年代又是什么状况呢？

为了寻找答案，一个晴朗的夏日，我走进了中国科学院动物研究所马世骏教授的实验室。他和他的助手陈永林等随即接连数日数月，断断续续地给我讲了一个个闻所未闻的动人故事。

立志灭"神虫"

那是1951年冬季的一天，一艘从伦敦出发，经印度洋开来的轮船驶进了香港。当中国内地的轮廓在地平线上渐渐清晰的时候，船上从异国他乡归来的中国人都很兴奋。人群中，有位身材修长、眉目俊秀的年轻人，尽管一路上沉默寡言，只顾看书，但这时，他在船舱里再也坐不住了，丢下书本来到甲板上喧闹的人群中，凝视着祖国大陆，神情十分激动。

到了深圳，他弯下腰来捧起了一把泥土，一面流着热泪亲吻着祖国芳香的泥土，一面喃喃地自言自语说："啊，总算到家了！"

沐浴在温暖的阳光里，附近的广场上锣鼓喧天，穿红着绿的青年男女，打着腰鼓挥动着彩带，扭着欢快的秧歌舞，欢迎从四海归来的人们。

"请问，哪位是马世骏教授？"一位接待人员拨开人群，四处张望着问道。

"我就是马世骏。"刚刚亲吻了祖国泥土的年轻人，连忙用带有山东口音的普通话答道。

"请您跟我到旅馆里休息吧！"接待人员从马世骏手里接过行李，带他走出了海关。

第二天一早，马世骏便乘火车离开了深圳。

上了火车，他坐在车窗前，贪婪地注视着久别的岭南大地，陷入了沉思，记忆中又出现了故乡微山湖畔的原野……

秋天，马世骏跟着大人们到地里收割庄稼，火红的高粱，金黄的谷穗，沉甸甸地在微风中摇曳。忽然间，天边出现了一块"乌云"，那"乌云"迅速地移动着，离地面越来越近，转眼间天昏地暗起来。

"'神虫'来了！"

"不得了啦！"

"啊呀呀，老天爷保佑俺们的庄稼吧——"

人们一面呼喊着求救，一面在村子里、田野上惊慌失措地奔跑。顿时，祈求声、呼救声、各种器具的敲击声，响成一片。伴随着各种使人惊心动魄的声音，成群的飞蝗如狂风暴雨般地呼啸着，遮天盖地而来。大群的飞蝗在田野上滚滚前进，把地里的庄稼、树木的叶子啃个精光。

"神虫"过后，大地一片荒凉。面对着劫后的惨状，老百姓只能在村子里盖起蚱蜢庙，给"神虫"烧香磕头，祈求不要再降临；许多人哭泣着，不得不外出逃荒……

飞蝗给人们带来的深重灾难，深深地铭刻在少年马世骏的记忆里。长大以后，他考取了北平大学农学院生物系，立志研究和治理蝗虫及其他害虫。

学成归国

回国后，他先乘火车到了上海。

"学成了，一定回来啊——我等着你！"那位笑吟吟的上海姑娘临别时讲的话，又在他的耳边响起。

"4年了,她还在等我吗?"中美之间的战争状态使他们之间断了音讯,马世骏有些不安地想。

他还记得,那是一个春天的夜晚,他来到上海静安寺附近一位犹太老人的家里补习英文,准备去美国留学。在这里,无意中和一位名叫武余芳的上海姑娘邂逅。从此以后,两位年轻人天天不期而遇地在灯下跟着犹太老人念英文,爱神也悄然而至。

一天,他们在黄浦江边散步,马世骏怯生生地问武余芳能不能等他从美国留学回来以后再结婚。从小没有离开过上海的武余芳,很喜欢这位感情深沉的北方青年,她知道太平洋的惊涛骇浪有可能使他们永久地分离,但她还是坚定地说:"你放心地走吧,我等着你!"

几天之后,马世骏就从黄浦江乘船离开了祖国。一踏上北美大陆,他就开始了紧张的求学生涯。为了挣钱养活自己,马世骏白天在明尼苏达大学上课,并帮助教授做些辅助工作,晚上又要查文献、写论文。完全靠半工半读,苦读了四年,马世骏获得了硕士和博士学位。

在美国的四年间,他的才貌和勤奋赢得了姑娘们的爱慕,只要他愿意,金钱、地位、荣誉和爱情唾手可得。可是,当各种诱惑都向他招手的时候,他想的却是如何尽快回国。但一次次回国申请都遭到了拒绝。

一天,他和一些要好的美国同事又谈起了回国的事。一位美国教授不解地问他:"中国贫穷落后,科学技术不发达,在美国工作,你有很好的前途,你何必一定要回去呢?"

"中国连年发生蝗灾,说明中国太落后了,连消灭蝗虫的飞机和农药都没有,你回去能做什么?"另一位美国昆虫学家也劝他说。

这些劝告和议论,反倒促他猛醒,促他奋发。他觉得,作为一名中国人,要想在世界上抬起头来,必须首先使自己的国家强盛起来。于是,他断然拒绝了挽留,可却一次次都拿不到回国的签证。有位美国教授深深地被他的爱国精神感动了。1951年秋天,这位教授给他提供了可以到荷兰参加国际会议的机会,就这样,他借着到欧洲参加国际会议的机会告别了美国,渡过大西洋到了荷兰,开完会又辗转到达伦敦。在伦敦的半个月里,他天天到大英博物馆拜访乌瓦洛夫,为的是向这位世界著名的蝗虫专家讨教灭蝗的经验和办法,回国后好对付正猖獗为害农作物的东亚飞蝗……

"为祖国争口气!"

随后,马世骏又谈了回国后做的工作。

我被马世骏教授讲的故事深深地打动了。过后,写了数千字的长篇通讯,经新华社对国内外播发后,1962年7月12日,《人民日报》在二版头条位置,以半版的篇幅刊登了这篇题为《揭开蝗虫生活之谜》的通讯稿。

在采访马世骏教授的过程中,我对这位立志消灭东亚飞蝗的科学家产生了深深的敬意,文稿发表后,我没有停止与他的交往,又时不时地去他的实验室访谈,以期积累更多的素材,续写他的故事。

"回国后,你找到武余芳了吗?她变了吗?"有一天,我急切地问他。

马世骏告诉我,到了上海,他先是被安排在实验生物研究所工作。四年多的离别,武余芳未改初衷,仍然一如既往地爱着他。回国后,在上海待了不到一个月,他忽然接到中国科学院的通知,要他立即赶到北京,参加筹建新中国第一个昆虫研究所的工作。

第二天一早,他和武余芳办了结婚登记手续,没有来得及举行婚礼,下午就匆匆踏上了去北京的列车。

到了北京,他顾不上欣赏这座古都的风光,而是兴致勃勃地走进了北京动物园附近的一座破庙里。这座年久失修的破庙,到处悬挂着蜘蛛网,从发霉的角落里不时地蹿出一只只惊恐张望的老鼠。他和科学家朱弘复等人,迈进破庙的殿堂时,脚踩在腐朽的木板地上,直往下陷。

新中国的昆虫科学研究就是在这座破庙里开始的。

马世骏深知国家百废待兴,他和其他科技人员一起,愉快地把破庙打扫得干干净净,自己动手安装好各种测试仪器。在一张破桌子前面坐下来,摊开文献资料,着手筹划如何对付蝗虫和其他害虫。过了些日子,武余芳也到了北京。婚后,他们把家安在了西四颁赏胡同——中国科学院的招待所。

正当马世骏和其他科学家准备专心致志地开展科学研究的时候，忽然从朝鲜战场上传来了骇人听闻的消息：美国人在朝鲜和中国东北丢了细菌炸弹。昆虫研究所召开紧急会议宣布了这件事，到会的科学家们听后都很愤慨。研究所的负责人说，中国政府决定派专家调查团赴现场调查，然后拿出证据到国际上提起公诉，希望在场的科学家也积极参加。

"我去！"负责人的话音刚落，马世骏就举手报名。

"你刚回国，又结婚不久，敌人的飞机天天狂轰滥炸，还是不要去了吧！"当时的中国科学院副院长竺可桢教授和研究所的负责人劝阻他。

马世骏听了，仍然坚持要到前线去，他激动地说："回国就是为了吃苦，为了改变国家贫穷落后的面貌。现在，战火已经烧到了祖国的大门口，形势不允许我们和平建设，请求组织上让我去吧！"说到这里，他的眼睛湿润了："我就是死，也要死在为国捐躯的行列里，为祖国争口气！"竺可桢见他情真意切，便没有再阻拦。几天以后，马世骏就离别新婚的妻子，在"雄赳赳，气昂昂"的悲壮战歌声中出发了。

到了前线，马世骏和钟惠澜等科学家一起，在硝烟四起的鸭绿江西岸，冒着美国飞机的狂轰滥炸，辗转在沈阳、安东（今丹东）一带的城市和乡村调查，找到了许多有关细菌弹的证据。在国际调查团的论证会上出席作证，写文章，强烈谴责美国侵略者的罪行。

忘我工作

马世骏从前线调查回来，一件迫在眉睫的工作又摆在了他和他的助手们的面前：国家和人民殷切希望尽快消灭蝗虫，要求科学家们拿出办法来。

告急的消息从四面八方传来："安徽、江苏出现成群的飞蝗！"

"飞蝗在山东、河南为害！"

"河北出现飞蝗！"

"飞蝗吃了大片农田，群众生活陷入困境！"

"飞蝗快到天安门啦！"

农业部长把马世骏等专家找去召开紧急会议，传达了周恩来总理的指示：要立即派专家到蝗区，采取专家、群众、干部相结合的办法消灭飞蝗。

会后，马世骏心事重重地回到家里，坐在桌前，又翻看了那本不知看了多少遍的徐光启写的《农政全书》，琢磨着怎样消灭飞蝗。

"先事修备，既事修救……"他一面看，一面默默地念诵。

"这就是说，防应当重于治！"他心想。

"地势有良薄，山泽有异宜，顺天时，量地利，则用力少，而成功多矣！"

"对，要因地制宜！"看着看着，他心里豁然开朗起来。正当他看书、想问题入迷的时候，武余芳兴冲冲地走来对他讲了几句话，他呆呆地望着她，未做回答。

"噢，你刚才说什么？"过了很长时间，他忽然才想起来问道。

"我刚才说什么，你现在才问？"妻子怒气冲冲地说。

"对不起，我刚才正在想事情，只见你的嘴动，没听见你说什么。"马世骏抱歉地笑着说。

"你回来就捧着本书看，这个家对你来说，不过是个单身汉住的旅馆，你知道米多少钱一斤？菜多少钱一斤？丢下我一人孤单单地在北京，眼前又无亲友！"武余芳越说越生气。说完，就趴在桌上呜呜地哭起来。

"余芳，都是我不好，对你不关心，对家里的事情也不够关心。可是，你要是知道蝗灾是怎样严重地威胁着灾区和全国人民的生存，而我，作为一名昆虫学工作者却没有尽到自己的责任，心里是多么地焦急。理解这一点，你就会原谅我的不礼貌，不体贴了。"

"你研究好了，我又没有扯你的后腿！"

马世骏和颜悦色地抚慰完妻子，随即告诉她自己要深入"虎穴"里去："要弄清蝗虫是在什么地方生长繁殖，又是从什么地方起飞的，光待在北京、停留在实验室里研究是不行的，实验室的研究是需要的，但同时必须到大自然里去观察、去研究。谚语说：不入虎穴焉得虎子，只有这样室内外结合，才能找到根治的办法。"

讲到这里，他对妻子说："你准备准备，给我送行吧！"

"到哪里去？"

"到洪泽湖去！"

"多久？"

"半年，也许更长。"

武余芳听了，心想：自从爱神把两个人拉到一起，分别的时候多，相聚的时候少，虽然自己很想和丈夫厮守在一起，可是，这是不行的。过去他远走异域，回来不久又冒着生命危险到前线，自己都没有阻拦过。这次，也决不能扯他的后腿。想到这些，便说："那你就放心地走好了，反正从来都是你创造的价值比我要大得多！"说完，两人嘿嘿地笑起来。

1952年春末夏初的一天，马世骏和他的助手陈永林、尤其儆等人，携带着仪器、帐篷和行李，来到江苏省泗洪县的洪泽湖畔。

洪泽湖一片汪洋，湖畔和湖里的大片芦苇荡和沼泽地，不仅是东亚飞蝗的老巢，也是土匪和国民党残留人员的藏身之地。

马世骏等人把帐篷支在荒野里，每天拂晓起床后，便在武装人员的护送下，携带着仪器、望远镜、雨衣和其他的生活用具，乘船进入洪泽湖。在长达几个月的时间里，他们顶着风雨和烈日，忍受着蚊虫叮咬，在湖里转来转去，实地察看了一片又一片芦苇荡，仔细地观测和记录着蝗虫在自然界是怎样孵化、活动、生儿育女，成虫之后，又是怎样成群地飞出去危害农作物的生活规律。

他们日复一日地冒着酷暑在芦苇荡里考察，常常是汗流浃背，身上划了一道道血口子。有时，为了观察芦苇荡里的蝗虫向外迁飞的时间，他们就把船停泊在附近，屏住呼吸日夜在甲板上观察蝗虫的动静。经过日日夜夜地潜心观察，终于弄清了东亚飞蝗的生长、繁育、起飞、迁移、降落和成群转移的规律。

"你们在野外是怎样生活的呢？"有一次，我关切地问马世骏和他的助手们。

他们说，连年不断的水旱蝗灾，使蝗区群众的生活困苦不堪，许多地区的群众长年靠吃国家救济粮度日。因此，他们在蝗区考察时，生活也极为艰苦，住在老百姓家里和老乡一起吃糠咽菜，在野外饿了就啃几口干馒头；有时候，连馒头也吃不上，就用清水煮白薯干吃，或是吃清汤煮豆饼。有一年，他们在微山湖考察，当地群众因遭旱灾和蝗灾，几乎颗粒无收，困难到了极点。他们只好一连数日到湖里捞来湖草，剁碎以后拌上黑豆粉充饥。吃后，肚子发胀，大便不通，下肢浮肿，走起路来一点劲也没有，蹲下站起来的时候，两眼直冒金花。

一天，在野外考察，总是乐呵呵的小伙子陈永林饥肠辘辘，笑着对同伴们说："现在咱们要是能到泗洪县城里，吃碗王麻子肉丝面，那该多美呀！"

"等着吧，等把蝗虫消灭了，别说吃王麻子肉丝面，鸡鸭鱼肉都会有的！"这时，马世骏已经因吃湖草得了慢性肠炎，人越来越瘦，但他还是充满信心地鼓励大家。

考察中，他们遇到了许多预想不到的艰难险阻。譬如在洪泽湖的一次考察，他们险些被湖水吞没。还有一次在微山湖考察，他们的船航行到一个水闸附近时，奔腾的急流把抛到水里的锚链冲断了，船也被冲到了闸口附近，如果撞到闸口上，连船带人就全完了。正在千钧一发之际，马世骏用力抓住了舵，陈永林等几位年轻人扑通扑通地跳到急流中，用力把船推开，才脱了险。

中华人民共和国成立后的15年里，马世骏率领课题组成员每年有8个多月的时间，跋涉在湖泊内外，奔走在沿海荒滩，日夜不停顿地追寻着飞蝗的踪迹。他们风餐露宿，披荆斩棘，为消灭飞蝗忘我地工作着。他们考察了洪泽湖，又考察微山湖，然后，背着行李和仪器，沿着新海连市（今连云港市）一直步行考察到南通。为了在一个地方做系统的、不间断的考察，他们常常就在途中的荒野里支起帐篷。蝗灾发生地区，蚊虫肆虐，毒蛇出没，即使三伏天，他们也穿着厚厚的衣服，连裤脚管都得绑起来，只露出头。

采访中，他们说，在洪泽湖，在微山湖，在沿海的荒滩沼泽地里，他们一边考察，一边和群众一起动手扑灭蝗虫。当时，灭蝗的各种机械和农药，都很短缺。一天，烈日当空，他们正和当地农民一起，在洪泽湖边一人手拿一只鞋底，趴在地上不停地扑打蝗虫时，咕咚一声，一位中年农民一头栽在了地上。

"这人怎么啦，他怎么啦？"

人们纷纷围过来问。那位面色苍白的农民，紧闭着双眼，躺在地上，失去了知觉，抬到县医院时，已经死去。

马世骏等人在一旁看了，非常难过。他想，中国几千年来这种落后的灭蝗办法一直延续到现在，人们已经付出了血的代价，决不能让中国人再用宝贵的生命灭蝗。

在这之后，他和助手们在泗洪县的谷亭镇亲自动手开辟了一块样板田，把改造农业生态环境和消灭飞蝗的发生地结合起来，研究用"改治结合"的办法来灭蝗。

试验取得了很大成功。吸引了不同乡镇的农民前来参观、取经，当地政府听取了马世骏的报告，组织人们参观了样板田，一种可以使蝗虫遭到灭顶之灾的办法，在当地迅速地推广开来。

在这之后，马世骏又负责地向国内外科学家们报告了多年来他们在洪泽湖、微山湖、黄海沿岸的考察结果，他说："根据我们多年观测所掌握的大量数据说明，东亚飞蝗是相当典型的草原型昆虫，它具有草原型昆虫的生活特征，对湿度和温度有较大的适应范围，喜光，运动器官发达，能做远距离的迁移，有群居的习性，这种害虫主要分布在中国东部农业区边缘的草原地带，所以容易造成农业大灾害，是中国历代危害性最大的害虫之一。"

谈到治蝗建议时，他说："因此，我们认为在湖区、沿海荒滩和河泛区（黄河、海河），采取改（改造自然）治结合、根除蝗害的办法，不仅有科学上的价值，而且有利于增产粮棉和发展水产，建议在各蝗区推广这种办法。"

在竺可桢教授主持的一次报告会上，中外专家们热烈讨论了马世骏的报告，一致认为，他的研究立论充分，办法切实可行，一致建议政府采纳。

过了些日子，中国科学院生物学部召开了全国性座谈会，邀请各地的昆虫学家们再次听取了马世骏的报告，认真讨论了他提出的治蝗办法，专家们再次充分肯定了他的研究成果。

不久，全国各地的治蝗站、植保站如雨后春笋般地出现了，专家、群众、干部拧成一股绳，一锄头、一锄头地刨着蝗虫产卵的土地，然后，种上了各种庄稼和果树……

"为自己的祖国服务，是幸福的！"

15年后的秋天，洪泽湖畔的果园里苹果熟了，葡萄结果累累，鸭梨挂满了枝头。一天，阵阵欢笑声打破了果园的寂静，许多农民簇拥着马世骏教授，边走边笑，兴奋地指点着秀丽的田园风光。这天，他旧地重游，满面笑容地走在欢天喜地的人群里。

"你看，咱们当年的愿望总算实现了！"泗洪县的一位老乡紧紧地拉着马世骏的手，指着昔日湖荒地上长出的大片果树林说。

马世骏听了，点了点头，他停下来摸了摸一棵正在茁壮成长的果树，泪水顺着瘦削的面颊流了下来。

这天，当地人民用蝗区出产的各种美味佳肴款待了他。

在马世骏教授回国30年后的一天，1981年我又采访了他。

他对我讲了这样一番话："30年来，我已经把自己的命运和祖国的命运紧紧地连在了一起。回顾往事，我觉得一个人能为自己的祖国服务，是幸福的！"

过后，我写了长篇报告文学——《归来三十个春秋》。

1990年12月，马世骏75岁诞辰之际，他的来自北京及全国各地的学生代表们欢聚一堂，召开了"马世骏学术思想讨论会"。会议决定出版《马世骏文集》。为此，他亲自写下了《促进我从事生态学工作的动力》一文，作为文集的代序。不幸的事情发生了：在这之后，不到一周，马世骏教授在外出工作的途中遭遇车祸，因公殉职。文集的序言成为他的谢世之作，他为自己美丽的科学人生画上了圆满的句号。

1995年1月，中国环境科学出版社出版的《马世骏文集》前言写道："他，有过根治东亚飞蝗之害的光辉业绩，他创立了一套整体、协调、循环、自生的学术思想，培养了一支执着奉献、锐意进取的生态学队伍，开创了生机盎然的中国城乡可持续发展生态建设事业。这位蜚声中外的科学家，就是一代生态学巨匠——中国生态学的奠基人马世骏。"

马世骏教授去世后，他的助手和学生陈永林等料理了他的后事，并忠实地继承了他未竟的事业。如今，他们坚持不懈地带领着新一代的年轻人和东亚飞蝗继续斗争着，为的是防止这种猖獗了数千年的大害虫再卷土重来。

马世骏正如他的名字一样,是一匹不知疲倦的骏马,一生都在赶路、开路和引路。他的一心报国、矢志不渝的爱国精神,面向国家重大需求的担当精神,不断创新、勇于实践的开拓精神,团结协作、甘为人梯的奉献精神将永远激励中国生态学工作者去进取、攀登、继往开来,为生态文明建设,实现人与自然和谐的中国梦做出贡献。

——中国科学院动物研究所

写出中国人自己的建筑史

• 记建筑史学宗师梁思成

科学家档案

梁思成（1901—1972），籍贯广东新会，毕生致力于中国古代建筑的研究和保护，是建筑历史学家、建筑教育家和建筑师，被誉为"中国近代建筑之父"。毕生从事中国古代建筑研究和建筑教育事业，系统调查、整理、研究了中国古代建筑的历史和理论，是这一学科的开拓者和奠基者。参与了人民英雄纪念碑、中华人民共和国国徽等作品的设计。

1964年夏季来临时，中国科学界举行了一次空前的盛会——北京科学讨论会。

这是中国首次举办规模空前的科学讨论会。届时，各国科学家将在新建成的北京科学会堂宣读论文，交流科研成果，展望科学发展的未来。作为东道主，我国各有关方面都很重视这次讨论会。我除了分工负责采写大会综合新闻外，按编辑部的要求，还要采访几位中国当代著名的科学家，其中就有著名建筑历史学家梁思成。

在这之前，我对梁思成教授知之甚少，只听说他是参与发动戊戌变法的梁启超的公子，还听说他对中国古建筑热爱到了痴迷的程度，新中国成立后，北京的城墙和牌楼拆除时，他曾经心痛地哭起来……

对梁思成教授的采访，至今记忆犹新。

那是在1964年夏天一个酷热难当的日子。我走进了清华园梁思成教授家的大门。进屋以后，我发现他大概是由于身体不适，正坐在床上等我呢。他面色苍白、瘦削。当时正值盛夏，在他面前放着一台比手掌略大些的小电扇，电扇的风力很弱。我想他大概是又怕热、又怕风，体力不支，因此才用了这么小的电扇吧！

梁思成教授虽然身体欠佳，思维却很敏捷，非常健谈。对于我提出的问题，他都一一作答。其中有他对中国建筑学的回顾与展望，以及若干年来中国建筑研究方面的工作。他还谈了对北京科学讨论会的希望和祝愿。

他很有兴致地谈到，这年（1964年）3月他曾经重新考察了阔别30年的赵州桥，同行的有桥梁专家茅以升和文化部的一些领导。他说：30年前，当他初次见到河北省赵县这座公元7世纪初建造的大石桥（即安济桥）时，十分兴奋，对造桥的隋代工匠李春非常钦佩。但测绘完毕临走时，他又很不放心，生怕同这座已经度过了1300多个寒暑的古桥"一别即成永诀"。30年后，见到这座桥在经历了风雨和战火后依然健在，并且已被列为全国重点文物保护对象，重修工作已经开始，被埋在河底污泥中的桥上的栏杆也已重见天日。他觉得这座桥可以"延年益寿"，说不定还可以再屹立1300年呢！

梁思成当年怎么会想到要去考察这座半埋在洨河干枯的河床中的古老石桥呢？原来，那时他正在搜寻华北各地古建筑的线索。在老百姓中流传很广的两句谚语引起了他对赵州桥的注意——华北地区有四"宝"：沧州狮子应州塔，正定菩萨赵州桥。1934年初，他已经考察过其中的"二宝"，即"应州塔"（山西应县的辽代木塔）和"正定菩萨"（河北正定的隆兴寺宋代寺庙）。于是，他将注意力转向了赵州桥。带有神话色彩的民谣《小放牛》也引起了他的浓厚兴趣："赵州桥，鲁班爷修，玉石栏杆圣人留，张果老骑驴桥上走，柴王爷推车压了一道沟！"

梁思成和助手莫宗江1934年去了赵县，详细测绘了赵州桥。他在随后发表的考察报告中肯定这座桥是"伟丽惊人的隋朝建筑原物"，其结构"表现出一种极近代的、进步的工程精神"，令人"惊异"。他特别指出，这座单孔石桥，在跨度为37.47米的大卷之上的南北两端各有两个小卷，以减轻桥的荷载的"空撞卷法"，在欧洲直至近代工程才是一种通行的做法，而欧洲的此类"空撞卷桥"比安济桥要晚700～1200年。他说，赵州桥的"造法及式样，乃是一个天才的独创，并不是普通匠人沿袭一个时代固有的规矩的作品"。

这次采访后，我意犹未尽，继续了解梁思成教授的生平和事业。

改革开放以后，我阅读了他的同事和学生们回忆和怀念他的文章，包括楼庆西为他写的传记。我还采访了他的女儿梁再冰（新华社高级编辑）。这使我对他有了更多、更深的了解。

从小偏爱"匠作之事"

1901年4月，梁思成生于日本，这是戊戌变法失败后，他的父亲梁启超流亡日本的时期。梁思成的母亲李惠仙是贵州人，李惠仙的父、兄都曾在清朝政府中做官，堂兄李端棻曾官至礼部尚书。李端棻有维新思想，曾在一次科举考试中看中了梁启超的文章和才华，因而决定把堂妹许配给他。这位清廷大臣后来因为支持维新变法运动，力主废科举，推广学校，在变法失败后被发配到新疆。

梁再冰说："父亲是祖父的次子，但我的伯父早夭。父亲上小学时，祖父住在日本神户郊区的须磨。祖父把自己的住处叫'双涛园'，因为那里既有海涛，又有松涛。小时候，父亲和他的弟妹们喜欢到海滨游泳，每天坐火车去华侨子弟学校——大同学校读书。他在日本度过了童年，10岁时才同全家人一起回国。"

"你的祖父梁启超先生也回来了吗？"在采访中，我关切地问道。

"是的，他在1912年回国时，清王朝已经覆灭。"梁再冰说，"可能是由于父亲出生在国外，而当时中国又处于巨大的忧患之中的缘故，在祖父的影响下，父亲自幼就有一种深切的民族危机感。他对自己的祖国怀有一种海外赤子的爱国热忱，这种爱国心贯穿于他的一生。"

"父亲常对我们说，他小的时候最怕的就是亡国，怕帝国主义瓜分中国，怕当亡国奴。广东新会是祖父梁启超的家乡，这里的崖门是宋王朝覆灭后，南宋大臣陆秀夫在元军追击下背负着宋室幼帝投海的地方。这件事在当地百姓中流传了几百年。此类史实，经祖父之口给父亲留下了深刻印象。因此，在他后来的人生旅途中，最盼望的就是中国能够强大起来，不受列强和异族的欺压。"

少年梁思成回国后，随父亲住在北京的北海一带。他对这里的"团城"，后来被拆除的"金鳌""玉蝀"两座牌楼，以及东面的景山等都很熟悉。这也是北京最美的地方之一。梁思成对北京的感情可能是从这时开始的。后来，当他了解到北京是世界上仅存的完整古都时，这种感情就更深了。

"听说梁思成教授对拆除东四牌楼、西四牌楼很不赞成，曾坐在地上大哭，有这事吗？"采访中，我笑着问梁再冰。

"他不仅反对拆牌楼，也反对拆城墙。"梁再冰笑着回答。

从日本回国后，梁思成曾在北京汇文中学学习，后来进入"清华学堂"（当时是留美预备学校），接受"中西文化荟萃一堂"的教育，同时继续接受梁启超这位特殊的家庭教师的教育。这使他一方面受到博大精深的中华文化的强烈吸引，另一方面又学习了英语和数理化等现代学科。清华重视对青少年在体育、音乐、绘画和木工劳作等方面的训练，这种教育使梁思成的潜在能力得到多方面的开发。他在游泳、撑竿跳和爬绳等方面表现突出，是清华著名体育教师马约翰的学生。他也曾担任清华管乐队的队长，能吹小号和短笛。当时这个乐队的成员还包括后来的音乐家黄自、生物学家汤佩松、考古学家梁思永（梁思成三弟）、新中国第一代外交家章汉夫（当时叫谢启泰）、著名建筑师陈植等人。梁思成尤其擅长钢笔画，曾任《清华年报》美术编辑。绘画方面的训练为他后来学建筑打下了很好的基础。他也爱好木工和雕刻，他自己说，当时他的志愿是将来当一名雕刻家。这是他后来不仅致力于研究中国建筑史，也倾心于研究中国雕塑史的发端。

但是，按照中国社会的传统观念，读书人应该把主要的精力放在"读书"上，而不应该去从事"匠作之事"，如建筑、雕刻之类的"匠学""非士大夫之事"，而梁思成却偏爱为士大夫所鄙薄的"匠作之事"。

梁再冰回忆说："父亲从小就爱好'匠作之事'，他有一双灵巧且能干的手，凡需要手的技巧的工作，他都能精确地、出色地完成。经过现代教育的严格训练之后，他这方面的天赋得到充分发挥。他的精湛的建筑绘画便是其中一例，他也善于作徒手画。"

实地测绘中国古建筑

大约 17 岁时，梁思成认识了后来的妻子林徽因，当时林徽因只有 14 岁，她

写出中国人自己的建筑史

的父亲林长民是梁启超的朋友,曾留学日本,擅长书法。

"这就是我的母亲。"采访中,梁再冰指着照片上一位面部轮廓美丽、双眸明亮、神采焕发的小姑娘说。

第一次世界大战结束后,16岁的林徽因曾随父亲到英国读书一年。1924—1928年,她和梁思成一起到美国费城宾州大学学习。梁思成进入建筑系,林徽因在美术学院,选修建筑系的课程。梁思成在宾州大学毕业后,曾到哈佛大学进修约半年,主要是阅读西方人写的各种关于中国建筑和雕刻的书籍。当时,中国在这方面的研究还是一片空白。林徽因爱好文学,从宾州大学毕业后,曾去耶鲁大学戏剧学院学了半年舞台美术。

梁思成和林徽因在1928年3月结婚后不久,便取道欧洲回国,途经英国、法国、德国、意大利和西班牙时,曾做短暂停留。他们实地观摩了一些欧洲古典建筑,实际上是把他们从书本上学到的欧洲建筑史"复习"了一遍。也可以说,这是他们后来在国内共同考察、测绘中国古代建筑的一次"预演"。直到1955年林徽因去世为止,他们俩在中国建筑史和建筑艺术的研究方面是难得的知音,在生活上是患难与共的伴侣。

1928年夏天,梁思成和林徽因回到北京。梁启超对这对新人的归来很是宽慰,但此时他的肾病已经不治。1929年1月,梁启超去世,年仅57岁。梁思成这年28岁,除长姐梁思顺外,他是兄弟姐妹九人中的最年长者,他最小的弟弟梁思礼(后来成为新中国的航天专家)此时年仅5岁。

梁思成在留学期间看到,古建筑在欧美各国受到重视和保护,许多学者致力于古建筑的科学研究;而在当时的中国,一个有着几千年文化的中华民族,却不重视祖先留下的、丰富的古建筑遗产。在那军阀混战的年代,他回国后见到的是满目苍凉,连珍贵的云冈和龙门的石窟佛像、敦煌壁画都无人关心和研究,甚至被盗卖、抢劫,千年文物流落异邦，有历史价值的古建筑危立在风雨之中，只有少数外国人对之进行过考察，还从没有中国人进行过这方面的研究。当时的情况是，中国人在了解自己的文化艺术遗产时，要靠外国人编写的书刊，他认为这是一种民族的耻辱。他愤然下定决心：中国人一定要研究自己的建筑；中国人一定要写出自己的建筑史。

从1931年起，他参加了当时在北平由朱启钤老先生创办的一所专门研究中国古代建筑的学术机构——中国营造学社（当时设在中山公园里）。从此以后，他把毕生的精力投入到了这项事业之中。

梁思成说："近代学者治学之道，首重证据，以实物为理论之后盾，俗谚所谓'百闻不如一见'，适合科学方法。艺术之鉴赏，就造型美术而言，尤须重'见'，读跛万篇不如得原画一瞥，秉斯旨以研究建筑，始庶几得其门径。"（见《蓟县独乐寺观音阁山门考》，梁思成著，载《中国营造学社汇刊》第3卷第2期）

因此，梁思成从一开始就坚持用近代的科学方法进行实地测绘，研究中国古代建筑。他在研究北京故宫时，手执清廷公布的《工部工程作法则例》，对照实物，从整体到局部，从构造到装饰，逐个去认识、测量、记录，遇到实物中的疑难问题，就求教于老工匠。在他们的帮助下，用这种书本对照实物的方法，他逐渐弄清了清代建筑的结构与形制。1932年，他对蓟县独乐寺观音阁进行了实物测绘，访问了当地老者，发表了第一篇调查报告。这也是中国人第一次用科学方法对中国古建筑进行研究的成果。此后，他和中国营造学社的同事们一起，查史料，翻县志，深入荒郊野岭，对许多古建筑进行了实物考察测绘，先后写出了《蓟县独乐寺观音阁山门考》《正定古建筑调查纪略》《大同古建筑调查报告》《赵县大石桥》等考察报告，还在考察的基础上就古建筑维修提出了书面建议，如《曲阜孔庙之建筑及其修葺计划》等。梁思成和他的同事们根据实地考察所得，将一座座从汉唐、宋辽到明清各代的建筑珍宝逐一介绍给世人。

梁思成在古建筑的调查中坚持高标准：测量力求细致，分析要有根据，绘图要精确，所出成果要达到世界水平。

20世纪30年代，华北地区的人民生活极为困苦，交通十分落后，但梁思成为了找到有价值的古建筑实物，不仅考察名刹古寺，还常常到荒山僻野去寻找那些已

写出中国人自己的建筑史

> 中国的建筑千篇一律，你看都是千篇一律，同时千变万化。
> ——梁思成

被遗忘、名不见经传的建筑遗迹。他和妻子林徽因以及营造学社的同事们，在抗战前的六年中，曾跑遍华北地区的几十个县和江浙的若干地区，搜寻、考察、拍摄、测绘古建筑，积累了丰富的第一手资料，为中国建筑史的科学研究奠定了坚实的基础。

1934年，梁思成根据自己科学严谨的调查研究，写出了专著《清式营造则例》（其中"绪论"一章为林徽因所写）。这部专著对中国建筑的结构和形制进行了科学的分析，第一次用近代建筑投影图详细绘制出清式建筑的构架、门窗、装饰和彩画。几十年来，这本书一直是中国古建筑初学者的入门必读教材，是讲授中国古建筑必备的参考书籍，也是现在古建筑维修人员常用的工具书。

在中国古建筑结构中，梁思成十分重视对"斗拱"的研究。他认为"斗拱"是中国建筑的特征之一，是中国建筑结构特有的部分，也是了解中国建筑的"钥匙"。他在分析和比较汉、唐、宋、辽、金、元、明、清各代建筑的各类"斗拱"的基础上，总结出根据"斗拱"不同的制度和风格鉴别古建筑年代的方法。这一方法至今仍为我国文物工作者所用。20世纪30年代前期，他同刘敦桢、鲍鼎和林徽因等建筑学家共同发表了《汉代的建筑式样与装饰》《云冈石窟中所表现的北魏建筑》以及《我们所知道的唐代佛寺与宫殿》等论文，为撰写第一部《中国建筑发展史》勾勒出了雏形。

但是，直到1937年，梁思成和他的同事们还没有在国内发现过唐代的木结构建筑实物。

抗战辗转中坚持建筑研究

梁再冰说："1937年暑假，父母请姑姑带我到北戴河度夏（那时我上小学三年级），他们自己则到山西省五台山地区去寻找那曾在敦煌壁画上见到的'佛光寺'。

7月上旬，我的父母和莫宗江先生在五台山地区的豆村发现了'佛光寺'，并考证其为当时国内仅存的唐代木结构建筑。当他们正为此惊喜不已时，传来了卢沟桥的炮声。迟至7月12日，他们骑骡子、爬山、坐货车、骑马走出了五台山，又经沙河到代县后，才得知七七事变的消息，闻讯后立即出雁门关，绕道大同和张家口（当时平汉、津浦两条铁路都已不通车）赶回了北平。"

梁再冰还回忆："父母回来后，同清华、北大的一些教授们相约，要以行动支持北平守军反抗侵略者，决心'与城共存亡'。但后来中国守军撤出了城区，古城沦陷了。父亲不愿生活在侵略者的铁蹄下，于1937年8月带领全家离开北平，经天津、青岛、济南、徐州、郑州、武汉到达长沙，在火车站附近租了两间房子。在艰苦的环境里，他们自己烧饭、洗衣，教孩子们唱《义勇军进行曲》。我弟弟从诫是在1932年出生的，这时他刚满5岁，我已经8岁。"

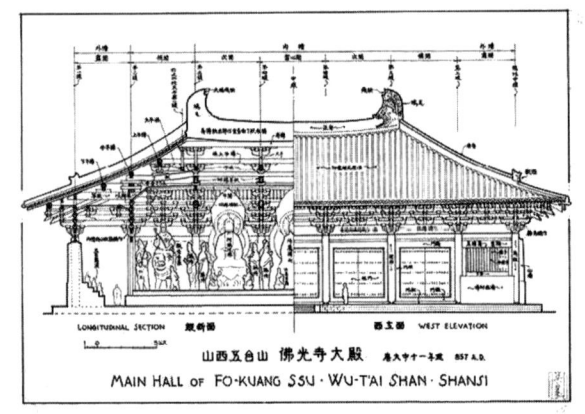

"后来，父亲的许多老朋友也来到了长沙。他们大多是北大、清华和南开的教授们，准备去昆明筹办西南联大。我的三叔梁思永（考古学家，曾参加河南安阳殷墟的发掘，做出过重要贡献）也来了。大家常聚到一起讨论战局和国内外形势。晚间，大家就在一起同声高唱救亡歌曲。那个'歌咏队'中男女老少都有，父亲总是乐队指挥。

"1937年11月下旬的一个下午，突然有大批日本飞机轰炸长沙。由于事先没有警报，父亲还以为是中国飞机来了，跑到阳台上去看，直到炸弹在他眼前落地起火，才跑到房里抱起了我，母亲抱起了弟弟，搀着外婆下了楼。紧接着，第二批炸弹落下来，母亲被炸弹从楼梯拐角处震到了院子里。等我们跑出门到了大街上时，炸弹再次呼啸而来。这次，父亲以为我们全家可能'在劫难逃'了，不料，这些炸弹竟然没有爆炸。当晚，我们无家可归了，后来，张奚若伯伯把他租的两间屋子让了一间给我们，他们全家五口挤在另一间屋子里。"

这次轰炸后不久，梁思成一家就坐长途汽车离开了长沙前往昆明。"当我们经过湘、黔交界处的晃县（今新晃侗族自治县）时，母亲突然得了肺炎，高烧至40℃，当时还没有抗生素和其他特效药物，肺炎是很难治的病症。幸好同车人中有一位曾在日本行医的女医生兼通中西医药，她为母亲听诊后开了中药方，母亲服用后缓慢退烧，两周后烧才退尽。"梁再冰回忆道。

梁思成是北方来的知识分子中第一个到达昆明的。抗战时的后方物价飞涨，而营造学社的经费却大大减少了，不仅难以开展古建筑考察工作，就连工作人员的薪水也难以为继。抗战后期，梁思成甚至要靠变卖衣物来勉强维持家庭开支。

离开北平前，梁思成就时常背疼，医生诊断他患了脊椎软组织硬化症，给他设计了一副铁架子"穿"在衬衣里以支撑脊骨。这加重了他在逃难途中的负担，但他并不在意。离开长沙40天之后，1939年初他带领全家到达昆明。不久，因旅途劳累，脊椎毛病复发，有一年时间，他甚至不能在床上平卧，只能半坐半躺着休息。当时，美国曾有4所大学和多所博物馆邀请他去讲学，同时带林徽因去治病，他都谢绝了。他说："国难当头，决不离开国土。"

到昆明后不久，梁思成在妻子林徽因的支持下，与当时已来到后方的刘敦桢一起，带领刘致平、莫宗江和陈明达3位研究人员，把营造学社的工作恢复起来。在敌机的反复轰炸下，他们把学社的工作地点从昆明市区迁到郊区，又开始到云南、四川和西康地区进行古建筑考察。梁思成带病参加了1939年冬天至1940年春天在川、康地区的考察，他和同事们在嘉陵江、岷江流域和川陕公路沿线的30多个县里，发现了不少汉墓和汉阙，这些发现可以为研究汉代建筑式样提供宝贵的物证。

1944年，梁思成开始写作《中国建筑史》。这时，他一家人已经迁到四川，他的健康状况已大不如从前，脊椎软组织硬化症时时折磨着他。

入川以后，林徽因因肺病复发而卧床，但仍奋力读《史记》和《汉书》等史籍，以支持关于汉唐建筑的研究工作。学社因经费来源断绝，而物价又不断上涨，迫使梁思成不得不多次向重庆政府请求给予一些津贴。尽管物质条件非常困难，他们仍在纸张和印刷条件极差的情况下，坚持出版了两期学术质量较高的《中国营造学社汇刊》。

1941—1946年，梁思成在四川的一个小镇——长江南岸的李庄镇，度过了他在抗战时期最艰苦的一段日子。但正是在这一时期，他在林徽因、莫宗江、卢绳等人的协助下，完成了一部由中国人自己编写的中国建筑史。

1946年10月，抗日战争结束后，美国耶鲁大学邀请梁思成去讲学，他携带着《中国建筑史》和同时完成的《中国雕塑史》书稿及有关图片，以一名中国人的自豪心情，将中华民族的文化珍宝介绍给国际学术界。这些研究成果受到国外学术界的尊重和赞扬，美国普林斯顿大学曾授予梁思成名誉文学博士学位。在美国讲学期间，梁思成作为建筑师，还代表中国参加了纽约联合国大厦的设计工作。

一生献给中国建筑事业

在梁思成的一生中，除了研究中国古建筑以外，还为两所大学创办了建筑系，为新中国建设培养了一批人才。早在1928年留美归来，他就创建了东北大学建筑系并担任系主任；1945年抗战胜利前后，他又在清华大学创办了建筑系。他把自己的后半生献给了中国的建筑教育事业。他在创办清华大学建筑系时，想方设法培养学生成为既有专业知识，又有文化修养和社会责任感的全面发展的人，在聘请教师时，不拘一格选人才。

> 中国建筑之个性乃即我民族之性格，即我艺术及思想特殊之一部，非但在其结构本身之材质方法而已。
>
> ——梁思成

1948年12月，在清华园解放后的第三天，一位解放军干部到他家来，请他注明北平城区著名古建筑和文物古迹的位置，以便一旦攻城时，保护这些建筑和古迹不受破坏。梁思成对此感到惊奇，兴奋地逢人便说这件事情。

1949年10月新中国诞生前夕，梁思成积极参加了紧张的建国筹备工作。用他自己的话来说："差不多每天都在兴奋激动的心情中度过。"

梁思成向往已久的新建设开始了。他被委任为北京市都市计划委员会副主任，满怀热情地投入到这项工作中。他在为中南海设计宿舍楼时，特别采用了具有中国建筑特点的比例和门窗，使新建筑与周围的古建筑十分和谐。

1950年2月，他与城市规划专家陈占祥一起，编写了北京城的规划方案，主张"以展拓建设为原则"，拓建新市区，使"大北京市"得以平衡发展，并建议逐渐疏散旧城区过分密集的人口，尽力保护有历史和艺术价值的文物及其"整体文物环境"。他们特别指出，北京是一座在世界上罕贵无比的、规划完整而又保护得相当完好的古城，不应破坏。为此，梁思成还专门写了《北京——都市计划的无比杰作》一文，指出：在北京城中，不仅个别的建筑物，连城墙和护城河也是极有价值的历史文物，应尽可能地保存下来。为此，他还专门画了设计图，建议把护城河加以疏浚，两岸加以绿化，以调节城市气候，把城楼改为文化馆、展览厅，城墙上种植花草。也就是说，让城墙成为人民休息娱乐的立体环城公园。可惜，他的意见当时并没有得到认真考虑。

1951年，全国政协在全国征集人民英雄纪念碑的设计方案，梁思成除了担任设计委员会的领导职务外，还积极组织清华大学建筑系的建筑师参与设计。当时，他正在病中，对后来设计委员会选中的几个方案都感到不妥，在认真地审查和思考后，他以高度负责的精神画出了图样，对这些方案提出不同意见，特别是：纪念碑的碑身不应设在有门洞的高台上；纪念碑与天安门的形体不应类似；碑身应坐落在舒展的平台上，与广场连为一体，以便于人们瞻仰。他的这些建议后来都被采纳了。

新中国成立后，梁思成还参加了第一届全国政协"国旗、国歌和国徽小组"的讨论，他们从几十种国旗设计方案中选中了"五星红旗"作为国旗，在讨论国歌时，梁思成是积极主张把《义勇军进行曲》定为国歌的专家之一。

1950年，梁思成带领清华大学建筑系的师生参与了国徽图案的设计，受过美术设计专业训练的林徽因在其中发挥了重要作用，他们设计的图案后来被选定为中华人民共和国国徽。

1959年，梁思成加入了中国共产党。此后，他在身体欠佳、行政工作和社会活动较繁忙的情况下，仍坚持一线的教学工作，并带领研究生从事关于中国古建筑的科研工作，重新开始为宋代建筑术书《营造法式》作文字注释。20世纪60年代初，他还以《拙匠随笔》为题，撰写了一系列文字生动、思想活泼的科普性建筑学文章。

1963年是唐朝的鉴真和尚圆寂1200周年，梁思成接受了在鉴真的家乡——扬州设计"鉴真纪念堂"的任务。鉴真曾东渡日本弘传佛教，同时把包括建筑在内的唐代文化艺术传播到日本，在奈良营建了著名的唐招提寺金堂。为促进中日友好，梁思成在"鉴真纪念堂"的设计中采用了唐代建筑的式样和风格，以象征中日两国人民的传统友谊。可惜当这座具有唐代建筑特色的纪念堂在1973年落成时，梁思成已不在人世。如今这座纪念堂已成为扬州重要的旅游景点之一。

我在1964年采访梁思成教授时，他已年过花甲，仍表示要"为社会主义再干一二十年"。

梁思成1972年1月去世。遵照他生前的嘱咐，他的家人将他收藏的有关建筑学的图书和资料全捐给了清华大学建筑系（现为建筑学院）。为了纪念他对中国建筑科学所做的杰出贡献，从1980年起，由清华大学建筑系编辑的《梁思成文集》（四卷）陆续出版。2001年，为了纪念梁思成百岁诞辰，清华大学建筑学院又和中国建筑工业出版社共同编辑出版了《梁思成全集》（九卷）。

梁思成去世12年后，1984年，由费慰梅（Wilma Fairbank，费正清夫人，梁思成和林徽因生前好友）编辑的梁思成的英文遗作——*A Pictorial History of Chinese Architecture*（《图像中国建筑史》）在美国出版。麻省理工学院出版社（MIT Press）出版了这本包括大量绘制精湛的古建筑结构图和珍贵照片的专著，并因内容和印刷精美而获奖。此书原本是梁思成1946—1947年赴美讲学时的讲义和图片资料，回国时因携带不便而暂存在费慰梅处，本拟稍后在美国出版此书，后来因中美之间的往来中断而未能实现。1957年，费慰梅曾托人经伦敦将这些资料带给梁思成，但因种种曲折，梁思成始终没有收到它们。1978年费慰梅得知后，通过她在英国的友人"追踪"到这些珍贵图片资料的下落，最后找到了这批资料，并且在1980年与文字稿合在一起归还清华大学建筑系资料室，此时梁思成已去世多年。后来，根据当时建筑系主任吴良镛教授的请求，费慰梅编辑了此书并将它出版。

1991年5月，汉英双语版的《图像中国建筑史》由中国建筑工业出版社在北京出版。

为中国找出石油和铀

—— • 记中国现代地球科学和地质工作奠基人李四光

科学家档案

李四光（1889—1971），原名李仲揆，湖北黄冈人，地质学家、教育家、音乐家、社会活动家，中国地质力学的创立者、中国现代地球科学和地质工作的主要领导人和奠基人之一，中华人民共和国成立后第一批杰出的科学家和为新中国发展做出卓越贡献的元勋，2009年被评选为100位新中国成立以来感动中国人物之一。

根据李四光的理论，我国相继发现了大庆油田、胜利油田、大港油田等重要油田。

1963年夏天，中国科学院古脊椎动物与古人类研究所的科学家们，在陕西省蓝田县的公主岭发现了猿人的头盖骨化石。消息传出后，我访问了这个研究所曾参与发现北京周口店猿人化石的著名科学家裴文中、贾兰坡，还有古人类学家吴汝康等人。他们向我介绍了发现的经过，以及这次发现在研究人类起源方面的重大意义。

采访结束后，除写新闻外，我还写了一篇5000多字的长篇通讯，题目是《蓝田猿人化石出土记》。我把稿件送给郭沫若院长审阅的同时，还到北京西郊白石桥附近著名地质学家李四光的家中，请他审稿。我到李四光教授的家中时，秘书告诉我李四光正在睡午觉，让我在李四光的书房里稍等片刻。秘书还告诉我说，李老睡醒觉以后，还要做一会儿气功，他叫我随便走走，不要着急。

我在等候李四光教授的片刻时间里，见他书房里的书架上摆满了各种颜色的石头，大小不等。心想，这些石头一定是他在野外做地质考察时采集到的。懂行的人环顾一下这间十几平方米的书房，就会发现这里的主人一定是位地质学家。

不一会儿，李四光教授缓步来到了书房里，他笑吟吟地和我握手问好，我仔细地端详李四光教授，见他虽然显得瘦削，但精神矍铄。他笑着问我都去哪些地方做了采访，采访了些什么人。我一一做了回答。随后，他接过我采写的蓝田猿人化石发现及出土经过的新闻和通讯，戴上老花眼镜看了起来。尤其是对这次重大发现的评价（在这之前，我已采访过裴文中、贾兰坡、吴汝康等科学家，稿中写的都是他们对这次发现的评价），李四光教授看得很仔细，看后改了又改，在我写的稿子上涂了许多墨团团，直到改得满意为止。我这个初入记者行列的小记者写的这两篇几千字的新闻和通讯，经郭沫若和李四光二位大手笔修改以后，新华社对国内外播发，1965年1月7日，《人民日报》在一版头条位置刊登了新闻，在三版以通栏的位置刊登了以我署名的长篇通讯，题目是《蓝田猿人化石出土记》。

在这之后，我和李四光教授及他的秘书建立了联系。他的秘书经常向我讲述李四光教授的故事。由于采访工作的需要，我又去李四光教授负责的地质部采访了几次。采访中，人们对我说，1969年5月19日，毛主席接见来自全国各地的群众代表，陪同接见的人员中有李四光教授。那天，毛主席俯身凑在李四光的耳边，低声说了句什么，随后拉着他的手，两人一前一后，在代表们面前走过，和李四光手拉手地走进了休息室。

当时，正是"四人帮"疯狂迫害知识分子的时候，毛主席这样亲切地对待李四光，使许多知识分子特别是科学家很感动。

"那天，毛主席对李老说了些什么？"我急切地询问李四光身边的人。

"那天，毛主席凑到李老耳边问的是：'身体好吗？'"

事后，李四光还告诉身边的人说，他对自己同毛主席一起在代表们面前走过感到不安，几次想回到原来的行列里，但是都被毛主席的大手紧紧地拉住了。

据李四光回忆，那天进了休息室，毛主席请李四光在身旁坐下，关心地问他说："军代表在工作中听不听取你的意见？"李四光思索了片刻说："有时候征求我的意见。"那次会见谈话内容很广泛，涉及天文、地质、天体起源。谈到古今中外科学家关于太阳系起源的种种说法时，毛主席说：我看康德、拉普拉斯讲的还有点道理。我不大相信施密特的说法。告别时，毛主席殷切地对李四光说，我很想看看你写的东西。

> 真正的科学精神，是要从正确的批评和自我批评发展出来的。真正的科学成果，是要经得起事实考验的。有了这样双重的保障，我们就可以放心大胆地去做，不会自掘妄自尊大的陷阱。
>
> ——李四光

这位已经患病、年近八旬的科学家，回到家里由秘书记录他的口述，日夜赶写了《天文·地质·古生物》文集，共7卷，送给了毛主席。

这是我采访李四光教授的经过。不久，他就因患动脉瘤去世了。他的秘书还对我说，李四光教授在得悉自己身患重病以后，曾热切地恳求医生设法让他再多活半年的时间，他要用这半年时间，做完一些没有做完的工作。

李四光教授临终前的这个请求，几十年来一直萦绕在我的脑际，挥之不去。我每逢想起李四光教授的这个临终请求，就仿佛有种无形的力量在推动我，告诫我要珍惜时间，不能懈怠。半年时间，对于玩忽不恭的人们来说，又算什么？半年时间，对于像李四光教授这样举世闻名的大科学家来说，却可以给人类留下许多宝贵的财富！

自从采访并听说了李四光的一些故事后，我对他产生了深深的敬意。因此，在他去世之后，我有好长一段时间还和李四光遗留资料整理小组的人保持着联系。据他们说，新中国成立前，李四光见过周恩来总理，没有见过毛主席。但是，毛主席很早以前就研究过李四光的地质力学。1952年，毛主席在一次会议上见到李四光时，劈头就问：你那个山字形构造是怎么回事？你是不是给我讲一讲？李四光很诧异，心想：毛主席日理万机，怎么对地质力学这样一个专门性的概念都注意到了？他详细地给毛主席讲了在力的作用下，大地形成的山字形构造是怎么回事。

第一个五年计划开始之后，毛主席对我国的石油资源情况很关心。在这以前，国内外的一些专家都认为中国是个贫油的国家，肯定找不到石油。1953年的一天，毛主席把当时担任地质部长的李四光请到中南海，周恩来总理和朱德老总也在场。毛主席问李四光：在我们的地底下究竟能不能找到石油？第一个五年计划已经开始，天上飞的，地上跑的，都离不开石油。要是找不到天然石油，我们就要走人造石油的道路，可别耽误了！

李四光对毛主席谈了从20世纪20年代起他对这个问题的考察，满怀信心地说：我们中国的地质条件很好，问题在于我们的勘察工作要跟上去，我主张广泛地开展石油普查工作。

毛主席很重视李四光的意见。1956年5月6日，周恩来总理在国务院召开的会议上，正式传达了毛主席关于开发我国石油资源的指示。周恩来总理说：我们的石油发展很落后，首先是勘察的情况不明。地质部长很乐观，对我们说：地下的储藏量很大，很有希望。我们很拥护他的意见。现在需要做工作，所以要有一个单独的石油工业部。

就这样，根据李四光的地质力学理论，我国地质科学工作者和石油科学工作者广泛开展了普查勘察工作，先后找到了石油。毛主席对这项工作给予很高的评价。1964年元旦，毛主席邀请李四光到中南海怀仁堂看豫剧《朝阳沟》，两人坐在一起，边看戏边谈话。当谈到中国发现石油时，毛主席高兴地说，你们两家（指地质部和石油部）都有功劳。

在第三届全国人民代表大会上，周恩来总理说：第二个五年计划期间建设起来的大庆油田，是根据我国地质学家的理论发现的。

李四光遗留资料整理小组的人还对我说，毛主席对李四光的尊重表现在许多方面。一次在一个水库建设的地质问题上，有关部门起初没有重视李四光的意见，毛主席知道后批评说：告诉李四光，不管他们，淹死人由他们负责！后来，有关部门就按李四光的意见办了。

祖国中兴宏伟　死生甘愿同依

- 撰写《华罗庚传》的起因

科学家档案

华罗庚（1910—1985），江苏金坛人，数学家，中国科学院院士，美国国家科学院外籍院士，第三世界科学院院士，德国巴伐利亚科学院院士，中国科学院数学研究所研究员、原所长。中国解析数论、矩阵几何学、典型群、自安函数论等多方面研究的创始人和开拓者。国际上以华氏命名的数学科研成果就有"华氏定理""怀依—华不等式""华氏不等式""普劳威尔—加当华定理""华氏算子""华—王方法"等。

　　1973年4月25日凌晨，武衡等科技界负责人突然造访数学家陈景润，并给他治病这件事，在中关村一带的研究所传开之后，人们议论纷纷。传说中，也提到了我在稿子里写的有关内容，把陈景润建议华罗庚修改《堆垒素数论》中的五个定理，传成了他比华罗庚还高明，说华罗庚采纳了陈景润的建议，但只字未提陈景润的名字，甚至说华罗庚剽窃了陈景润的科研成果，等等。总之，这种传说在赞扬陈景润的同时，却极大地伤害了华罗庚。

　　粉碎"四人帮"以后，科学界的气氛渐渐宽松起来，科学家们又回到实验室里，中关村也亮起了灯火，昔日的"臭老九"变成了香饽饽，知识分子重新受到尊重，各家出版社纷纷计划为科学家立传、出书。当传说四起的时候，我还蒙在鼓里。直到1982年，知识出版社约我写一篇关于华罗庚的传记，在采访华罗庚前后，我才听说了这件事。

那是一个永远铭刻在记忆中的时刻。大约是1982年秋天,一个晴朗的早晨,我在北京西郊中国科学院应用数学研究所的一间会议室里拜访了大名鼎鼎的数学家华罗庚。

虽然在这之前,在不少场合,我都曾见过华罗庚,但是,都不像这次面对面的、只有两个人在一起单独地坦诚交谈。

"华老,真是对不起,我无意中伤害了您!"见面后,我就陈景润的事向他道歉。

"没什么,哎,你的稿子到底是怎么写的?是不是说我剽窃了陈景润的研究成果?"他含蓄地询问我,但从语气中可以听出来他有些恼火。

"没有,绝对没有,我不是那样写的!"我竭力辩解说。

华罗庚听了,没有再说什么。过了片刻,他试探着问我说:"那,我能不能看看你写的那篇文章?"

"这……"我为难地支吾着,"华老,这样吧,解铃还须系铃人,我来写东西澄清这件事!"我向他保证说。

华罗庚听了,表示赞许。

经过一番采访,那篇近万字的传记很快就写好了,我写道:

有一天,他(华罗庚)收到一封信,信是厦门大学图书馆管理员陈景润写来的,陈景润在信中说,他精读了华罗庚的《堆垒素数论》,并就其中关于塔内问题的几个地方,提出了一些改进的意见。《堆垒素数论》出版后,国内外数学界赞赏备至,没有人提出其中还有需要商榷的地方,想不到一个名不见经传的小青年竟然提出有的地方似乎还值得改进。

华罗庚看了这封大胆而又坦率的来信,不仅没有暴跳如雷,也不是置若罔闻,而是如获至宝。他兴奋地说:"这位年轻人真有想法!"随后,他向全国数学界推荐了陈景润,建议数学学会邀请陈景润来北京参加学术会议并宣读论文。不仅如此,还把陈景润从厦门调来北京中国科学院数学研究所做自己的研究生,亲自指导他继续深入地钻研数论。

> 大哉数学之为用，宇宙之大，粒子之微，火箭之速，化工之巧，地球之变，生物之谜，日用之繁，无处不用数学。
>
> ——华罗庚

1983年12月，《中国当代科学家传》一书出版后，我亲自把写有上述内容的书，送给了华罗庚。在这之后，我才知道十年动乱中，华罗庚的处境很困难。虽说他受到周恩来总理的保护，但他的大女婿被迫害致死，大女儿华顺身陷囹圄，他的心情可想而知。江青先是拉拢他，拉拢不成就打击他。最恶毒的是，想利用陈景润（江青从新华社的内部刊物上认识了陈景润）出来说话，诬蔑华罗庚剽窃了陈景润的研究成果，陈景润不受利用，装痴学呆。几经折磨，华罗庚心脏病发作，病情稍有好转，就偷着写诗骂"四人帮"，以发泄心中的郁闷。

听说上述情况后，我怀着一种负疚、请罪的心情，决定继续和华罗庚交往下去，深入地采访他的人生经历，为他恢复名誉，把歪曲了的事实，颠倒过来，以正视听。于是，从这以后，我一有空闲就登门拜访他，拜访他的家人、助手和学生们。我和他姐姐华莲青、大儿子华俊东、大儿媳柯小英、大女儿华顺等，都有多次交往，成了好朋友。除此之外，还曾跟华罗庚到外地推广优选法、统筹法。

年复一年地深入采访，积累了大量素材，一本数十万字的《华罗庚传》，就这样水到渠成了。

那么，关于所谓华罗庚剽窃陈景润研究成果的社会谣言，究竟是怎么一回事呢？这要从华罗庚回国初期讲起。

真相

20世纪50年代初期，华罗庚从美国归来，就在初创的中国科学院数学研究所致力于发现人才、培养人才的时候，19岁的陈景润正坐在厦门大学数学系的教室里入迷地听老师讲故事。

有一天，数学教员李文清说："同学们！在数论发展史上，还有三个没有解决的大难题，这就是费尔马问题、孪生素数问题和哥德巴赫猜想。"

课堂上，鸦雀无声。

陈景润留着小平头，戴着近视眼镜，紧蹙着两道浓黑的眉毛，听得尤其认真，他几乎把老师讲的每一句话，都镶嵌在了脑海中："1742年，德国有位名叫哥德巴赫的数学家，给大数学家欧拉写了一封信。他在信中提出了两个猜想：一个猜想是，任何一个大于2的偶数，都是两个素数之和；第二个猜想是，任何一个大于5的奇数，都是3个素数之和。欧拉给哥德巴赫回信说，他相信这个猜想是对的，但是他证明不了。"

李文清老师继续说，十八九世纪的数学家们都尝试过，都没有能够做出证明，以致到了1900年，德国数学家希尔伯特在第二届国际数学会的演说中，把它作为19世纪最重要的未能解决的数学问题之一，留给了20世纪的数学家解决。

李文清对年轻的大学生们说，要证明这个猜想是很难的，以致1921年德国数学家朗道在剑桥大学召开的国际数学会上无奈地说："用现今的数学方法，要证明哥德巴赫猜想是力所不及的。"

随后，他殷切地鼓励同学们说："同学们！俗话说世上无难事，只怕有心人，将来你们当中要是有人解决了其中的哪怕一个问题，对世界数学的科学研究都是极为了不起的贡献！"

学生们听了，哄堂大笑。

听到笑声，陈景润如梦初醒。他没有笑，也没有和谁讨论，因为他在同学们中间始终神气不起来。他的父亲是名邮局的小职员，母亲得了结核病无钱医治，新中国成立前就去世了，贫穷、疾病夺走了他六个兄妹的生命，他挣扎着总算活过来了，由于营养不良，人长得又矮又瘦。平时，在学校里总是一个人默默地念书，极少和同学们交往。

听完了课，他一个人呆呆地坐了很久，不明白为什么哥德巴赫猜想这样难证明，他感到困惑。

"老师说得对，天下无难事，只怕有心人！将来一定会有人能解开这个谜。"他暗自思忖道。

一年以后，陈景润从厦门大学毕业，分配到北京的一所中学里当教员。

他一向习惯于离群独处，当教员后，置身于一大群天真、活泼的青少年中间，竟茫然不知所措了。后来，实在干不下去，就给厦门大学校长王亚南写信求助。不久，得到准许又回到厦门大学数学系当了辅导员，同时兼管图书资料工作。毛主席发出"向科学进军"的号召以后，数学系的师生们三五成群地组成了许多科研小组，热火朝天地干了起来。这时，陈景润受到周围气氛的影响，也坐不住了。高中和大学时代，老师两次谈起哥德巴赫猜想时的情景，又浮现在了他的脑际。

思来想去，他暗下决心："我也要向科学进军，攻下这道著名的数学难题！"

他知道，凡事不能一步登天，必须沿着前辈数学家开创的路继续探索前进。就这样，他把华罗庚的名著《堆垒素数论》找来，仔细地研读起来。因为他早就听老师们说，在20世纪30年代华罗庚曾研究过哥德巴赫猜想，并且取得了很好的成绩。

新中国成立初期，厦门地处海防前哨，国民党的飞机时常飞来骚扰，学校里不时响起空袭警报。警报一响，师生们便纷纷往防空洞里跑，为了能把躲飞机的时间也用来看书，陈景润把华罗庚的书一章章地拆开装在口袋里，躲进防空洞，便借助昏暗的光线读起书来。有段时间，他研究华罗庚的著作入了迷，闹了不少笑话。

陈景润日夜苦心钻研，在很短的时间里，他把《堆垒素数论》从头到尾读了七八遍，重要的地方读了达40遍以上，不仅是读，而且按照自己的思路演算。

一天，他怀着惶恐的心情，交给了李文清老师一篇论文，题目是《塔内问题》。陈景润在这篇论文中说，他精读了华罗庚教授的《堆垒素数论》，觉得其中关于塔内问题的几个地方，似乎还可以改进，并且提出了具体的改进意见。

但是，他又有些胆怯："老师，这是著名数学家的名作，我这样做，人们会不会说我太放肆、太狂妄了呢？"

李文清听了，说："你放心吧，我帮你仔细地看看再说。"

几天以后，李文清来找陈景润，把论文还给了他，说："你的这篇论文我和几位老师都看过了。我们认为你做的改进使《堆垒素数论》更完美了。"

沉吟片刻，李文清又说："《堆垒素数论》好比一颗明珠，你做的工作就好比把这颗明珠上的灰尘给拭掉了。因此，如果你愿意的话，我们觉得应该把论文寄给华罗庚教授看看。"

"可是，这……合适吗？"陈景润迟疑地说。

"这有什么不合适的呢？华罗庚教授是举世闻名的大数学家，凡是真正的科学家都崇尚真理，不迷信权威，都会提携后辈的。现在的数学名著，它们的作者都是著名的，但是由于种种局限性，不可能是十全十美的，后人的改进，只会使它更完美！不必顾虑重重了！"

就这样，过了几天，陈景润给华罗庚写了封信，附上了论文——《塔内问题》。

这是陈景润写的第一篇论文，这篇论文把陈景润和当代中国数学科学的奠基人华罗庚的心沟通了。

华罗庚的名著《堆垒素数论》出版以后，国内外数学界赞赏备至，从来也没有人提出其中还有需要商榷的地方，出乎人们意料的是，一位无名青年竟然提出有的地方似乎还可以改进。

华罗庚的得意门生王元首先读了陈景润的处女作《塔内问题》。为了澄清事实，紧接着我又访问了王元教授。

王元自从来到华罗庚身边工作以后，在导师的指导下，潜心从事数学研究，已有很深的造诣。陈景润的论文写得很乱，但是受华罗庚的委托，他们数论组的几名成员还是很仔细地看了。一天，王元来见华罗庚说："华先生，我们看了这篇论文，感到这个名叫陈景润的人提出的论证是对的，他利用高次多项式对应的三角和中值公式，处理低次多项式对应的三角和中值公式。对苏联科学院数学研究所所长维诺格拉多夫和您的两种不同方法结合运用得很好。"

王元随即把论文交还给了华罗庚。

华罗庚听了王元的介绍，立即亲自看了陈景润对他的著作提出的建议，看了以后，他非常高兴地问他的学生吴方、魏道政、王元、许孔时等人说："这个陈景润是干什么的？"

"据说大学刚毕业，在学校的图书馆里工作。"

华罗庚没有因为陈景润是位微不足道的图书管理员就不屑一顾，而是被这位素昧平生的年轻人所表现的超人智慧和胆识，深深地感动了。

华罗庚说:"这位年轻人很有想法,很有培养前途!"

过了一会儿,华罗庚又感慨地说:"你们朝夕在我的身边工作,为什么不能像他那样呢?你们怎么就没有想到对我的著作提意见呢?"

谈到这里,华罗庚很激动,他对王元等人说:"倒是他,在那么远的地方竟这样认真地研究了我的东西!"

学生们听了,感到惭愧,越发敬佩华罗庚的为人。

华罗庚希望尽快见到陈景润。

一天,他对身边的学生们说:"给陈景润发个请帖,就说我请他作为特邀代表,到北京来参加数学讨论会,请他到会做报告。"

陈景润收到华罗庚的邀请信后,喜出望外。第二天,他向学校请了假,就匆匆上路了。

一路上,他又惊又喜,心想:"华罗庚教授是怎样一个人呢?他对我的大胆冒犯,不但不生气,反而请我到北京当众做报告,他这样做究竟是为什么呢?"

又心想:"如今,华罗庚是国内外有名的数学大师,想不到竟肯提携一个像我这样的无名青年!"

到了北京,华罗庚立即约见了陈景润。

据陈景润同忆,华罗庚是在北京西苑饭店的一间会客室里会见他的。见面后,华罗庚说:"噢,你就是陈景润!"

"谢谢,谢谢,谢谢华老师的关怀!"

"你写的《塔内问题》的论文我看过了,写得很好,很有想法!"华罗庚说。

"谢谢,谢谢!"

第二天,在华罗庚的亲自引荐下,陈景润向来自全国各地的200多位数学家报告了自己的研究成果。

学术讨论会结束以后,华罗庚对陈景润说:"如果你愿意的话,我想和你们学校商量,把你调到北京来工作。"

"我是华先生第一个,也是最后一个'走后门'调来的年轻人!"许多年以后,陈景润这样对我说。

的确，这是华罗庚生平亲自点名调来的第一个人，也是最后一个人。在这以前，人们给他推荐了许多数学人才，他都没有要，唯独看中了陈景润。不久，他就履行诺言，亲自派陆启铿从北京千里迢迢地到厦门大学，经过一番奔走，把陈景润调到了中国科学院数学研究所。

1956年秋天，陈景润就这样走进了中国科学院数学研究所。

以上便是所谓华罗庚"剽窃"陈景润研究成果的全部真实经过。

十年动乱中，"四人帮"的爪牙们曾一再要陈景润揭发华罗庚的所谓"错误"，陈景润都坚决地拒绝了，他表示决不做恩将仇报的事情："华罗庚教授是国际上有名的数学家，我是走他的'后门'，才从偏僻的地方调到数学研究所的，如果没有他的提携，我绝对不可能有今天！"

陈景润成名之后，仍念念不忘华罗庚对他的器重和关怀，无论是在国内还是到了国外，逢人便说："我的老师华罗庚……"

1979年2月9日，陈景润在美国普林斯顿高级研究所给华罗庚写信说："许多美国数学家对我们很友好，例如世界上最著名的数学家之一赛尔贝尔格教授，就多次问到您的身体、工作等情况，要我代他向您问好。他说，华教授在美国时曾破解了很多世界上极著名的数学难题，他问华教授身体情况怎样？我说，华老师虽然已经69岁，但每天还是工作到深夜，华老师常到工厂搞优选法，而优选法在我国的工农业生产中起了很大作用。世界上著名的数学家，例如法国的韦伊教授、意大利的朋比尼教授、印度的米纳教授等，都要我向您问好……"

做"四化"尖兵

我和华罗庚的交往，可以追溯到20世纪60年代初期。当时，他是世界闻名的数学大师，而我，还是一个涉足科技界不深的年轻记者。起初，我和华罗庚只是一般地接触，当他在科技界公开场合露面时，我便报道一下他的活动。以后，在采访陈景润的过程中，我了解到华罗庚教授传奇般的感人经历。最触动我的是，因为同情陈景润，无意之中深深地伤害了华罗庚，自责的我在工作之余怀着还债的想法一次次地深入采访，断断续续地采集并积累起了关于华罗庚的许多鲜为人知的故事。

从他的学生、助手和家属，从他的姐姐华莲青及少年时代的朋友那里，听说了他刻苦自学、大智若愚的许多动人故事。当然，这中间他本人也给了我很大的帮助。于是，我着手撰写他的传记。在这之前，1983年4月，《工人日报》文艺部约我为该报写一篇关于华罗庚的报告文学，稿件写好后，我托人送给华罗庚审阅，他在北京医院的病床上仔细地看了稿子，并且做了修改，还给我附了一封信。这时，他已经发作过两次心肌梗塞，但从信中可以看出，他对生死、对疾病，是漠然视之的。在信中，他用颤抖的手写道：

顾迈男同志：

  关于得病之由见附件，虽然在两淮时曾犯过一次，但安静休息几天后就好了。从两淮回来后，曾在医院检查过无问题，去年10月10日发病，医院曾向上级机关报危过，但两周后就可以允许我思考国民经济上的问题了。住院3个月，在家休息2个月，工作颇有进展。

  科学家引以为快的事是在于有创新、有发现、有前进，更愉快的是这些工作能对人民有用，为国家争光。最近又在理论上获得新成果，它可以用来大范围地（括时间、空间）观察和处理国民经济问题。

  现在的思想情况是：（1）醉心于这类创新工作；（2）摩拳擦掌，盘马弯弓，准备执行国家交来的任务，重上前线，再试宝刀。

  ……贾藏，乘桴，翼天齐（老子、孔子、庄子）都非我所愿，但愿一滴水能入得了大海洋而已。

  此致

敬礼

华罗庚
3月6日晨

华罗庚在 74 年的人生旅途中，从偏僻的小县城走进了金碧辉煌的知识殿堂，从满目疮痍的旧中国漂泊到海外，又从海外归来，为了寻求中国的富强之路，他做了无数次的探索，最后于 1979 年冬天，加入了中国共产党。入党后，他兴奋地写道："五十年来心愿，三万里外佳音（当时他正在美国访问），沧海不捐一滴水，洪炉陶冶砂成金，四化作尖兵。"

　　十年动乱中，华罗庚受到迫害，心情郁闷，导致了心肌梗塞，初次发病时就非常危险，当时他顶着巨大的压力在大兴安岭的密林里推广普及数学方法，到了哈尔滨就病倒了。在生死关头，他拉着一位前来探望的工作人员的手说："我对不起党，对不起毛主席，我没有完成党交给我的任务……"

　　我在撰写《华罗庚传》的过程中，得到华罗庚的大力协助，他曾把他的几代弟子都带上，到北京的新侨饭店请我吃了一顿饭。席间，他对他的学生们说，我要写他的传记，要大家帮助提供材料。因此，没有华罗庚和许多数学家的帮助。《华罗庚传》是不可能顺利问世的。在 18 个月中，我边采访、边写作，每写完一章就送给他看，甚至在医院的病床上，也从未间断过。后来，他出院回家休养，我又不时到他家拜访。

　　有一天，我请他看完稿子后问他："华老，您当初是怎样和数学打上交道的？"

　　"噢，这和我的老师王维克有很大关系……"接着，他谈了王维克如何发现他、提携他的许多往事。

　　"还有校长韩大受，也是我的恩师！"

　　华罗庚非常谦逊，他从不自我吹嘘，例如他和共产党的关系，他用实际行动支持学生运动的事，在很长的时间里，他对我都只字未提，而是我从侧面了解到的。有一年，我随华罗庚到河南推广优选法，一天，我和他在一个饭桌上吃饭，同席的有他的同乡兼好友李守慈。华罗庚在清华大学教书时，李守慈是位进步学生、共产党员。席间,谈起当时的情景,李守慈说:"他呀,当时净给我们打政治分,我们因为参加政治活动,功课学得不好,时常不及格,他判卷时都给多打分,让我们及格。相反,他对学生中的国民党和三青团分子就不这样了。对不起,不及格就是不及格,不及格,蹲班吧!"说完,华罗庚和他都笑起来。随后,两位老人又一起回忆了深夜巧妙地躲开国民党军警追捕的惊险往事。

1985年这一年,我曾多次去华罗庚家拜访他。在我写完《华罗庚传》交给出版社之前的一天,又去他家拜访。请他看完了稿子,我不安地对他说:"华老,您这么大的数学家,又是诗人、思想家,让我这么个小记者来给您立传,实在有些惶恐……"

"哪里,哪里,你写得很好,有些事情我自己都忘记了。你采访、积累材料的工作做得很扎实。"华罗庚夸奖道。过了一会儿,他又半开玩笑地说:"可以说,现在你是研究华罗庚的专家了!"说完,他笑起来,我也笑了。

这话,虽说是华罗庚教授的戏言,但这也说明他还是比较满意《华罗庚传》的。其实,我用了18个月的业余时间写成的这本传记(最早由河北人民出版社出版,共18万字,后又由上海复旦大学出版社再版,扩充到32万字),以后又被译成英文和日文,出版后全国许多报刊连载了,《北京晚报》曾连载了半年多。说实在的,当初我由于同情陈景润却无意中伤害了华罗庚,是怀着负荆请罪的心情,日夜赶写出来的这部传记会在国内外产生如此大的反响是始料不及的。

在这中间,华罗庚去美国访问没有到时间就提前回来了。我问他为什么匆匆回国时,他说:"噢,是这样,我从美国报纸上看到国内公布了胡耀邦给我的信,我心想,信都公布了,而收信人还在国外,这怎么行呢?因此,虽然美国朋友一再挽留,我还是坚决地提前回来了。"他眯起眼睛笑着说。

"洛杉矶的奥运会你不想看看?"我问他。

"是啊,当时我也很想看看热闹。可是,一想到国内正在建造'通天塔',我怎能袖手旁观呢?于是,就提前回来了!"

这次见面,华罗庚还给我谈了在美国的见闻,以及他在美国遇到的许多有趣的事。他说,有一天,他的儿子华光正用轮椅推着他在洛杉矶的街上走,两位华侨青年跑过来问道:"您是华罗庚教授吧?"

"是的。"

两位年轻人表示了敬仰之意后又说:"您知道吗?日本侵华战争期间,天皇下了诏书:一不准炸故宫,二不准炸华罗庚!"

"哈哈,我不但被炸了,而且土埋到了这里!"华罗庚一面用手比画着土埋到了脖子上,一面笑着说。在场的人们听了,也笑了。

> 科学的灵感,决不是坐等可以等来的。如果说,科学上的发现有什么偶然的机遇的话,那么这种"偶然的机遇"只能给那些学有素养的人,给那些善于独立思考的人,给那些具有锲而不舍的精神的人,而不是给懒汉。
>
> —— 华罗庚

我最后一次见到华罗庚,是 1985 年 4 月 19 日,这天,他带着氧气袋到北京科学会堂,接受上海教育出版社赠送给他的刚出版的《华罗庚科普著作选集》样书。在休息室里,我拿着华罗庚赠送的书,走到他的面前请他签名,他一面欣然在书的扉页上签上名字,一面抱歉地说:"要是在家里,我还可以多写上几句话。"谁知,这次见面竟成了永别。

死生甘愿同依

1985 年 6 月 12 日,华罗庚应日本亚洲交流协会的邀请访问日本。这天下午 1 时半,他从旅馆出发,2 时到达日本学士院,会见了日本数学界的院士们。随后,他坐着轮椅参观了日本天皇和学士院负责人办公的地方,分别的时候,应日本朋友的要求,他在留言簿上写道:"十分荣幸地来访问日本学士院,祝两国科学交流日益繁荣。"

日本数学会的学术报告安排在东京大学的一间大厅里举行。这天下午 4 时,在日本数学会会长的陪同下,华罗庚走进了报告厅。当他穿着崭新的西装,手持拐杖,笑容满面地出现在听众面前时,会场上响起了长时间的热烈掌声,日本数学会会长把他介绍给听众,4 时 12 分,华罗庚登上讲台开始演讲,他先用中文讲,由翻译译成日语，后来讲到专门数学问题时，他征求了会议主席和听众的意见又改用英语讲。华罗庚越讲越兴奋，虽然主人听说他身体不好，给他准备了轮椅，但他几乎一直是站着讲的。演讲原定45分钟，他看了看手表，转身询问会议的主席说："演讲规定的时间已经超过，我还可以延长几分钟吗？"得到允许后，他继续侃侃而谈，一直讲到5时16分才结束，共讲了1小时零5分钟。华罗庚在暴风雨般的热烈掌声中坐下来，他说了一句人们没能听清的话，也是最后一句话，就"咕咚"一声从椅子上滑了下来。在场的中日教授和医生们赶紧跑去扶他，他紧闭着眼睛，由于缺氧面色发紫，人已失去了知觉。

当晚10时零9分，医院宣布华罗庚的心脏完全停止了跳动。一颗蜚声国际数学界长达半个多世纪的巨星，就这样陨落了。

噩耗传到国内，新华社国内部当时的负责人陈谈强，要我写篇文章悼念华罗庚。因为在这之前，他听人说我多年来积累了华罗庚大量材料，因此，我只用了一天的时间便写出了长篇通讯《死生甘愿同依——悼华罗庚教授》，新华社对国内外播发后，1985年6月20日《人民日报》等国内各大报在显著位置刊出。

这件事在编辑部曾一度引起了轰动。人们不明白，我为什么在这样短的时间就写出了这篇数千字的长篇通讯？其实，我和华罗庚打了那么多年的交道，一部长达十数万字的书都完成了，在这个基础上，写一篇五六千字的通讯，还不是易如反掌嘛！

由此说明，记者积累材料和辛勤笔耕的重要性。在自己所辖范围内的重要人物，要持续不断地注意观察他们，了解他们的过去、现在，明白他们的甘苦，所有这些，都要视为己任。一旦需要，就可以以长篇、中篇、短篇的稿件一挥而就。我对华罗庚的采访如此，对其他科学家（包括外籍华裔学者）也是如此。因此，多年来，像滚雪球一样，材料越积累越多，只有这样，各种题材的文章才能源源不断地从笔下涌流出来。这是后话。

华罗庚溘然长逝了。《死生甘愿同依——悼华罗庚教授》的长篇祭文发表以后，我怀着极其悲痛的心情又到他的家里做了祭奠。

晚年，华罗庚和长子华俊东一家住在一起，这是坐落在北京崇文门的一幢高层建筑，我按了门铃，开门迎客的华俊东、儿媳柯小英和他们的子女们正面带泪痕，坐在沙发上默默地哀思着华罗庚。

在晚年，华罗庚特别叮嘱长子华俊东，要他负责赡养他的姑姑华莲青。华罗庚去世以后，华俊东及妻子柯小英始终忠实地遵守对父亲的承诺，履行父亲的嘱托，把姑姑当成自己的家人，敬爱赡养到终老。

华罗庚忠诚地为国效力，把自己的生死置之度外，但闲下来的时候，他也曾对身边的人们说过这样的话："我剩下的有效时间最多5年，我的时间是用来工作的，我要工作到最后1分钟！"

在死神频繁徘徊在他身旁的日子里，他也发出过这样的感慨："力竭矣！但斗志未衰，战士死在沙场幸甚，但甚盼尸体能对革命有用，倚墙可做人梯，跨沟可做人桥。"

自20世纪50年代回国，直到1962年，华罗庚和他的家人一直住在清华大学的照澜院，他对清华园有着深厚的感情。他的家人告诉我说，就在去日本前夕，也就是这年的5月26日，他要司机开车带他和家人到清华大学去转了一圈，而且在清华园的每个校门口停下来，他拄着拐杖从车里走出来，告诉同行的家人自己昔日学习和生活过的地方。他重访清华园，在母校的各个校门口深情地驻足，仿佛意识到自己将要去了，将要永远地离开对他有着血肉之情的清华园了。人们万万没有想到，这竟真的成了他与母校清华园的永诀。

华俊东和柯小英哭着向我诉说了他们的父亲逝世的经过。他们说，那天，华罗庚很高兴，讲话的声音很洪亮，英语讲得非常流利。讲完了刚坐下，日本朋友正准备献花，他突然从椅子上跌了下来。由于缺氧，脸色变得发紫，赶紧对他进行抢救，可他再也没有醒过来……他们讲完，还把当时的照片拿给我看，接着，又拿出华老用颤抖的手亲笔写的演讲稿。

"爸爸生前常说，宁肯死在工作岗位上，不愿死在病床上，想不到真的……"华俊东哽咽着说。

过了一会儿，华罗庚的姐姐华莲青颤巍巍地走进了客厅，这位白发盈头的老人，自从听说那个不幸的消息后，就没有停止过哭泣。她那布满皱纹的脸上，眼睛红肿着。坐下以后，她拉着我的手又抽抽搭搭地哭起来，呜咽着说："每次见你来，他都很高兴，现在——，走的时候好好的，谁想到……呜呜……"

"姑姑，别难过了，别难过了！"我边拭泪，边安慰说。这位孤苦的老人，是华罗庚教授唯一的姐姐。她中年丧偶，后来，唯一的孩子也夭折了。数十年中，靠着唯一的弟弟供养。如今，相依为命的人殁了，她承受的痛苦可想而知。

我环顾了一下客厅，想祭奠一下华老，华俊东立刻明白了我的意思，他把我领到隔壁华老的卧室里。这是一个十几平方米大小的房间，现在成了灵堂。房子里的陈设仍然保持着华老离开时的模样，紫色的床罩下，放着他用过的被子和枕头，床的左边柜子上摊着他没有写完的数学手稿。

"他走的时候，再三叮嘱我们不让动他的手稿，说：'这些东西不要动，回来我还要继续写下去！'"华俊东小声地对我说。紧靠着床，右边停放着华老坐过的轮椅。床的斜对面是一个柜子，上面放着华罗庚教授在东京大学讲台上演讲时的照片。华俊东说，拍这张照片的时候离他突发心脏病只有 10 分钟。照片旁边摆着从他的遗体上取下来的钢笔和手表。桌前摆着人们送的花圈和他的手杖。灵台上香炉里正冉冉冒着青烟，室内散发着淡淡的馨香。华俊东告诉我，这香是日本朋友送来的。

华罗庚教授在这间房子里度过了他一生中最后的时光。在这间斗室里，他忍着病痛像大海捞针一般，竭尽全力回忆和写出了十年动乱中丢失的关于国民经济和数理统计的手稿；在这里，他会见了应用统筹和优选法有所发现的工人、农民朋友；在这里，他写下了一篇又一篇动人的诗歌……如今，他走了，永远地离开了他所热爱的一切。

"安息吧，华老！"

对着遗像我深深地鞠了三个躬。脑海里，不禁又浮现了华罗庚教授慈祥、和善的面容，仿佛看见他正一瘸一拐地向我走来……

一个多月前，也是在这里，他还谈笑风生地接受我的采访。想到这些，我不禁感叹人生的苦短，如今，人去楼空，两渺茫。继而又一想，我总算在他生前写完了那部传记，履行了我的承诺，还这位大数学家一个清白，让一片辉煌永驻人间。

在人类历史的长河中，古往今来有许多为人类做出了杰出贡献的人物。他们之中，有叱咤风云的政治家、思想家、军事家，也有给人类文明增添了异彩的科学家、文学家，在这些灿烂的群星之中，华罗庚是其中一颗耀眼的明星，他一生酷爱数学，因为他明白："大哉数学之为用，宇宙之大，粒子之微，火箭之速，化工之巧，地球之变，生物之谜，日用之繁，无处不用数学。"他为数学倾注了毕生的精力。他更爱他的祖国和人民，唱出了"祖国中兴宏伟，死生甘愿同依"的悲壮诗歌。

在和华罗庚教授多年的交往中，最令我遗憾的是他走得太突然了，生前竟未能见到我的拙作《华罗庚传》的出版和再版。以至在初版的《华罗庚传》出版以后，我持第一本样书亲自送到了华罗庚教授的灵前，把那本散发着墨香的《华罗庚传》恭恭敬敬地安放在华罗庚教授笑吟吟的遗像前。人们说，心香一瓣寄哀思，我呢，就新书一本寄哀思吧！以寄托一位朋友和学生对这位传奇般数学伟人和宗师的深深敬意和思念。

如今，《华罗庚传》已经4次再版，不久前，他的长子华俊东打电话对我说："你是我爸爸的恩人！"

华罗庚教授的传奇人生之所以长留人间，不是因为我写得好，而是由于事实本身就是不朽的，应该永存。

慧光穿宇宙　毕生献科学

● 忆物理学家张文裕

科学家档案

张文裕（1910—1992），福建惠安人，高能物理学家，中国宇宙线研究和高能实验物理的开创人之一。主要从事核物理和宇宙线等方面的实验研究并取得突出成就。发现了 μ 子系弱作用粒子和 μ 原子，即"张原子"，为研究原子核结构提供了新途径。

著名物理学家张文裕和王承书教授已辞世多年。遵照两位科学家的遗嘱，用他们毕生的积蓄在我国西北贫困地区建设的希望小学，正一批批地培养着家庭贫困的青少年们。

回忆与两位著名科学家相识相处的日子，尤其是听张文裕教授流着热泪向我诉说的他童年的那些故事，我觉得有必要把这位著名科学家对我的哭诉，转达给现在的年轻人。从张文裕和王承书教授的坎坷经历中，人们不难明白，这两位著名科学家为什么在生命的最后时刻决定倾其所有，来帮助培育中国的穷孩子们。

我和张文裕教授相识是在 20 世纪 70 年代末的事。他是我进入高能物理界采访后结识的第一位著名科学家。在那些年月，因为我国在酝酿建造第一台高能加速器，而张文裕教授又是工程的总负责人之一，我必须及时地报道工程的进展情况，因此，经常出入他的办公室和他的家中。1980 年，张文裕教授作为中国高能物理代表团的负责人之一，我作为随团记者，在欧美各国访问时，更是朝夕相处，因此，他的音容笑貌至今常浮现在我的眼前。在相处的日子里,他断断续续地跟我谈了他的人生历程,至今让我难以忘怀。

穷而志坚　学而不媚

"我出生在福建省惠安县一户贫苦农民的家中。除父母外,还有一个哥哥、两个姐姐、四个弟弟。在这个多子女的家庭里,我排行第四。"

"有一年,惠安瘟疫蔓延,放学后,我回到家里,刚一进门就听到了哭声……"张文裕陷入了沉思。

"'孩子,你不能死,不能死啊!'妈妈紧紧地把昏迷不醒的小哥哥搂在怀里,猛烈地摇动着,哭喊着,我的四个小弟弟站在床前也大声地哭泣着,哭声连成了一片……"

张文裕染病的哥哥没有醒来,他只有十几岁就离开了人世。不久,他家的茅屋里哭声又起,他的两个姐姐又先后去世了。

张文裕父母这对贫苦的农民,起早贪黑地干活,累得死去活来,可是,仍然难以养活一大群孩子。

一天黄昏,父亲把张文裕叫到跟前,叹了口气说:"孩子,不是我不让你念书,而是咱家实在太穷了,你的哥哥姐姐殁了。你娘身体又不好,四个弟弟又太小,你不要念书了,回来帮我一把吧!"张文裕站在一旁默默地听着,泪水沾湿了衣衫。

学校里的老师们听说张文裕要休学,很是惋惜,登门劝他父亲说:"你的孩子很有股钻劲,成绩很好,不要让他停学吧!"

他父亲听了,叹口气说:"唉,我又何尝不想叫他念书呢,只是叫我怎么负担得起呢?"

> 作为一个中国人,我尝尽了由于自己国家科学不发达,而到处受人歧视的苦头。我们要有穷而志坚、学而不媚的精神。
> ——张文裕

劝说了一会儿，老师见这家人确实太穷了，便站起来告辞了。后来，经过一番奔走，这位好心的老师给张文裕弄到了奖学金。从此，张文裕进了离家60里地的培元中学。可是，贫穷逼迫着张文裕的父亲不断地来学校找他："孩子，天灾，收成不好，全家人都饿坏了，走吧，跟我回家种地吧！"

"爸爸，我才13岁，让我念完中学吧！"他苦苦央求，眼里含着泪水。

在学校里，老师和同学们都很同情张文裕的处境。

"后来，大家一见我父亲走进校门，就赶紧把我藏起来。父亲一次次地扑空，见不到我，渐渐地也就不来找了。就这样，我一面提心吊胆地念书，一面做工养活自己。"

"有一天，两个叔叔忽然慌慌张张地跑到学校里来找我说：'你娘病了，病得很厉害，你快回家看看吧！'我听了，信以为真，急忙向老师请了假，就跟着两个叔叔走了。一路上，心里七上八下。想到母亲受的苦，心里很难过。回家后才发现，原来受骗了，一进家门，父亲就不分青红皂白地把我关在一个小房子里。同时，张罗着要给我成亲。父亲见自己终于得胜了，在房子外面高声喊道：'成了亲，你要乖乖地留在家里干活！'"

"我绝不结婚，我要上学，我要读书！"

"这辈子没有念书的命，你就算了吧！"

夜幕降临了。张文裕躺在漆黑的小屋里，心想："难道真的就这么算了？听从父亲的安排，成了亲，干活，养家糊口，在这个小屋子里过一辈子？"

他想起了在学校里求学时得到的知识：什么是声、光、电？天有多高、地有多厚？还有……许多奇妙的现象，是那样地吸引人，他多么想亲手做实验，看看究竟是怎么回事啊。

"不，不能就这样算了！"夜里，趁全家人熟睡的时候，他踩着凳子，从窗户跳下去，连夜逃跑了。

逃回学校，张文裕继续半工半读。转眼到了毕业考试的日子，他虽然离开学校一段时间，考试成绩依然优秀，每门功课都在90分以上，尤其是物理和数学，得了全班最高分。

出乎意料的事情发生了：全班同学都领到了毕业证书，唯独他没有。

"老师，是不是把我漏掉了？"张文裕跑到教务处问。

"不是的。因为你少读了一学期，按照学校的规定，不能发给你毕业文凭。"教务长说。

这简直是个晴天霹雳。他急得不知所措了，心想："没有毕业文凭，怎么考大学呢？即便就业，也要学历呀！"正在走投无路时，物理老师闻讯后赶来安慰他说："你不要着急，回头我们再想想办法。"

过后，物理老师和数学老师一起找到校长为张文裕说情，他们极力推荐，说张文裕是一位出类拔萃的学生，建议学校向大学推荐。

"是啊，这名学生的确很刻苦。这样吧，我给我的老同学写封信试试看！"徐锡安校长随即给燕京大学物理系主任谢玉铭教授写了一封信。信中讲了张文裕的成绩优秀，是一位因为家贫曾中途辍学，而未能拿到毕业文凭的学生，最后也讲了他家庭的困难，希望一旦录取，能给予奖学金，等等。

看了信，张文裕感动得哭了。他本想对校长和老师们说句道谢的话，可是，他难过得什么话也说不出来了，他流着眼泪给师长们深深地鞠躬，拿着信走出了校长办公室。

过了几天，物理老师找到张文裕，交给他20元钱，拍着他的肩膀热切地说："这是老师们给你凑的，你就拿着它当路费吧！"

张文裕从老师手里接过了钱，激动得不知说什么好。

1927年夏天的一个早晨，他穿着乡下母亲给他缝制的蓝布裤褂，怀里揣着老师们凑的20元钱，只身一人踏上了去北平赶考的路程。一路上，他赤着脚，用扁担挑着行李，从厦门乘船到上海，又从上海乘船到塘沽。饿了，就啃几口干粮；困了，把席子往甲板上一铺就睡。经过好多天的漂泊与跋涉，终于在一天傍晚到达北平。他一面问路，一面寻找，在荒郊野地里转了大半宿，才找到了谢玉铭教授的家。

"这么晚了，敲不敲门呢？"他站在门外迟疑着，想到赶考的机会来得是那样地不容易，想了一会儿，还是硬着头皮敲了敲门。

这时，谢玉铭教授已经睡了一觉，忽然被"咚咚"的敲门声惊醒。谢教授睡意蒙眬地开门一看，门外站着一位风尘仆仆的青年农民，不禁一怔，问道："你找谁？"

"我找谢玉铭教授。"

"我就是。"

"对不起，我叫张文裕，从泉州来，是徐锡安校长介绍来的。"

谢教授听说是老同学介绍来的，立刻解开了心中的疑团。他热情地请张文裕进屋里坐。谢教授看了信，半晌，遗憾地说："呀，真不凑巧，你来晚了，考期已经过了！"

"哎呀，这怎么办呢？"听到这个消息，张文裕急坏了。

"不要着急，我再想想办法看，今天晚上你就住在我的家里吧！"

"后来呢？"我听了张文裕的述说，急切地问道。

"后来，好心的谢玉铭教授经过一番奔走，为我办好了补考的手续，同时介绍我到一家皮革厂当学徒，为的是万一考不上，生活好有个着落。我深知这一切来之不易，白天，我到皮革厂里拼命地干活，刷皮子，洗皮子，什么脏活累活都抢着干；晚上，精疲力竭地回到宿舍里，再点上小油灯看书，复习功课，直到夜深。"张文裕说。

一个月以后，人累瘦了，眼睛熬红了。但是，功夫不负有心人，张文裕终于以优秀的成绩考取了燕京大学物理系。

那时的燕京大学，贵族子弟云集。出身贫寒的农村青年张文裕，在四年时间里，每时每刻对他来说都饱含着辛酸和困苦。他不仅举目无亲，无依无靠，而且家里不能给予半文的接济。

"天无绝人之路！"他咬咬牙关，一面读书，一面做工。

暑假里，他把铺盖送进当铺，换些钱当路费，到内蒙古河套一带当小工，挣些钱留着开学以后用；然后，再把过冬的铺盖赎回来。

因为没有钱，他住不起学生宿舍，便和全校几位最穷的同学住在存放行李的地方。当时，谁也没有注意到这个沉默寡言的贫穷青年。更没有人会想到，在放行李的阴暗角落里竟会走出一名未来的大科学家。

出身的卑贱和贫穷，使张文裕在青年时代历尽了辛酸，他顽强地挣扎在生活的苦海里，冒着随时沉下去的危险，采撷智慧的骊珠。终于有一天，他以胜利者的姿态游上了岸，就在这时，荣誉和爱情同时来到了他的面前。

风雨感情深

大学毕业后,张文裕拿起教鞭走上了燕京大学物理系的讲台。他那深厚的学识、清晰的逻辑、诲人不倦的精神,很受学生们的称赞。他讲课时,台下坐着一位身材修长、沉默文静的女学生,听得尤其认真,她就是后来张文裕的妻子、著名理论物理学家王承书教授。

下课后,王承书或是向张文裕讨教问题,或是一起做实验。渐渐地,两人一起发表论文——《大气电位梯度之连续记录》《萨金特曲线与核贝塔衰变理论》……不期而至的爱情使张文裕兴奋不已,可是,当想到自己的理想还远未实现时,他又冷静了。一天黄昏,他和王承书在未名湖畔散步,突然说道:"承书,我要走了。"

"到哪儿去?"

"到英国。"

"多久?"

"很难说。少则四五年,也许更长。"

沉默了一会儿,张文裕又说:"我考取了剑桥大学的研究生,要拿了学位才能回来。"讲到这里,他看了王承书一眼,鼓起勇气问道:"你愿意等我回来再结婚吗?"

王承书情意绵绵地点了点头。

两个相爱的年轻人就这样分别了。

科学家档案

王承书(1912—1994),女,湖北武昌人,核物理学家,中国科学院院士。1934年毕业于燕京大学物理系,1936年获该校研究院硕士学位。1941年留学美国,1944年获密歇根州立大学研究院物理博士学位,曾任密歇根州立大学研究员。1956年回国,先后在受控核聚变、等离体物理、铀同位素分离等方面进行了研究,取得重要成果。

出国以前，张文裕回故乡看望了母亲。这时，他可怜的母亲已经双目失明，见了面，张文裕叫了声娘，就失声痛哭着扑向了母亲。母亲伸出颤抖的双手，用力抚摸着泣不成声的儿子，诉说着生活的艰难。过后，再次提出了那个不可能实现的心愿——恳求儿子回到自己的身边。

张文裕极力安慰母亲，在家里住了几天，留下了些钱，就远赴英国求学了。

英国杰出的物理学家卢瑟福教授，是举世闻名的原子结构模型的发现者、原子核物理学的奠基人。张文裕到英国以后，在剑桥大学卡文迪什实验室拜见了这位大物理学家。

"密斯特张，你为什么要万里迢迢地来做我的研究生呢？"这时，卢瑟福教授已经年过花甲，他坐在牛顿坐过的椅子上笑着问道。

"教授，因为我的祖国核物理学还不发达，所以我不远万里来向您求教！"张文裕用流利的英语，回答了卢瑟福教授的提问，给这位未来的导师深深地鞠了一个躬。

"OK！"最后，卢瑟福教授满意地点了点头，收下了他。

在剑桥大学做研究生的两年多时间，在卢瑟福教授的指导下，张文裕兢兢业业地从事着核物理方面的研究工作，他和同学一起，共发表了十几篇论文。这些论文刊登在英国《皇家学会会议录》、英国《自然》杂志上，流传到世界各科研单位，从这以后，年轻的张文裕受到各国核物理界的注目。

1938年夏季的一天，剑桥大学的教授们济济一堂，听取张文裕毕业论文答辩，在一片掌声中，张文裕兴奋地走到讲台上，用英语宣读了论文，论文的题目是《核反应过程的共振效应与人工放射性同位素的产生》，英国的物理大师们经过评审，一致通过授予张文裕剑桥大学的博士学位。

日本侵略中国的消息传到英国，张文裕归心似箭。他怀着学成报效国家的一腔热忱，回国途中专程到柏林学了半年探照灯的研制工作，然后渡过英吉利海峡，取道河内到达昆明。第二年秋天，他的未婚妻王承书，也从贵阳的湘雅医学院到了昆明。

几年的离别之苦，使两个志同道合的年轻人更体会到了团聚的喜悦。不久，在昆明的一个旅馆里，著名物理学家吴有训亲自给他们主持了婚礼。

婚后不久，王承书失业了。

"这样下去怎么办呢？"两人发愁了。

想不到在国内不但没有从事科学研究的条件，就连生活也成了问题。不久，妻子王承书经过一番认真准备，考取了美国密歇根大学的研究生，远涉重洋到美国求学去了。在这之后，张文裕也接受邀请，到美国的普林斯顿高等学术研究机构做客座教授。

两人开始了长达7年的分居生活，张文裕的工作地点在纽约附近，王承书则在芝加哥附近的安娜堡，这对年轻的伴侣为了前程，把个人的幸福置之度外，只有到了过年过节的时候，他们才会相聚。

拳拳报国心

20世纪初，科学家们发现了原子的结构。打开原子核以后，便开始探索如何搞清楚组成原子核的各种粒子的奥秘。当时，还没有发明出能把原子核打开的高能量加速器。那么，用什么工具或仪器来研究原子核呢？科学家们发现，有一种来自宇宙空间的高能量的粒子流，时刻在"袭击"着地球，它可以穿透很厚的岩石，到达很深的地下。于是，给它起了个名字，叫"宇宙线"。

利用宇宙线研究原子核中各种粒子的性质和内部结构的工作开始以后，科学家们研制出了各种探测仪器来捕捉粒子流，有的仪器能记录它们路过时的情形，有的能够记下它们和其他"靶粒子"互相撞击之后产生的变化或留下的痕迹。

当时，美国正在研制世界上第一颗原子弹，科学家们正千方百计地设法弄清楚组成原子核的各种粒子的特性。苏联也花了很大的财力，组织科学家们从事这方面的研究。

在普林斯顿的最初两三年中，张文裕主要从事核物理方面的研究。他坐在静静的实验室里，把记录有宇宙线粒子轨迹的胶片，放在荧光屏上看了又看，反复地计算着它们的能量、质量和衰变的情况。1948年夏季的一天，他忽然发现有些意外电子的轨迹。计算的结果表明，它们是由 μ 介子在原子核的周围跃迁时放出的辐射引起的。这个发现说明，宇宙线中的介子，不是科学家们一直认为的是强相互作用的粒子，而是弱相互作用的粒子，它和有关的核可以组成一个临时的原子。

这个重大发现，使人类对原子和原子核的认识前进了一步。1953年，美国哥伦比亚大学建成世界第一台高能加速器，美国科学家们在这台加速器上所做的实验证实，张文裕的发现是千真万确的，为了使探索核物理的后来者记住这种原子的首次发现人，各国物理学家决定给它取名叫"张原子"。

"张原子"的发现，引起了美国人对张文裕的关注。

美国人劝他加入美国国籍，说："这样就可以永久地在美国居留下去，凭你的聪明才智，留在美国，你会有很好的前途。"

"不，我是个中国人，我的祖国需要我！"

"张原子"问世两年以后，张文裕的儿子张哲在安娜堡出世，为了共同照料孩子，张文裕到了距离王承书母子较近的普渡大学教书。

"后来，你们是怎样回国的？"听完张文裕教授讲的动人经历，我问道。

张文裕教授说，中华人民共和国成立之后，在美国留学的成百上千名留学生，打着标语牌，喊着口号从四面八方涌上了街头。标语牌上写着："我们要回家！""反对美军侵略朝鲜！""青春结伴好还乡！"

就在一批又一批中国留学生到白宫前面的草坪上静坐示威的时候，张文裕和王承书也在筹划着怎样尽快回到新生的祖国。但是，朝鲜战争爆发使得他们的申请一次次受阻。

"当时，我苦闷极了，回国的强烈愿望使我终日坐立不安。我已经没有心思再坐在实验室里专心致志地搞实验了。每天除了到大学讲课外，回到家里就是看报纸，看了一张又一张，睁大了眼睛从各种报纸的字里行间寻找着有'大陆中国'字样的新闻。有一天，我边吃饭边看报，看着看着，忽然把桌子一拍，喊道：真了不起！"

"什么事使得你这么兴奋？"王承书在一旁问道。

"你快来看，人民解放军把英国军舰'紫石英'号打出了长江口！"

1956年6月的一天，一艘停泊在美国旧金山海岸的远洋轮船就要起锚了。码头上，各种肤色的人们熙来攘往。张文裕也在向岸上送行的朋友们挥手告别。

"张博士，张博士，请你到岸上来一下！"突然，美国移民局的一位官员冲着船舱用英语喊道。

张文裕应声来到岸上，他再次出示了出境签证，回答了检查人员提出的问题，说明自己是回国探亲，而不是永久地离开美国，这才被放上船。

轮船起锚后，张文裕如释重负地回到船舱里，他边擦汗边向王承书讲述着受检查的经过。回想起在办理回国手续时，几次三番受阻，现在真的踏上了归途，两个人不禁笑了。

喧嚣的旧金山，还有那横跨旧金山海湾的金门大桥，渐渐地从地平线上消失了。

轮船从旧金山开出以后，很快便驶进了浩瀚的太平洋。船舱里的空气潮湿闷热，身体瘦弱的王承书经受不住海浪的颠簸，呕吐、晕船，开船不久便躺下了。张文裕把妻子和孩子安顿好，一个人走到了甲板上。

张文裕双手扶着栏杆，凝视着海天相连的地方，默默地告别了侨居13年的美国。想到转眼就要回到祖国，见到久别的亲人，为自己的国家做事，激动的心潮一浪高过一浪。回想在美国度过的十几年里，就名利来讲，他都得到了满足。在北美大陆，他取得了一生中最大的科学成就——发现了著名的"张原子"；富裕的物质生活，汽车、洋房也应有尽有，还生了儿子。因此一位美国老朋友不解地问他说："密斯特张，你为什么一定要回到中国呢？"

"是啊，为什么一定要回国呢？而且又是那样地急切。"他自己也不由地发问。

"关于这个问题，当时，我自己也说不清，我只知道，美国再好，终归不是我的家，在美国，我是个客人，是客座教授……"

终身献科学

1956年夏季的一天，张文裕一家历尽千辛万苦，踏上了祖国的土地。到了深圳，两位科学家头一次见到鲜艳的五星红旗，心里有说不出的高兴。来到广州街头，他们用手抚摸着中国自己制造的"解放牌"汽车，更是兴奋不已。

"我只记得，离开祖国时，连学校里用的计算尺都是舶来品；解放后才短短六七年，中国人自己造的汽车已经满街跑了！"有一天，我在张文裕家里采访，王承书教授在一旁插话说。

回国十几个小时见到的天翻地覆的变化，使他们兴奋，使他们感慨。他们顾不得旅途的劳累，第二天一早，就乘火车直奔工作岗位了。

回国后，张文裕先后担任了中国科学院原子能研究所和高能物理研究所所长。其间，还被中国政府派往苏联杜布纳联合核子研究所任中国组组长。在带领成百上千名科学家、工程技术人员建造北京正负电子对撞机过程中，他不幸于1992年病逝。

王承书回国后也受到重用，成为提炼铀矿的专家，在中国的"两弹"研制过程中，做出了杰出贡献。

我曾问张文裕教授，为什么已经功成名就了，还不知疲倦地工作，他思索片刻："过去，因为在国内没有条件搞科学研究，我们才到处流浪。现在，工作条件这样好，我们不能袖手旁观，要献上自己的余年，使中国早日富强起来，这是我许多年来一直在追求的理想。"

根在哪里，心就在哪里

● 李政道与中国

科学家档案

李政道，1926年生于上海，哥伦比亚大学全校级教授，美籍华裔物理学家，诺贝尔物理学奖获得者，因在宇称不守恒、李模型、相对论性重离子碰撞（RHIC）物理和非拓扑孤立子场论等领域的贡献闻名。

我第一次听到著名物理学家李政道教授的名字，是在20世纪50年代的一个早晨。那时候，我还是一位20岁出头的年轻人。那天早晨，新华社国际部当时的负责人拿着刚刚收到的外国通讯社的电讯稿，兴冲冲地走来请值班社长审发已经编好的关于李政道、杨振宁获得诺贝尔物理学奖的新闻。

值班社长边看稿边和国际部负责人议论着什么叫"宇称守恒"，什么叫"宇称不守恒"，随即签发了有关稿件。李政道和杨振宁教授在大洋彼岸推翻宇称守恒定律，并且获得诺贝尔物理学奖的消息，经由新华社播发后，传遍了全中国。

过后，怀着一种敬慕和好奇的心情，我反复研读了1957年2月23日新华社发表的这条电讯：

我国留美物理学家李政道和杨振宁发现了原子核物理学中的一个重大问题。

1956年夏天，美国哥伦比亚大学中国教授李政道和普林斯顿研究院中国教授杨振宁在进行原子核和基本粒子理论研究的时候，提出了一个新的观念：30

多年来一直被认为是微观世界的一条基本物理定律——"宇称守恒定律"，在原子核和基本粒子之间以及基本粒子之间的弱相互作用下，是不适用的。这个定律只在强相互作用和电磁相互作用下才是正确的，过去把它看作普遍的定律，把它推广应用到弱相互作用下是错误的。

消息还说："哥伦比亚大学女教授吴健雄和一位美国科学家分别用不同的实验证明了李、杨的新理论。"

"李政道和杨振宁是谁？他们是怎样做出这项重大成就的呢？还有吴健雄教授……这些华裔科学家，什么时候才能来中国？有什么机会能让他们谈谈成功之路，谈谈他们的甘苦，谈谈他们的追求以及他们的生活经历？"

自从听说了他们的名字和他们在科学上的杰出贡献后，我不禁萌发了上述念头。然而，沧海茫茫，岁月悠悠。我希望见到大科学家的愿望在过了22年之后，我作为记者进入科技界采访以后才如愿以偿。

言传身教

那是1979年春季的一天，我在中国科学院研究生院采访时，该研究院的负责人吴塘对我说：著名物理学家李政道在北京科学会堂刚开始的讲学，得到了研究生院内外的热烈反响，李政道为这次讲学做了认真准备，但是国内宣传部门的反应却很冷淡，《人民日报》仅在送往迎来的专栏中刊登了一则几十字的短新闻。

"你来得正好，你能不能再采访一下李先生，写一篇长的报道？"最后吴塘问我。

回到编辑部，我向有关负责同志汇报了上述情况，并表示我准备花些时间到北京科学会堂采访，写写李政道这次讲学的盛况。经编辑部同意后，我便天天到北京科学会堂旁听李政道讲学，休息时与到会听讲的科学家和教授们交谈，通过看和听，

> 一个人想做点事业，非得走自己的路。要开创新路子，最关键的是你会不会自己提出问题，能正确地提出问题就是迈开了创新的第一步。
>
> ——李政道

采访到大量关于李政道教授的情况。在长达 7 个星期的时间里，北京科学会堂的报告厅里天天座无虚席，不少人干脆挨近讲台席地而坐，后排座位上的人们则举着望远镜边听边看投影仪映在墙上的讲义，在报告厅的地下室和中国科技大学研究生院，人们围着一台台转播电视机认真听讲。听讲的人群中，有李政道早年的老师、同学、好友，也有新中国成立后培养的新一代年轻物理学家，还有粉碎"四人帮"以后入学的第一届研究生。采访中，听众们对李政道教授讲学的评价是：学识高深、方法科学、治学严谨、诲人不倦。

"用物理学中的术语来说，李政道教授讲课走的是'短程线'，他迅速把人们带到了现代科学的最前沿。"一位教授说。

"作为一位教授，他和学生的心是相通的。他时时都在关注着听讲人的理解程度。"

采访中，大家都认为，李政道教授的讲学博得一致好评不是偶然的，自 1972 年以来，他已四次来中国，周恩来总理对他的评价是："李精于学。"

当时，李政道教授正值中年，每天他从下榻的北京饭店准时来到科学会堂，身穿浅灰色的中山装，风度翩翩，笑容可掬地缓步走上讲台就讲起课来。他每天讲 3 个小时，可是备课要五六个小时，有时讲得太累了，就手按着教鞭，把头伏在上面歇一会儿，有时讲得满头大汗，干脆把外衣脱掉继续讲。在长达 3 个小时的时间里，从强作用、弱作用的发展史，讲到粒子物理的过去、现在和将来，课堂内外，听众们如醉如痴，进入到奥妙无穷的粒子世界。在那次讲学中，李政道共讲授了"统计力学"和"粒子物理"两门课程。采访中，有人告诉我说，李政道在国外平均每年只讲 28～30 小时，这两门课一般要讲两三年。这次，他感到中国实现现代化急需科技人才，决定用两个月时间讲完几年的课程，为了搞好这次讲学，早在一年前他就开始做准备工作，还给中国同行寄来了大量文献和书籍。

外围采访进行得差不多时，我决定直接采访李政道。不料，他却把采访安排在了课间休息的短暂时间。那天，李政道显得很疲倦，他一面不停地往嘴里塞润喉片，一面用沙哑的声音回答我的提问，在短短 20 分钟的时间里，他谈了从 1946 年离开中国去美国，在芝加哥大学师从著名物理学家费米的经过，还谈了和杨振宁教授合作，发现宇称不守恒定律的经过。

当我谈到这年4月15日，邓小平会见他时，他的夫人秦惠䇹提到，李政道过去对组织联系工作不感兴趣，但为了给中国培养高能物理人才，他在4个月时间里，亲自打了很多长途电话联系培训问题。我问李政道为什么会发生这种变化时，上课的铃声突然响了起来，他边走边对我说："你可以多看看，找些人谈谈，然后咱们再谈。"又说："我感到，大家都被中国的'四个现代化'推动起来了，这是很了不起的！我不应该袖手旁观。"

与此同时，我还跟随李政道参观了中国科技大学研究生院，以及中国科技大学少年班，了解到他对中国培养科技人才的关切。采访结束后，我写了一篇几千字的通讯稿，发表前送请李政道审阅，他用各种颜色的笔，逐字逐句做了修改。1979年5月17日，新华社播发了我采写的这篇题为《李政道教授在中国讲台上》的通讯稿，过后，中国内地及港澳地区和世界各地的中文报纸均在显著位置刊登。纽约的华侨报纸还配发了评论，认为李政道作为一位世界闻名的华裔科学家，在中国讲学这么卖力，说明他对故国依然情深似海……

在那些日子里，我还有幸被采访单位安排在中午休息的时候，和李政道教授共进午餐。

开饭的时候，我随李政道和研究生院的负责人以及少数研究生代表来到餐厅，入座以后，端上来的饭菜是四菜一汤。李政道虽然是声名显赫的大科学家，但给我的印象是，为人随和，生活不讲究。他咬一口馒头后把剩余的馒头随便搁在桌子上，然后夹口菜，再拿起馒头来吃。席间，他边用餐，边跟大家说笑，他谈吐幽默，妙语横生，常常逗得大家哄堂大笑，他自己也笑个不停。当时，和李政道同桌就餐的研究生们都是经过他的面试，准备去美国攻读博士学位的。现在有幸和这位杰出的导师一道用餐，既感到十分荣幸，也显得非常拘谨，经李政道平易近人的说笑，气氛变得缓和多了。

获诺贝尔奖

我的采访并未到此结束，为了写出更深刻的东西，在这之后，我又多次采访了李政道本人，以及他早年的同学、老师。一天，我来到当时的中国科学院高能物理研究所所长、著名物理学家张文裕教授的家中，他热情地接待了我。见面后，张教授说："我不是李（政道）、杨（振宁）的老师，他们那么大的名气，那么大的成就，我怎么能是他们的老师呢？我只是在西南联大教过物理，在美国和回国以后和他们来往较密切而已。"

张文裕随即生动地回忆了1957年冬天李政道和杨振宁获得诺贝尔物理学奖之后，他受中国政府的委派，专程去瑞典斯德哥尔摩会见李政道、杨振宁时的情景。

当时，张文裕教授已经年逾古稀，他用带有福建口音的普通话，绘声绘色地讲述了当年的情景。他说："1957年12月初，李政道应丹麦阿格·玻尔教授（阿格·玻尔教授也是诺贝尔奖获得者，其父尼尔斯·玻尔是原子构造的创立者）的邀请，到丹麦讲学。8日，李政道和夫人秦惠䇹由丹麦同乘飞机到斯德哥尔摩。

"飞机着陆以后，欢迎的人群蜂拥而至，他们当中，有瑞典外交官、瑞典皇家科学院和诺贝尔奖委员会的代表，还有中国驻瑞典大使馆的文化参赞。

"这天，我见欢迎的人太多，挤不进去，情急之下，便不顾一切地隔着人群在远处大声地呼喊起来。"张文裕教授回忆说。

"我虽然在昆明西南联大当过教授，但是，李政道到昆明西南联大读书时，我已经到美国去了，我们在美国相识，见面多次，中国人在异国他乡相见，格外亲切。1956年，我和王承书从美国回国不久，便接到美国著名物理学家邬伦伯格（电子自旋理论的发明者）教授来信说，李政道、杨振宁取得了重大成就，他们提出的在弱相互作用下宇称是不守恒的'李、杨假说'，很快就被吴健雄教授所做的实验证实了。邬教授在信中还转达美国科学家的话说：1957年是中国物理年！"张文裕回忆说。

张文裕喝了口茶，又继续回忆："这天，李政道下飞机以后，正在和欢迎的人们握手时，我不顾一切地大声喊道：'李政道！李政道！'"

"听到喊声，李政道跑到了我的面前，非常惊讶地说：'张老师，您怎么来了？！'"

"国内让我赶来祝贺你们的！"张文裕笑嘻嘻地说。

根在哪里，心就在哪里

"啊——国内对我们这样关心！"这意想不到的相逢，使李政道感动得几乎流下眼泪。

这时，李政道虽然已是蜚声国际的青年物理学家，然而，在他的心灵深处，依然是十几年前那个坐在茶馆里专心念书的英俊少年，故国老师的突然出现，勾起了他对既往岁月的回忆和对亲人、故土的深切思念。尽管授奖活动日程安排得紧凑且忙碌，但他和杨振宁还是抽时间到旅馆里看望了张文裕教授，并且邀请张文裕教授参加授奖典礼和瑞典皇家为他们举行的盛大宴会。

"在那次短暂的相处中，我受中国政府的委托，曾向李政道和杨振宁转达了周恩来总理的意思，希望他们回国工作。李政道和杨振宁都表示，感谢祖国的关心，他们年纪还轻，争取再在国外工作一段时间，到一定的时候再回去。"

"后来，我在日内瓦再次见到李政道时，他仍然很热情，但当我再次提出希望他能回国工作时，他不像上次那样了。他说他有些老师和同学都被打成了右派，他们回去也可能被当作右派，因此……"

心系祖国

李政道教授获得诺贝尔奖之后，虽然没有回国工作，但多年来，他时时都在关注着中国发生的一切。有一年来访，在北京饭店他对我详谈了青少年时代，即抗战期间在国内经历的一些事情。

1926 年，李政道出生在上海一个多子女的大家庭里，他原籍苏州。少年时跟父母在上海度过。当时，旧中国政治腐败，民不聊生，上海是典型的殖民地，是冒险家的乐园。城里到处是外国租界，走在外滩公园、兆丰公园，"华人和狗不许入内"的标牌赫然入目。

"这是中国的领土，为什么中国人要被他人统治呢？被外国人歧视呢？"李政道心想。

他跟我谈了一件使他永生难忘的往事：有一天，他在上海英租界乘电车，下车时，不小心碰到了一位 40 来岁的外国人，下车后，不料那个外国人竟随便找了个车站旁的"红头阿三"（印度巡警），那警察不分青红皂白地把李政道的双手反背起来，让那个外国人狠狠地打了他一顿。

"那时，我才13岁！"李政道回忆说。

1941年12月7日清晨"珍珠港事件"爆发后，日军进入上海租界，李政道因不愿受日本人的统治，于12月22日离家，由上海取道杭州、富阳，穿过封锁线，到大后方求学。

"本来我想去重庆，因路途遥远，又缺路费，只得改奔贵阳。从1941年到1943年，我过的是流浪生活。经常山、建阳、南平、永安、瑞金至赣州，一路上跋山涉水，大部分路程是步行，1943年才由赣州搭车到了贵阳。"他说。

在两年流浪的日子里，他得了恶性疟疾，每两星期发一次高烧，浑身发抖，退烧之后，全身乏力，就在这时他还生了一身疥疮，谈到这里，他掀开裤腿给我看了看腿上留下的疤痕，说："随后，我被关进了难民收容所。在收容所里，吃不饱饭，只能喝一些稀饭汤，因为没有力气，只好躺着……"

幸而，他随身带了一本达夫著的《大学物理》中译本，他对物理的兴趣，也是从这时开始的。

1943年秋天，李政道在贵阳以同等学力，考上了浙江大学。之后，经湄潭去永兴。那时，中学没有毕业的学生也可以参加大学考试，但成绩必须特优，称同等学力。李政道小学、中学都没有毕业。

李政道小时候就有专心念书的习惯。在浙江大学读书时更是专心钻研物理和数学。大学二年级开学不久，日军入侵贵州，浙江大学停办。随后，他又转入昆明西南联合大学求学，处境依然困苦。那时，十五六名学生住在一间草房子里，蚊子、臭虫到处爬，同学们都睡上下铺，隔几天就得把床搬出去煮臭虫；抗战时，昆明人口激增，电力不够，电灯仅见灯丝红，根本不能用来看书。他和同学们发现茶馆里用的汽灯，晚上可以用来读书照明。

"当时，茶馆的规矩是先来先坐，只要占一个位子不离开，就可以从早到晚不用加费，当然，茶也变成了白开水。"

李政道边笑边说："我和同学们一早就上茶馆，上课时轮流看着座位，下课后夹着书本去茶馆。当时，上茶馆便成了生活的一部分！"

"那时候,我们从来没有感到因为缺仪器少设备,学习条件不好,就会比别人差。杨振宁、朱光亚、唐敖庆和我,都是那个时候培养出来的。"李政道说。

1946年秋天,李政道和华罗庚、朱光亚、曾昭抡、唐敖庆等老师和同学,从上海黄浦江边乘坐"美格将军号"轮船去了美国。

在美国芝加哥大学,李政道旁听了几堂课,物理系的教授们很快就发现了他的能力,便与招生处交涉,改变校规,让他能正式进入研究院。同时,授予他在当时很难得到的芝加哥大学奖学金。美籍犹太科学家费米亲自收李政道为博士研究生。费米教授收学生很严,精而少,李政道是费米教授唯一的中国籍博士研究生(李政道在美国住了17年后才入美籍,他在芝加哥大学读书和得诺贝尔物理学奖时,均系中国籍)。念研究生期间,他和中国籍姑娘秦惠箬结为伉俪。

李政道虽然入了美籍,但对中国有深厚的感情,他说他的根已经深深地扎在中国。1981年冬天,他来到故乡苏州。26年前,他的父亲李骏康客死日本东京,在台湾的母亲张明璋叮嘱他务必把父亲的骨灰送回故乡苏州安葬,遵照母亲的意愿,他在风景如画的灵岩山,安葬了父亲的骨灰。过后,他欣然地说:"呵,总算完成了26年来的心愿!"

1983年2月,李政道母亲在台湾得了急病,闻讯后,他立即从美国赶回台湾,赶到时,他母亲已病逝,台湾当局为他母亲举行了隆重的追悼会。同年3月2日,李政道从台湾护送母亲的骨灰回故乡苏州安葬,这是台湾当局第一次允许将岛内先人的骨灰送回大陆。

灵岩山的早春季节,梅花盛开,遍山新绿,和风拂面,阳光暖人。墓地里摆着邓小平、邓颖超、方毅、廖承志以及中国科学院和江苏省、上海市政府送的花圈。

过后,李政道在给他在台湾的二哥李崇道的电文中,表达了他把父母的骨灰安葬于故里,心意圆满的心情。

他说:"葬礼是在晴朗天空,庄严和爱戴的气氛中举行的。"

"落葬时,发现周围的梅花开了,母亲在九泉下会笑的。"

CUSPEA 树木成林

20 世纪 70 年代以来，我曾多次参加李政道教授来中国的各项活动，也曾多次以新闻、通讯、报告文学的形式，记述并报道了他的讲学、为中国培养研究生、积极倡导并帮助中国建立博士后制度，以及帮助中国建造北京正负电子对撞机等学术活动。

在这些活动中，李政道教授对祖国的一片深情，给我留下了深刻的印象。

年复一年，李政道虽然远在海外，但他始终没有忘记自己的根已经深深地扎在我们这片古老的土地上。早在 1974 年，当时正值"文化大革命"动乱时期，他回来以后见到"四人帮"对教育的破坏，非常痛心。因此，他提出，既然芭蕾舞演员可以从小培养，理科人才为什么不能从小培养呢？事后，李政道对一位早年的老同学诉说了自己的想法。他说："考虑到我如果提出从高中直接招生，是不可能接受的。所以，就想出了理科人才也可以像文艺、体育那样从小培养的办法，估计这是唯一有可能被接受被采纳的建议，于是，就提了出来。"

1979 年回国后，他听人说中国科技大学办了少年班，非常高兴。这一年的 4 月 20 日，他放弃了周末休息，专程从北京赶到安徽合肥，看望了少年班的孩子们。

在从事科学研究和教学的同时，多年来，李政道还坚持为中国办了两件事：一件是帮助中国发展高能物理和同步辐射，另一件是给中国培养科技人才。

他说："只要能给中国培养出高水平的人才，我个人牺牲些时间，甚至做些'收发联系'一类的工作，也是值得的。"

1979 年他在北京讲学的时候，就有中美联合培养物理类研究生计划（China-U. S. Physics Examination and Application，CUSPEA）的想法。

他对中国有关部门的负责人说："为什么不派正式的研究生呢？这样做学生可以得到学位。如果同意派研究生，我可以帮助动员美国民间所有第一流的大学，让他们接收中国学生，资助和培养他们。"

回到美国，他还在牵挂着这件事。当时，他虽然在美国教书、搞科研已有 30 多年，但始终没有做过招生一类的行政工作。一天，他把他所在的美国哥伦比亚大学物理系主任 Sachz 教授请来说："请你谈谈美国各大学招生的程序。"

听完了介绍,李政道说:"噢,这么复杂,我在美国教了30年书,想不到招生手续竟然这么复杂!"思索半晌,他拿来一张纸,一边画格子,一边用英文写道:"这样吧,今天我为中国物理学生创造一个新的招生办法,不用考GRE、TOEFL,也不用先向招生处申请,这个办法的名字就叫CUSPEA!"

在这之后,李政道用了一年半的时间日夜张罗,自己花邮费、电话费,跟美国各大学的物理系联系,希望他们接纳并为中国代为培训科技人员。国内有关部门曾多次提出愿意为他支付有关的费用,李政道教授都坚决地拒绝了。他说:"这是我的一点心意,为中国培养人才是有意义的!"中美联合培养物理类研究生计划进行得很顺利。各种手续办妥之后,他又亲自从纽约给正准备应考的同学们寄来了充满热切期望的信。他在信中,用工工整整的中文写道:

亲爱的同学们:

这次由于中国科学院、教育部、各大学及研究院的负责人和教授们的大力支持,使CUSPEA的初步工作有了很好的结果,当然最主要的是你们自己的努力。

因为CUSPEA的程序是一种新的尝试,与中国和美国通常的入学方法不一样,随信附上我给美国50所大学物理系的通告,其中详述了一切申请和录取的手续和处理期限,阅后请与研究生院严(济慈)院长办公室取得联系,使一切步骤能按时进行,虽然美国的各大学是各自为政的,但是我们会尽最大努力,使你们之中的绝大多数得到录取。

……

来美国后,请不必立刻定专业,除自己的兴趣外,将来的用处、国家的需要,亦请多加考虑。大体而论,做实验的应该远比念理论的要多。请你们进研究院,不过是学习的初步,得博士学位亦仅是就业的开始,这次你们考试成绩充分表现了中国的高等学院有很好的水准,而将来你们学成回国后可更快地提高各大学和研究院的质量,使之超过世界水平的科学基础,工农业也可以随之发展。

祝你们

前途光明!

李政道

1980年12月13日

从这时起，全国规模的招生举办了许多届，录取的年轻的中国研究生们分别在美国的近百所大学从事数十项与物理有关的专业研究。

在美国，李政道时刻都在为这些中国学生操劳。每年开学以前，他和他的夫人秦惠䇹以及秘书爱莲小姐都日夜赶送、打印各种有关的报表、材料，并分别送到美国的有关学校。他们不是一天，而是一连许多年，全部是义务工作，从未收取中国的任何报酬。对几百位学生，除了关心他们的学业外，连日常生活小事也是给予无微不至的关怀。有的学生在美国生了病，他甚至不辞劳苦地亲自打电话到中国通知他们的家长。

他的夫人秦惠䇹感慨地说："过去政道念物理到了入迷的程度，谁如果占他一点时间，他是不干的。现在，为了中国的事情，他都搞得发疯了！"

李政道为什么如此热心地倾力于为中国培养人才呢？

1985年5月25日，在纽约，与中国研究生们相聚联欢时，他曾讲过这样一番话：

同学们：

  我们有一切理由相信，你们的将来是同样光明的……在你们未来的过程中，必然会出现新的挑战和新的问题。如果你们以个人加集体一起的力量，能充分准备，加强自信，负起责任，那么，你们就更有把握面向将来的问题。请大家考虑，今后20年全世界物理和与物理有关的各科技领域，那时候的领袖是从哪里来？

  ……

  有人曾经说：中国人像一盘散沙。在学术界，这句批评并非完全没有根据。相比之下，我们可以看到，犹太民族经过了纳粹多少年的残害，通过他们自己的互相帮助，仍然使很多犹太科学家可以找到新的环境，获得发展的机会。日本是另一例子，因为日本人有坚强的互助精神，所以日本能成为今日世界的科技领袖之一。

谈到这里，他望着在座的数百位中国留学生，满怀信心地说：

  但是，今天我们有一切理由深深相信，中国科学家必然是将来的主要人物。因此，你们必须共同承担起这个历史责任，分享共同的目标和理想。这也是我们今天在此相聚的主要原因之一。

中国科学的将来，就是世界科学的将来。互相帮助，就是帮助自己和帮助你们整个一代。你们的命运掌握在自己手中。最后的成功，则依靠你们这一代集体的努力。

在采访李政道教授的过程中，我从旁观察，他对中国正在发生的一切都十分关注，寄予深情。

例如，有一年他来中国访问，在霏霏细雨中，他和夫人秦惠䇹乘船游览三峡。白天，他在船上观赏长江两岸的风光，夜晚便在冷飕飕的船舱里写建议，在船上两天三夜的时间，每天写到凌晨两点左右才入睡。他用中文写了长达万言的建议书，供我国有关部门参考。他在这篇题为《对如何促进"国民经济生产总值翻两番"的一些简单想法》的文章中写道：

近几年来，从报纸上，从屡次回来参观访问，使我看到祖国正在进行着一次具有中国特色的发展经济的改革。凡我华人，莫不兴奋。

……

他在这篇洋洋万言的建议书中，从中国的现在谈到未来，综论世界各国的发展经验，建议国家采取"博士后流动站"等形式，吸引在海外的留学生归来为祖国的国民经济总产值翻两番出力。他说：

翻两番，必须依靠科技。

祖国的方针——发展国民经济要依靠科学技术是极为正确的。问题是怎么样去依靠科学技术和依靠什么样的科学技术？

可能在翻两番中，第一番和第二番之间会有相当差别。

我对20世纪翻两番是抱乐观态度。因为明日的世界科技领袖将大部分是华人。

请问：20世纪末全世界各科技领域的领袖是从哪里来的？绝大多数是来自今日的各有关的研究院。在现在世界上，各主要的科技研究院中，可以说四分之一成绩优秀的研究生，就是组成将来的科技中心的领导人物。而目前这类研究生以美国为主，其中优秀的研究生中，相当一部分是中国留学生。

中国送到海外的留学生近万名,就拿其中一小部分学习物理的同学来讲吧,通过CUSPEA,现在在美国有近500位,今年8月又有100多位要从国内去。这些CUSPEA同学,分布在70多个研究院,从事60多项与物理有关的基础和应用基础的研究。这5年来,他们每一年,在每一个研究院中,每一项项目都是名列前茅的,其成绩已是可与中国运动员相媲美……若再加上来自东南亚的华裔子孙,那么相当一大部分的优秀学生,都是炎黄儿女。这表示,用世界的立场来说:在20世纪末的科技领袖,大部分将是华人。

中国科学院国际合作局当时负责接待工作的人们还告诉我说,在那次来中国时,李政道教授不但热心地写书面建议,回美国以后,他还为办好旨在吸引海外留学生回国工作的博士后流动站四处奔走。有一年,他来中国之后,不顾旅途疲劳,亲自找到荣毅仁先生,提出希望把国家拨的建立博士后流动站的一部分初步预备经费,向荣毅仁开办的公司投资。他说:"使用利息而保存原额,这样就可以建立起'博士后基金会',而基金会的经费来源也可以永远有保证。"

荣毅仁先生听了李政道谈的想法,很感动:"你这样做,也是为了给我们培养人才,我们作为中国人,更应该尽力。"

在这之后,博士后流动站和博士后基金会都建立起来了,李政道教授热心帮助建造的北京正负电子对撞机(BEPC),也已经建成并投入运行。自1986年起,他又筹措资金在北京建立起"中国高等科学技术中心"(CCAST)和"北京现代物理研究中心"(BIMP)。

年复一年,我在采访李政道教授的过程中,深切感到,为了给中国培养科技人才,为了中国科学事业的发展和进步,他虽然人在大洋彼岸,但他的心却始终记挂着中国的事情。

1984年5月里的一天,李政道会见了我。这时,经过几年的交往,他对我已经没有从前对新闻记者那样的"戒心"了,他像老朋友一样和我坦诚地交谈。在这次话题广泛的交谈中,他向我介绍了在美国留学的研究生的状况。他说,几百位中国博士于明后年陆续回国后,还需要进行"博士后"的训练。

当时,"博士后"这个名词在我国人民的心目中还很陌生。采访中李政道耐心地给我讲解了什么叫"博士后",希望我写文章帮助宣传。于是,他讲,我记。后来,我在《瞭望》周刊(1984年7月2日)第27期发表了《李政道教授谈"博士后"》一文,其中写到关于这次谈话的内容:"李政道教授是世界著名的物理学家。早在20世纪50年代,他就和杨振宁教授一起,提出'宇称不守恒'原理,共同获得1957年诺贝尔物理学奖;60年代,他又提出了'时间反演不守恒'和'孤粒子的量子化'理论,他倡导'中微子实验';70年代,他提出了重粒子碰撞问题;近年来又提出'时间是一个分立参数'和'格子场论'。李政道教授的这许多创见,从理论上和实验上对高能物理的发展都有重要贡献。"

我请他谈谈培养研究生的情况。他思忖半晌,说:"中美联合培养物理类研究生计划(CUSPEA)进行得非常顺利。当初,我答应办6届,总数共700人左右,现在,全中国规模的招生已经办了4届,在美国的已经有3届,共362位。在已经选定专业的285人中,从事新型材料、激光、等离子体物理、大气物理、生物物理、医学物理、核物理以及半导体、磁性等有重大应用前景研究的有231位。其余研究生选定的专业,都和未来科学技术的发展有关。"

"美国的科学家和教授们认为这批中国研究生的水平如何?"我问李政道。

他脸上立即泛起了欣慰的笑容:"培养研究生的工作进展得很顺利,主要是由于中国青年优秀。"

"过去美国许多第一流大学的物理系中,都没有中国研究生,这是因为学校对中国学生的程度既不了解,也不信任。这几年招收的中国研究生在美国的表现说明:第一,中国的青年是优秀的;第二,能训练出这样多高水平的学生,证明中国大学的水平是国际第一流的。现在,美国的大学对中国学生的优秀性已经没有怀疑,建立起了信任。"李政道边做手势边笑吟吟地说。他把这批将得到博士学位的青年比作苗木。但他认为,要使这些"苗木"成才,还得花力气。

在这次话题广泛的谈话中,李政道还对我详细地解释了他为什么这样重视培养"博士后"人才。他说,从世界各国近40年的科技发展历史看,青年博士要在学术活跃的环境中,再经过2~6年独立工作的训练,才能渐趋成熟。这时,他们的年龄大致在30岁,可以委以重任,解决科技难题和培养新人。

谈到这里，李政道笑着对我说："我已经向中国有关方面建议设立'博士后'流动站。在全国选择有优良条件的研究所和大学设立'流动站'，每站有固定的站员名额，站员都是这些刚刚获得博士学位的年轻人，他们可以在好几个不同的（包括国内和国外）单位流动2～6年，使他们在不同的环境中接触多方面的学者和多方面的工作，以开阔眼界，增长见识和经验。然后，再通过国际水平的竞争，取得相对固定的职位。经过这样严格考验的人才，才能成为新一代科学技术的带头人。他们可以去开拓新的科学研究，或是把科技应用于国民经济。"

听到这里，我不禁纳闷地问他说："设立'博士后'流动站，有什么好处呢？"

思忖半晌，他对我说："'博士后'流动站，最大的好处是可以促进人才流动。比如说，可以规定每个刚拿到博士学位的人，在每一个流动站工作的期限为两年，两年后必须离开。到哪里去呢？可以从流动站转到办流动站的单位（例如这个单位是一个研究所或一所大学）成为正式成员，也可以从一个流动站转到另一个流动站，或从流动站转到另一个单位成为正式成员。但站员名额必须保证，并不因人的流动而更改。这样，一批博士走了，又来另一批刚得到博士学位的人。用人单位可以在流动中选择，博士本人也可以在流动中选择自己愿意长期工作的单位。这就使得人才非流动不可。"

解答完我提的问题，李政道又说："流动站的制度如果成功，将来也可以推广至学士后，或硕士后（但并不念博士的）年轻优秀的科技工作者。可是在建立流动站初期，宜限于'博士后'的人才，以使宗旨单纯，易保水平。"

采访快结束的时候，李政道对我谈了以下看法："这几年，中国派出的留学生很多，回国后恐怕要有一段时间使他们了解国内的现状，也使国内科研单位了解他们的情况。这样，才可以充分发挥他们的作用。流动站可以帮助双方解决一部分这一类的问题。总之，在流动中可以选拔人才，在流动中表现才能。到国外从事'博士后'工作，也是加速培养人才的一条重要途径，是国内'博士后'制度的补充。比如，从国外回来的青年博士，在国内工作一年后，应当鼓励他们到国外竞争'博士后'职位，这样做，可以使他们经常保持与国外科学前沿的接触。"

根在哪里，心就在哪里

晓阳辐射科学光

1988年的春天，李政道又风尘仆仆地归来了。5月26日，我在北京西郊中国科学院高能物理研究所即将建成的北京正负电子对撞机实验大厅旁边的一个房间里，再次采访了李政道。

李政道身穿蓝色衬衫，兴致勃勃地拿来一幅画给我看。画面上一个牧童席地而坐，聚精会神地凝视着远方天空光芒四射的星云。原来，这幅画是著名国画大师李可染先生应李政道的要求，专门为同步辐射应用国际讨论会而创作的。我正在欣赏着画面并赞不绝口时，李政道对我说："中国是以农立国的，牧童就代表了现在年轻的科学家。"他指着画面上的两行字，笑吟吟地对我说："请你念念，我写了两句诗。"

"牧童遥望求知切，晓阳辐射科学光。"我念完后，在场的人都高兴地笑了起来。

李政道说："艺术家们对中国年轻的科学家也寄托了很大希望，科学和艺术同样重要，为了中国同步辐射科学的发展，李可染先生在百忙中特地作画寄意，这是很可称颂的，我们已把这幅画挂在今晚招待会主席台的左边，画面上发光的星云很可能是北宋时期发现的超新星，也可能是今后的同步辐射光。吴作人先生也为另一个二维空间物理的讨论会创作了一幅极精彩的画，今晚将挂在主席台的右边，他的画巧妙地借用了中国古代太极图的构思，用艺术表达讨论会的主题，充满了高度科学动态的意境，对高温超导尤其恰当。我为他的画也拟了两句——太极古式成新形，阴阳二维解超导。"大家听后又笑了起来。

李政道还告诉我说："黄胄先生也为今年8月将在南京召开的一次同样组织的'粒子和宇宙学'工作讨论会作画祝贺，他的画将在8月份开会时展出。他的画是气势磅礴的天马行空图，充分展示了祖国科学家的前途。会后，这三幅画将在即将落成的中国高等科学技术中心大楼里悬挂起来，作为永久的纪念。"

在这之后，我又应邀参加了中国高等科学技术中心举办的国际学术工作会议。这个中心由李政道任中心主任，每年选择几个世界科学最前沿的课题，分别邀请10位第一流的专家学者来华，在会上分别介绍各自领域取得的进展、存在的困难和发展前景，并和 90 位中国学者共同生活工作一段时间，为的是使中国的专家和学者能够迅速地站到研究领域的前沿，以便开展更多具有世界水平的工作。这一年的活动内容是：同步辐射应用和二维强关联电子系统的国际讨论会。

会议中间，李政道兴奋地说："从今天开始的为期两周的同步辐射应用国际讨论会，和一般的国际会议不同，这个会是为了提高中国科学家在尖端科学领域里的水平和学术地位，为青年科学家提供良好的学习机会而举办的。"

"什么是同步辐射？"我问道。

思忖半晌，李政道介绍说，今天会上魏尼克（Winick）教授展示的一张蟹状星云的幻灯片，你看见了吧？早在中国北宋时期就有关于超新星的记载，也就是蟹状星云。北宋的天文学家每天记录它的亮度。据记载，起初几天空中突然出现一个大如鸡卵的奇星，之后亮度递弱，一个月以后，仍然和金星一般明亮，共发光三百多天。这是全世界最完整的关于超新星的记录。超新星所发的光，就是同步辐射。目前电子同步加速器产生的同步辐射光有非常广阔的应用前景，世界上称之为"明日的激光"。可以说，它比激光的用途还要广泛。由于它有强度大、准直性好等的优越条件，是凝聚态物理、医学、生物学、材料科学等学科研究中极为有力的研究工具。

李政道还说，同步辐射光的应用已经在国际上引起了科学界和工业界极大的重视。目前，美国政府每年投资 1 亿美元用于发展同步辐射，阿贡实验室正在建造投资 4 亿美元的一台同步辐射装置。除政府外，各工业厂家投资更多。日本、苏联、西欧、印度各国和地区都对研究同步辐射非常重视。中国的领导人也很重视，北京、合肥的两台同步辐射装置即将完成，全部是中国科学家自己建的，中国台湾地区也在建造一台，但是进度比较慢。

李政道说，这次会议集中了全世界优秀的同步辐射专家。举办这次讨论会的目的，是把世界各国在这个领域里的专家请来，大家聚在一起发表学术论文，共同开展讨论。知道人家做什么，然后去做，这也有好处，否则只能永远跟在人家的后面。更重要的是知道什么是人家还做不出来的，从而找到正确的方向进行突破，而如果你能做出来，那你就能走到人家的前面去了。怎样了解人家不会做的东西呢？

靠文献是不行的，因为文献上只报告作者做出什么新成果；一般的国际学术会议，参加的学者最多做一个学术报告，然后就去旅游了。光听一般性的学术报告也不行。关键是要和他们相处，在一起生活、工作、讨论一段时间，只有这样才能比较深切地知道什么是重要的，什么是别人想做而尚未做出来的。因此，凡是我们中心举办的国际讨论会都是两个星期，科学家们从早到晚生活在一起，这样可以打成一片，有利于了解真正的科学交流的实质和培养感情。组织这样一次会议是很不容易的，因为这些一流专家都是忙人，能使他们同时抽出两个星期的时间共同工作，每人做四五个报告，这是不简单的。这些报告的内容涉及同步辐射研究的各个领域，由浅入深，直至研究领域的最前沿。过一段时间将开一次国内会议消化一下，明后年可以再组织一次，这样做，有助于中国在同步辐射领域的研究开发。这同样对于促进中国科学和工业水平的提高很有意义。

随后，李政道又非常耐心地给我举例说明同步辐射在光刻、石油、表面构造等八个方面极大的应用前景，以及在医学方面的用途。

谈完后，他说："美国每年有 50 万人患血栓性心脏病，死亡率很高，如果有了同步辐射的装置，只要打一点碘到血管里去，就可以准确地诊断出来，及时得到预防和治疗。"

在这次会面中，李政道侃侃而谈。他兴致勃勃地说，北京正负电子对撞机在建造的过程中，也带动了中国高技术的发展。他还高兴地对我说，现在，中国造的加速管已经远销到美国。去年，美国布鲁克海文实验室为了增加两节加速管，在世界各国招标购买，最后，中国科学院高能物理研究所中标。今年已经交货。

"这是高技术产品的外销。因为成品优良，这次讨论会期间，美国布鲁克海文实验室表示还要在中国订购 8 节加速管，估计在 6 月份可以签订合同，销价共 207 万美元，纯利约 60 万美元。今天早晨，斯坦福同步辐射实验所的所长，也向我表示要订购中国造的一些加速器的主体部件。用上海话说这是'硬碰硬'，中国造的加速管如果质量不好，人家才不买你的货呢！"李政道笑着说道。

李政道还说："在北京正负电子对撞机的建造过程中，从邓小平主任 1984 年 10 月奠基开始，从基础—应用—吸收—消化，到今天的高技术出口，只有短短不到 4 年的时间。中国人造的加速管已经达到国际最高水平，吸引世界各国前来购买，将来还会有更多的人来买。可以说，这件事大大增加了中国人的自信心和自尊心。不仅如此，因为北京正负电子对撞机建造的需要，很多工厂也协助参加了工作，提高了中国的高技术工业水平，其他如真空、电源、高频技术水平都有很大的提高。全国工业水平提高了，就可以和世界水平比，还可以争取更大的国外市场。"

李政道说："北京正负电子对撞机用的成千上万元器件，都是中国自己造的，虽然有美国朋友的帮助，但主要还是靠自力更生。由于造加速器必须和工厂联合，因此使这些工厂也发挥了自己的潜力，把工厂的水平也提高到世界水平了。短短三年多的时间，就形成了高技术产品外销，这是很了不起的。今年北京正负电子对撞机建成以后，还可以做基础物理研究，虽然不是最高的能量，但在这个能量级中，其水平在全世界也是比较先进的，可以做出有价值的科研成果。它的建成使中国对世界文化也做出了贡献。"

沉吟片刻，李政道还介绍了另一个工作讨论会。他说："高维超导基于二维空间的物理构造，前来参加工作讨论会的，也是国际上第一流的专家，方法和上述工作讨论会一样，目的在于找出人家空白的地方，如果攻透了，就不再是我们跟随着人家的后面，而是人家跟着我们走。高科技人才不在多，而在精，中国的未来靠全国人民，可是，精兵也是必需的。中国有好的领导和人才，只要战略正确，一定会成功。我们让这些科技精英先突破了一些要点，然后把点串成线，再把线扩大成面，这样就可以面向世界，抬头前进了。"

在这次会面之前，李政道还对中国博士后工作的进展谈了些意见。他对我说："1984 年邓小平和我们一起讨论了博士后制度的有关问题。邓小平问：博士这个名称恐怕在汉朝时就有了，博士的知识显然已经很博了，为什么还要博士后呢？我解释说，在大学的时候是老师给他出已经有解的题目，然后老师指导他解题。大学生按照在学校学习的课程，解了老师给他的题目，如果这个解是和老师知道的正确的解相吻合的，这学生就能完成大学学业，得到学士学位。在研究院，老师给学生出题目，可是老师并不知道怎么去解。研究生按照所学的知识来解老师给他的题目，而这个解由老师自己及同行评判，认为这个解是对的，就可以从研究院毕业，获得博士学位。可是，真正的研究，真正的发挥是要自己出题目，独立进行研究。这个培养独立工作的阶段，就是博士后的过程，因此必须有博士后。从研究院出来做博士后，就能变成独立的研究人员。可以使优秀的博士生成为杰出的年轻学者，这样科学才有希望。博士后制度在国外也是很新的，在第二次世界大战以前几乎是没有的，第二次世界大战后，一些发达国家知道要竞争，必须要有一支能独立研究的精锐队伍。人数不要多，但要精，必须能独立进行创造，才可以有发展，才能够跟别人去竞争。只有这样，国家才有希望，才能够面向全世界去发展，才能够兴盛。这就是博士后制度产生的根本原因。所以博士后的历史在世界上来说也不过就是四十多年的样子。"

李政道在精辟地论述了博士后制度产生的缘由和现状之后，又说："法国、日本都对中国的博士后制度很感兴趣。国内国外都有人说，现代化就是现代化，没有什么中国式或其他什么式的现代化。这是不对的，这次开全国博士后工作会议，有81个单位的领导参加讨论，给予支持。哪一个国家能召集这么多的单位共同将博士后制度办得更好呢？这是中国式的博士后制度，也代表了中国式的现代化。有人说，博士后工作目前出现了一些问题，譬如博士后的来源问题、住房问题、孩子教育问题等。出现问题是必然的，凡是有生命就会有问题。"

李政道说："1987年从国外回来的博士有120多位，其中不到一半做了博士后，我们来研究一下120多位从国外回来的这个数目。"

他说："在国外，在研究院攻读博士学位的时间平均是6年，有些同学在国外获得博士学位之后，再做一两年的博士后。可见，他们是在国外求学了6～8年。今年是1988年，这些从国外回来的年轻学者是指国内1980年到1982年派出去留学的。而那两年国内主要派出去的是访问学者，并不是学生。学生主要派出是1982年以后，因此国外回来120多位算是相当多的，就是说大部分出国的同学是要回来的。近年来在哥伦比亚大学物理系我们第一批的博士（CUSPEA）学生收了5位中国同学，第二批收了3位，这8位中有4位已学成回国。中国派出了上万名留学生，绝大多数是1982年之后出国的，再过一两年后，回国的年轻学者会多起来的，对他们的安排必须有充分的准备；就是有一部分学生，因为国内暂时条件不够，而在国外能充分发挥才能，因而在国外多留几年，这也是合理的。只要他们爱国，坚持科研岗位，在国外也同样可以为祖国做出贡献。晚几年回来不要紧。重要的倒是国内如何能积极创造条件，爱护回国的博士，对国内培养的博士和国外回来的博士同等看重；鼓励其中优秀的在国内工作几年后，可以再去国外进修；坚持开放和交流，团结国外和国内的学者，共同发挥力量。这些工作都是很迫切的、应当注意的，做好这些工作，就会吸引更多的人回国。"

在这次采访中，李政道还向我表示，他对年轻博士们的未来充满信心："不仅是我个人，国外许多学者，包括我的很多朋友都认为，今后 10 年、20 年世界科技领域绝大多数将是华裔的，是中国人。这是可以证明的，像个定理一样。你现在到美国去可以看到，随便哪所高水平的大学，研究科学的高才生中，恐怕四分之三都是华人。在哥伦比亚大学物理系，前四名几乎每年都是我办的 CUSPEA 中国学生。其他如哈佛、普林斯顿、耶鲁也都是这样。因此，今后 10 年、20 年的科技领袖大部分将是华人，这是没有问题的。我们的竞争不光是在经济上，也在科技发展上，不仅需要跟人家拉平，而且要领先。要领先就一定要有一支精锐的、有独立创造性的、能够突破的队伍。"

他预言，今日的博士后人才，就是将来的这支队伍。到那时，世界科技领域的局面就会大为改观。

求实求真，惟善惟新

李政道 题
二〇一二年三月九日

辛勤的架桥者

• 杨振宁教授采访散记

科学家档案

杨振宁，1922年生于安徽省合肥市，著名物理学家，香港中文大学讲座教授、清华大学教授、美国纽约州立大学石溪分校荣休教授、中国科学院院士、美国国家科学院院士、台湾"中央研究院"院士、香港科学院名誉院士、俄罗斯科学院院士、英国皇家学会会员，1957年获诺贝尔物理学奖。

早在20世纪50年代，我就听说了杨振宁教授的英名，我和这位著名物理学家相识，并采访报道他的人生和学术活动，却是从70年代末开始的。

唐山大地震过后，中国科学界迎来了万紫千红的春天，各科研机构都出现了勃勃生机。就在这时，我开始进入高能物理学界采访。开始采访这个领域里的科学家们时，我听许多科学家说，在有中国血统的华裔科学家中，获得诺贝尔奖的三位物理学家所从事的科学研究都在高能物理领域里，他们就是：李政道、杨振宁和丁肇中。

中国的高能物理学家们在告诉我李政道、杨振宁、丁肇中教授在科学上取得的杰出成就时，言谈话语中充满了敬慕和自豪。他们的言外之意是，在高能物理这个学科领域从事科学研究，是可以做出震惊世界的科学成就，并获得诺贝尔奖这种殊荣的。李政道、杨振宁和丁肇中不仅为中华民族争了光，也为世界高能物理学界的科学家们争了光，其中当然也包括他们的中国同行。

听了上述议论，我萌动了采访几位诺贝尔奖获奖科学家的念头。我想，我有责任把他们介绍给我国的广大读者，让所有的中华儿女都分享他们的荣誉，为振兴中华努力奋斗。我的采访是从了解中国高能物理学家们开始的，当然，这中间也得到了杨振宁教授的热心帮助。与此同时，我还翻阅了有关他的文章和他本人写的学术论文。

矢志求索

20 世纪 20 年代初期，中国大地风雨如晦，内忧外患连绵不断。就在那个动乱不安的年代，1922 年农历八月十一日，杨振宁出生在安徽省合肥县一位名叫杨武之的教师家中。在杨振宁 10 个月大时，他的父亲便离开中国到美国留学去了。

在兵荒马乱的年月里，虽然时局动荡不安，杨振宁贤淑的母亲罗孟华，一刻也没有放松对他的教育。从 4 岁开始，杨振宁就跟母亲学认方块字，使母亲吃惊的是，他只用了一年多时间，就认识了 3000 个字。在杨振宁 6 岁时，父亲在美国相继获得芝加哥大学的数学硕士与博士学位归来了。回国后，杨武之受聘当上厦门大学的教授。1929 年秋天，他受聘清华大学数学系教授，带领全家到北平去了。当时，中国各地烽烟四起，而在清华园的围墙里，却仍像是世外桃源。少年杨振宁就在这样一个被保护起来的安定环境里，度过了长达 8 年的无忧无虑时光，念完了小学，又进了北平西绒线胡同的崇德中学。在这里，杨振宁结识了许多几乎交往了终生的好朋友，其中就有后来全国闻名的"两弹元勋"邓稼先。邓稼先的父亲邓以蛰也是位教授，他们都是安徽人，在动乱年月结为同窗就更感到亲切。

在那些年月，杨武之教授用教书的微薄收入维持着这个多子女的家庭生活，艰难困苦可想而知。杨振宁是长子，少年时代，他穿着钉了后掌的鞋和缀了补丁的衣服，随父母住在清华园的西院 11 号，下了课就领着弟弟杨振汉、杨振平、杨振复和妹妹杨振玉等，在清华园里嬉戏玩耍，他们几乎爬遍了校园里的每一棵树，观察着、思索着自然界的奥秘与神奇。然而，这快乐的童年时代，很快就被一次大的变故蒙上了阴影。在杨振宁读中学四年级的时候，日本兵长驱直入侵略中国东北，北平和天津危在旦夕。

"日本人打进来，学校办不下去了，大家都走了，我们也走吧！"一天，杨武之教授心情沮丧地回到家里，对杨振宁的母亲说。

他们随即收拾了一下行李，跟随学校离开了北平。全家人先是到了故乡合肥。就在这样紧张的战争环境里，杨武之教授依然把杨振宁的学习问题记挂在心上。到了合肥，杨振宁立即进了安徽的省会第六中学读书。不久，战火迅速蔓延到了长江以南，日本飞机不时飞来丢炸弹。日本人快要打到南京的时候，杨武之教授决定到大后方的云南昆明去，在那里，清华大学、北京大学和南开大学合并以后，成立了西南联合大学，这所大学聘请杨武之去做数学教授。于是，一家人又从合肥出发，一路上遇车乘车，遇水乘船，有时甚至是步行，经过汉口，绕道香港和海防，历尽跋涉之苦，终于到达昆明。

杨武之教授带领全家到达昆明后，把家安顿在昆明西北郊龙院村的一个大院里。据杨振宁教授后来回忆，在这里同院住的西南联大教授共有10户人家，从1940年到1943年，全家人在这个大院里住了3年时间。在这个大后方的穷乡僻壤的破旧房屋中，下了课，杨振宁除了帮助妈妈干家务活外，还带领着幼小的弟弟妹妹玩耍。

战乱和漂泊不定的生活，并没有使上进心极强的少年杨振宁懈怠，在躲避战乱的日子里，他依然抓紧一切时间用功念书。到了昆明，他很快进了昆华中学读书。战乱中像他这样颠沛流离的中学生非常多，因此，当时的国民党教育部便公布了一项决定：所有的中学生可以不需要文凭，凭着同等学力就能报考大学。因此，杨振宁念完了高中二年级，也决定以同等学力参加全国统一招生考试。之后，他便以出色的成绩被大学录取了。

杨振宁从此进入了绚丽多彩的大学时代，虽然生活艰苦，但是战时的昆明，在他周围人才济济，无论是在家里，还是在学校里，可以说是良师荟萃、智者云集。父亲杨武之教授对杨振宁的影响是决定性的。许多年以后，回忆这段经历，杨振宁说："父亲对我们做子女的影响很大。从我自己来讲，我小时候受他的影响而早年对数学发生浓厚的兴趣，这对我后来搞物理学工作有决定性的影响。"

在杨振宁的记忆里，有许多难忘的日子，四年的大学生活可以说尤其使他刻骨铭心。

七七事变爆发的第二年，也就是1938年，杨振宁进入昆明西南联合大学读书。战时的昆明，不仅校舍简陋，而且各种物资都极端匮乏。白天，他和同学们坐在窗子没有玻璃的教室里听课；下雨了，铁皮的教室房顶被雨打得叮当作响；夜晚，许多同学睡在一间又闷又热的草泥房子里，任凭蚊虫叮咬……警报响起来的时候，师生们又得赶紧放下课本跑警报。

　　回忆起那些难忘的岁月，杨振宁说："中日战争（1931—1945）是一场漫长的浩劫，与中国悠久历史上所发生的任何一次战争相比，都有过之而无不及。降临到千百万老百姓头上的，是难以名状的灾难。有1937年12月的南京大屠杀。有日本人的'三光政策'（杀光、烧光、抢光），由于这一政策，单在华北一地区，从1941年到1942年的一年之内，人口就从4400万人锐减到2500万人。有1944年河南省的大饥荒（我实在不知道应该怎样来形容这场惨剧）。有1944年底日军的最后一次攻击，当他们攻到桂林和柳州时，在昆明人人都担心贵阳随时会陷落。还有数不清的疯狂袭炸。1940年9月30日，我家在昆明租赁的房屋正中一弹。我们少得可怜的一点家当几乎全部化为灰烬。万幸的是，全家人都已躲在防空洞里，免于遭难。几天以后，我带着一把铁锹回去，挖出了几本压歪了的但仍可用的书本，欣喜若狂。今天已很难理解，在那种困苦的岁月里几本书的价值。"

　　在这篇题为《〈超晶格〉（1945年）之后记》的文章中，杨振宁还写道："我父亲是西南联大教授，他的储蓄全部化为乌有。战争结束时，我们已到了无隔夜之粮的境地，我母亲是一位意志坚强而又克勤克俭的妇女，为了一家七口人的温饱，她年复一年地从早到晚辛苦操劳。她的坚忍卓绝的精神支持全家度过了八年[①]的抗战时期……"

青年求学

　　为了更多地了解杨振宁，我还从侧面对他进行了采访。1979年12月22日，北京寒风呼啸，地冻天寒。这天上午，我来到北京三里河南沙沟张文裕教授的家中。

---

① 现为14年抗日战争（1931—1945）。

见面后,满头银发的张文裕教授笑嘻嘻地请我在沙发上坐。他的老伴、著名理论物理学家王承书笑吟吟地端来茶水招待我。

寒暄过后,这位浪迹天涯、足迹遍及欧美各大加速器中心的物理学家,用带有福建口音的普通话对我讲述许多有关著名物理学家李政道和杨振宁的故事。

张文裕说,杨振宁、李政道的民族自尊心很强。有一次他们参加了一个专门救济第三世界国家、帮助发展核能和平利用问题的会议,听着听着,他们实在听不下去了,因为会议的报告者把第三世界(包括中国)说得落后得不得了,李、杨很生气,会未开完,他们中途就退场了。

在采访中,张文裕教授还多次提到杨振宁教授的父亲杨武之教授。他说:"杨武之教授是1923年考取公费赴美留学的。是我国早期著名的数学家,他有很强的民族自尊心,很爱国。杨振宁获得诺贝尔奖之后,他曾叫我给杨振宁带信,信写得很长,叫杨振宁回国。"

张文裕在谈到杨振宁在美国留学时的情形和成就时说:"由于受家庭环境的影响,杨振宁从小就对科学技术感兴趣,数、理、化成绩都很优秀。中学毕业以后,他考进西南联大物理系。当时,周培源是系主任,钱学森当助教,杨振宁在西南联大读了四年书,在昆明的一所中学教了一年书。1945年考上清华公费赴美留学,进入芝加哥大学攻读物理。芝加哥大学创建于1890年,这所大学由许多著名的学者和专家执教,有首创原子反应堆的教授,有美国'原子弹之父'之称的泰勒博士,等等。他们都对杨振宁很关心。"

张文裕还回忆了杨振宁初到美国时的情景。

张文裕说:"第二次世界大战快结束的时候,美籍意大利著名物理学家费米(E. Fermi)到芝加哥大学物理系及当时新成立的核研究所工作,这时候,被战争贻误了学业的各所大学都在恢复学术研究工作,招收研究生。报考芝加哥大学攻读物理专业的研究生特别多,他们当中有许多人是慕费米之名,不远万里前来求教的。其中包括杨振宁这样出类拔萃的留学生。"

杨振宁到达纽约之后,走了很长一段路到达蒲平大厦,他登上8楼,到哥伦比亚大学的物理系打听费米教授近期是否授课,不料遇到的几位秘书对他的询问都说一无所知。因此，他决定到普林斯顿去。

当时，张文裕正在普林斯顿高等学术研究所做客座教授，专门从事宇宙线方面的研究，就在这个研究所里，他发现了"张原子"。那天，他正在实验室里埋头工作，杨振宁忽然风尘仆仆地出现在他的面前。

"你怎么来啦？什么时候到的？"张文裕惊喜地拥着杨振宁的肩膀问。

杨振宁坐下来，把自己如何考上清华大学的公费生，如何到美国留学的经过对张文裕诉说了一遍。回忆这段经历，许多年以后，杨振宁说："1944年至1945年之间，我在西南联合大学附中教了一年书，1945年夏天动身去美国。那时候，中国和美国之间还没有商船或航线来往。所以我乘飞机先到了印度的加尔各答，在加尔各答等了三个月，等到了一艘叫Liberty Ship的自由船，每艘载几千个在中、印、缅地区的美国兵回国去。船上留一两百个床位给非美国军队的人乘坐。"

"我和一组清华留美同学，一共二十几个人，一同坐上了这样一艘运兵船。船舱非常挤。睡的床共有4层。每层只有两尺高。在床上不能坐起来。我们住在船最底下的'统舱'，里面有好几百人。周围都是美国兵，他们看见来了些年轻的中国学生，以为可以赚一点钱，于是拿出牌来要和我们打扑克，幸亏我们没有人同意。"

23岁的杨振宁就这样踏上了美国的土地。

上岸后，他赶紧找了个旅馆住下来，安顿下来后到街上买了套西装和大衣，就带着中国教授给美国著名物理学家费米教授写的推荐信，急切地寻找起费米教授来。

在中国的时候，杨振宁曾听人说，费米教授"失踪"了，可是，他也听人说过，"失踪"之前，费米是哥伦比亚大学的教授。因此，便特地到这所大学来拜访。不料，这里的人们竟然连大名鼎鼎的费米的名字都没有听说过，在这人地生疏的异国他乡，他有些茫然了，想来想去，他想起了一个人，一位故人，他就是自己父亲杨武之教授的好友、同事——张文裕教授。

"噢，打仗期间费米教授曾经在洛斯阿拉模斯，听说他已经决定到芝加哥大学当教授。"张文裕说。

"和你一起考取留美公费生的还有哪些同学？"张文裕关切地问杨振宁说。

"清华大学公布的第六届考选留美公费生的录取名单里，物理学就我一个人。"

杨振宁告诉张文裕。

"那好啊，今晚你就住在这里吧，休息休息，然后再到芝加哥去找费米。"张文裕说。

杨振宁求师心切，他无心逗留，随即拜别了张文裕到芝加哥去了。

杨振宁在芝加哥大学读了两年半研究生，1948年夏天获得博士学位。做研究生期间，他的勤奋好学，深得费米的喜爱。数十年中，他一直保存着听费米晚间演讲时所做的笔记。记述的演讲题目包括：恒星的内部构造及演变理论、白矮星的结构、黎曼几何、广义相对论与宇宙学等。1949年夏天，费米和杨振宁合作完成了《介子是基本粒子吗》这篇著名的论文。在那些日子里，除费米外，杨振宁和泰勒教授也过从甚密。泰勒曾被称为美国的"氢弹之父"。

获得博士学位后，杨振宁在芝加哥大学当了一年教员，第二年春天，一个偶然的机会把他吸引到了另一位物理大师的身边。

第二次世界大战期间，奥本海默教授在美国主持了世界第一颗原子弹的研制工作，因此在美国乃至全世界负有盛名。从1947年起，他担任了普林斯顿高等学术研究所的所长。一天，杨振宁在芝加哥大学听了奥本海默的演讲，心想："在奥本海默教授主持的普林斯顿理论物理研究所人才济济，我如果能到这个研究所工作，无疑将会得到更多教益。"泰勒和费米很支持他的想法，随即给他写了封推荐信。1949年秋天，杨振宁走进了纽约附近的普林斯顿理论物理研究所。

在西南联大附中教高中数学时，杨振宁和后来的妻子杜致礼相识。课堂上，杜致礼很喜欢这位才学出众的小老师，从那时起，他们相爱了。不久，杜致礼也到了美国读书，1950年8月一个美妙的日子，杨振宁和杜致礼结为伉俪。

荣登高峰

20世纪40年代末到50年代初，物理学出现了一个崭新的领域——粒子物理学。可以说，杨振宁和他同时代的物理学家们，是和这个新领域同时成长的。自那时以来，直到今天，这个领域方兴未艾，这门新兴学科每前进一步，人类对物质微观世界的认识也前进一步，杨振宁在这个领域里孜孜不倦地探求，过了不长时间，便有了惊人的发现。

在人类认识物质微观世界的近代物理史上，杨振宁和李政道的名字是不可分割的。在旧中国，他们共同经历了战乱、贫困和颠沛流离的苦难，度过了难以忘怀的童年时代；尔后，在美国相遇，又共同完成了使亿万中华儿女为之自豪的业绩。

在人类科学史上，17世纪时伽利略在力学和天文学等方面取得了重大成就，19世纪的巴士德提出免疫问题，伦琴发现的X光，等等，无不是经年的苦苦探索，一旦"顿悟"的成果。就在20世纪50年代中期一个阳光辉耀的夏日，在人类认识自然的漫长历程中，蓦地又树起了一块划时代的丰碑。一天，李政道和杨振宁在纽约长岛的布鲁克海文实验室相遇，两个年轻人在一起经过一番讨论，大胆地提出"在弱相互作用中，宇称也许是不守恒的！"

"那时候，物理学家们所处的情况曾被指出就好像一个人在一间黑屋子里摸索出路一样。他知道在某个方向上必定有一个能使他脱离困境的门。然而究竟在哪个方向上呢？原来，那个方向就是，宇称守恒定律不适用于弱相互作用。但是，要从根本上推翻一个已被公认的概念，必须首先证明。李政道博士和我详细考察了这个问题，并在1956年5月得出下述结论：（A）过去做过的关于弱相互作用的实验，实际上与宇称守恒并无关系；（B）在较强相互作用方面，确实有许多以高度准确性确立了宇称守恒定律，但准确度仍不足以揭示在弱相互作用方面宇称守恒或不守恒。"杨振宁在诺贝尔奖颁奖典礼的演讲中，回顾这次重大发现时说。

自30年前量子力学创立之日起，一直被认为是不容置疑的物理学的基本定律之一——宇称守恒定律，就这样被动摇了。过了大约半年时间，华裔女科学家吴健雄用精细的实验证实："李—杨假说"是完全正确的。

杨振宁和李政道因此分享了1957年度的诺贝尔物理学奖。

> 我虽然是献身于现代科学，我对于我所承受的中国传统和背景，引以为自豪。
> ——1957年杨振宁在诺贝尔奖颁奖典礼上的演讲

心怀祖国

杨振宁教授对自己出生的祖国有很深的感情。1971年7月19日，他从巴黎辗转乘飞机到达上海。作为第一位访问新中国的华裔科学家踏上故乡的土地时，他曾经说过这样一番话来形容他当时的心情。他说：

"我非常愿意回到离开了26年的祖国，非常高兴地见到了我的老师和朋友。从此开始了我生命中的另一段历程。"

"了解新中国是激动人心的经历……中国仍然贫穷，缺乏物质财富，工业技术也十分落后。但前往访问的人将为其精神所感动。他们会发现，她是最简单，而又最复杂；最年轻，而又最古老的国家。"

中国对于杨振宁的来访，给予了诚挚、热烈的欢迎。周恩来总理特地为他洗尘。在3个多小时的宴会上，杨振宁见到了25位政府和科研机构的负责人及科学家，宴会结束后，大家又坐下来交谈了两个多小时。

"我很想了解一些有关美国的情况，你能不能谈谈关于学生运动、大学改革、黑人运动、失业、选举等方面的情况，还有，很想听听美国对日本的态度。"会见中，周恩来总理对他说，杨振宁一一做了回答。

在访问中国的一个月里，在上海，他参观了复旦大学、生物化学研究所和生理研究所；在北京，他重游了自己度过青少年时代的北京大学、清华大学，过后，他感慨地说："1971年我到中国之后，给了我非常深刻的印象，因为我知道1945年的中国是什么样子，拿1945年的中国跟1971年的中国相比，差别是非常大的。"

回美国之后，杨振宁下决心在中美两国人民之间，当一名不懈的使者，以增进两国人民之间的了解和信任。他心想："自己对于中国，对于美国都有一定认识，对两国都有深厚的感情，因而，我有责任帮助架设一座中美之间了解和友谊的桥梁。"

在这之前的1957年秋天，在风景如画的日内瓦湖畔，杨振宁见到了他久别的父亲杨武之教授。父子会面后，杨振宁带着妻子杜致礼和儿子杨光诺陪父亲游览了山水秀美的日内瓦城。父子之间互相倾诉了别后多年的思念。分别的时候，杨武之教授坐下来写了这样几个字，作为临别赠言：

致礼振宁留念

每饭勿忘亲爱永

有生应感国恩宏

1957年8月9日父字

1973年5月12日,杨武之教授与世长辞。在这位爱国老人77年的生命历程中,经历了惊天动地的历史演变。一年前,杨振宁归来探望父亲时,杨武之教授虽然已经缠绵病榻,他还是怀着爱国的深情和儿子谈了许多话,他再三叮嘱儿子要把眼光放远些,要看清历史演变的潮流……

就在这一年的7月17日下午,在周培源教授的陪同下,杨振宁到中南海会见了毛主席。会见中,他发现毛主席很健谈。谈了一个又一个中国古代的哲学家——老子、庄子、墨子等的故事,以及他们对自然科学的态度;还谈起了近代科学,尤其是物理学,谈到了量子力学,对于什么是光子、质子可分不可分等各国物理学家正在探讨的问题。

"对质子可分与不可分的问题,现在各国的研究有什么进展吗?"毛主席问道。

"据我们的了解,还没有达到可以下结论的程度,目前大家正在向这个方向努力。"杨振宁回答。

"噢。"停了一会儿,毛主席又问:"1956年你和李政道发现的宇称不守恒定律,是不是可以这样简单地说:宇称也守恒,也不守恒?"

杨振宁听了微笑着点了点头,说:"是的,这是一个很好的描述。"

分别的时候,杨振宁站起来走到毛主席的面前同他告别,毛主席似喜又有些抱歉地对他说:"我很高兴你在科学方面对世界有些贡献。我自己也很希望能够给世界做一点贡献。但是,我没有能做到这一点。"

这是杨振宁第一次,也是最后一次见到毛主席。三年以后,毛主席便长辞人世。周恩来总理也永远地离去了。噩耗传到大洋彼岸,杨振宁非常悲痛。

1976年1月18日,美国东海岸各界人士聚在一起举行追悼大会。杨振宁向到会的一千多位华侨、留学生,以及美国人士等致悼词说:

"周恩来总理和我们永别了。

……

他贡献了他的一生，无私地为人民服务……他是中国人民的英雄。"

杨振宁最后说："遵照周总理的遗嘱，他的骨灰将被撒在中国的山川土地上。他的身体将永远散布在一个伟大的国家的每一个角落。他的精神将滋长在一个伟大的民族的精神里面，是这个民族的永恒的榜样。"

20世纪70年代后期，中国历史上接连发生了许多重大事件，共和国的老一代领导人相继辞世，逞凶一时的"四人帮"倒台，中国历史掀开了举国致力于建设的新篇章。

杨振宁虽然远在大洋彼岸，但他时时都在关注着中国的变化。每次到中国，他都同中国科学家们讨论、切磋，把世界上最先进的科学技术知识，热情地传授给中国的科学家们，并尽自己的所能，帮助中国科学进步。

1978年8月21日，他在回美国之前的机场话别时，他紧紧地握着前来送行的张文裕教授的手说："我今天很高兴能送给你这本画册，特别是，我在上面还写了几个字。"

张文裕接过画册，掀开一看，杨振宁在扉页上写的是："文裕师：我以十二万的诚意，祝贵所建成新的实验基地，在如此多娇的江山上加开一丛红花，我将继续尽我的能力协助你们的工作！"

当时张文裕教授正带领一大批科学家和工程技术人员，建造中国的第一台高能加速器。

在这之前，杨振宁还对张文裕说："发展高能物理，要注意过好'三关'：一是建造加速器关；二是需要培养一大批高水平的科研人员；三是要使理论和实验相结合，要能做出第一流和第二流的物理研究成果。"

我第一次近距离接触并采访杨振宁，是在1980年的春天。这年春天，广州粒子物理讨论会在从化召开。当时，杨振宁正值中年，英气勃勃。讨论会开幕那天，他用纯正的中国普通话说："方才周培源教授说这是一次空前的盛会，这是很恰当的描述。150篇将要报告的论文范围很广，今后五天的会议上一定会有很多有学术价值的讨论。不过我认为这次盛会的意义将远超过普通的学术会议。从海外来的物理学家都怀着深厚的情感来参加，这是不可能也不必要隐藏起来的事实。跟哈佛大学的格拉肖谈过或听过他演讲的人都会体会到他是怎样对他的犹太血统和犹太传统感到骄傲。"

"1300年前，唐朝初期，在南昌曾经有过一次盛会，遗留下来了一篇名作。这就是王勃的《滕王阁序》。王勃用美丽的诗句描述了当时的人力物力。有'物华天宝''人杰地灵'两句，很恰切地道出了初唐时代中国的潜力。在这以后100年的历史告诉我们，中华民族发挥了这巨大的潜力，创建了盛唐的文化，为当时世界之冠。"

"王勃这两句诗句我认为也很恰巧地道出了今天中国的巨大的潜力。让我们希望这次会议能为发展这潜力，为中国的四个现代化，做出一点小小的贡献。"

杨振宁教授的讲话博得了与会者的热烈掌声。过后，我写了新闻和通讯，报道了他的演讲及讨论会的盛况。

半个世纪的友谊

1980年夏天，我跟随中国高能物理代表团到美国和欧洲的各大加速器中心访问。访问结束以后，我又随代表团到了日内瓦的欧洲核子研究中心（CERN）。在这里，杨振宁教授热情地陪我们参观。有一天，他问我有没有看过於梨华写的《又见棕榈，又见棕榈》一书。杨振宁说，国内有些年轻人误以为国外遍地是黄金，因此，千方百计地想到国外来，其实国外的情形并不是他们所想象的那样。凡事不经过努力是不会成功的。他的这种看法，表达了海外赤子的热切心愿。多年来，我每逢想起他的这番话，便一次次体味到旅居海外的人们的苍凉心境。

1987年10月的一天，我接到国防科学技术工业委员会的电话，对方让我于次日下午到北京八宝山公墓陪同著名物理学家、诺贝尔物理学奖获得者杨振宁教授，为不久前我采访报道过的"两弹元勋"邓稼先扫墓。

那天，我如期而至。同时前往扫墓的还有宋健、周光召，以及国防科学技术工业委员会的负责人伍绍祖等。邓稼先的夫人许鹿希也去了。这天，杨振宁身穿白色风衣、黑色西装，来到八宝山的骨灰堂。他眼里含着热泪，向他少年时代的同学、好友邓稼先的骨灰盒深深地鞠了三个躬。祭奠以后，在院子里他同我们大家合影留念。

杨振宁是位很重感情的科学家。在这之前，在北京301医院邓稼先的病房里，我目睹了这两位著名科学家生离死别时的动人情景。我在一旁看着杨振宁俯身在病榻前，屏声敛气地聆听病榻上奄奄一息的邓稼先临终前的嘱托。

早在北京崇德中学读书时，杨振宁和邓稼先就是同窗好友。后来，又先后到美国留学。中华人民共和国成立以后，在美国留学的"娃娃博士"邓稼先毅然归来，他把青春和热血无条件地献给了创建中的战略核武器事业，先后领导研制成功中国的第一颗原子弹、氢弹。但与此同时，自己的身体也受到了严重摧残。他和杨振宁虽然身处异地，但始终保持着密切联系。现在，他们持续了半个世纪的友谊，眼看就要永诀了。

在见证了同学与朋友之间生离死别的会面后，我走到邓稼先的病榻前，和杨振宁教授打了招呼，就把刚刚出版的、还散发着墨香的《瞭望》周刊，亲手交给了邓稼先和杨振宁教授。那一期刊登了在杨振宁教授的提议下，我赶着去九院（邓稼先工作的地方）采写的长篇通讯《"两弹元勋"邓稼先》。这期刊物的封面上还刊登了邓稼先的大幅彩色照片。接过刊物后，邓稼先用他那双冰凉的手，紧紧地握着我的手连声说："谢谢你，啊，谢谢你……"

作为一名记者，能赶在一位为国捐躯的垂危患者即将辞世之前，让他看到他的英雄业绩已为世人知晓并引起对他的崇敬，使他能带着无限的快慰离开人间，我感到由衷的欣慰。

与此同时，我还把我写的有关杨振宁教授的长篇传记作品——《物竞天存争朝夕》（这篇文章后来收录在《炎黄之光》一书中），交给了杨振宁教授，请他审阅。那是一个炎热的午后，而且又是在医院的重症病房里。杨振宁接过稿件后，立即聚精会神地审阅起来，不一会儿，他就看完了，几乎未做任何改动，同意我发表。同时，把他刚刚在香港出版的《读书教学四十年》一书送给了我。最后，他把邓稼先扶起来和我们大家照了很多照片。不久，邓稼先便溘然长逝了。

除科学研究外，杨振宁教授对国内的科技报道也很关心。20世纪80年代中期，我在国家科委采访时，听到了一位负责人转达杨振宁对宣传报道的意见，杨振宁说："国内对科学家的宣传报道太不重视了，我问过北京大学物理系的一位毕业生：你认识邓稼先吗？那位毕业生竟说，从未听说过邓稼先这个名字！邓稼先对国家做出了那么大的贡献，学习核物理的大学生竟然连他的名字都没有听说过！"

　　我听了上述这番话的转述，感到十分内疚。心想：北大的学生，乃至全国人民无人知道邓稼先是何许人也，这是我们的宣传工作做得不够好所致。对于献身国防事业的科学家很少宣传，甚至几乎不做宣传报道，是因为他们所从事的工作是秘密禁区，不好涉及，但无论如何我要找到这位令杨振宁钦佩的科学家，设法克服困难让人们知道他和他的杰出贡献，当然也包括北大物理系的学生们。

　　下定决心以后，几经周折我在核工业部找到了邓稼先。人虽然找到了，可是，要为他写报道却并非易事。首先，他所从事的工作绝对保密。再者要写好人物，必须到他工作的现场做大量深入采访。另外，从事原子弹研制工作的号称有十万人之多，现在只写他一个人，怕摆不平……想来想去，我还是知难而进了。

　　在北京初步采访了邓稼先本人和熟悉他的人们之后，我深深地为他舍生忘死的精神所感动。过后，又去我国的核武器试验基地深入采访了半个月，终于排除各种困难，写出了长篇通讯《"两弹元勋"邓稼先》，经由新华社播发后，被国内外报纸广泛采用。现在想起来，所有这些都应当感谢杨振宁教授。

　　2017年，杨振宁放弃美国国籍，成为中国公民，并当选为中国科学院院士，他在晚年做出这样的选择，绝非偶然。

工作，工作，再工作

— • 丁肇中教授采访散记

科学家档案

丁肇中，1936年生于美国密歇根州安阿伯城，祖籍是中国山东省日照市，实验物理学家。丁肇中长期从事高能物理实验，精确检验量子电动力学、量子色动力学和电弱统一理论，寻找新粒子和新的物理现象，取得了一系列重大成果。

1979年秋天一个阳光灿烂的早晨，我来到中国科学院采访。听这里的人说，著名物理学家、诺贝尔物理学奖获得者丁肇中教授即将来中国讲学。他们希望我采访他，报道他的讲学活动。这是一次不轻松的采访任务。因为在这之前，我对丁肇中教授一无所知。决定采访丁肇中教授以后，一天，我走进了当时中国科学院负责人方毅的办公室。方毅说："丁教授为我国培养高能实验物理人才很热心，希望你能像采访报道李政道那样采访报道丁肇中。因为我们即将建设的高能加速器，需要丁教授的帮助。"

就这样，在丁肇中到来之前的半个月里，我便紧张地准备起来。我除阅读了他在获得诺贝尔物理奖之后写的文章《个人的回忆》外，还找到曾经在丁肇中实验室工作过的中国科学家唐孝威、郑志鹏等人，并对他们做了访谈。

初次采访

1979年一个晴朗的秋日，酷暑过后的北京天空格外爽朗。我按照约定的时间来到北京饭店旧楼的一个会客室里。

下午2点半,丁肇中教授走进了和我会面的房间。那天,他身穿黑色的西装,系着红色的领带,红光满面,容光焕发,显得非常年轻,看起来不像43岁的人。他笑着和我握手问好,然后坐下来,认真地听我的提问。

"听说您领导的实验组近来找到了胶子存在的证据,祝贺您啊!"听了我的开场白,丁教授笑吟吟地说:"最值得祝贺的事情,是中国人民决心要实现四个现代化!"

随后,丁肇中用普通话滔滔不绝地谈了起来。

丁肇中是第三位获得诺贝尔奖的美籍华裔物理学家。他离开中国去美国求学时只有20岁。他完全是靠奖学金念完了大学。

"在这样艰难困苦的境况中读书,就得多用功!"他说,"从上大学到取得博士学位到开始做科学研究,一般人要用10年左右的时间,我只用了6年。"

听到这里,我不禁问道:"这样刻苦读书,你不觉得苦吗?"

丁肇中听了,边做手势边摇头说:"噢,不,不,不,一点也不。没有任何人强迫我这样做。"

20世纪70年代初,丁肇中在美国东海岸的布鲁克海文实验室把一束高能量的质子打在铍靶的原子核上,发现了一个重量比质子重3倍多的粒子。经过分析,他发现的这个新粒子的寿命比通常相近的基本粒子要长1000倍。发现这么重、寿命又这样长的基本粒子还是头一次,这就是著名的由丁肇中亲自命名的J粒子。丁肇中实验组的这个重大发现曾经在国际高能物理学界引起巨大的轰动,使一度沉寂的高能物理学界又重新活跃起来,由J粒子提供的线索引路,科学家们又接连发现了许多类似的新粒子,使人类对微观世界的认识前进了一大步。丁肇中也因此获得了1976年度的诺贝尔物理学奖。

> 我希望由于我这次得奖,能够唤起在发展中国家的学生们的兴趣,而注意实验工作的重要性。
> ——1976年丁肇中在诺贝尔物理学奖颁奖大会上用中文做的演讲

在采访中，丁教授对我说，在这之后他在欧洲和美国的各大加速器中心带领一个由各国科学家组成的实验小组继续做实验，寻找新的未知的粒子。不久，又找到了胶子存在的证据。何谓胶子？科学家们解释说，原子核是由质子和中子组成的，质子、中子这一类粒子，统称为强子，它们是由层子组成的。科学家们曾经预言，层子之间很强的粒子相互作用力，是通过一种被称为"胶子"的新粒子进行传递的。也就是说，它们就像胶水一样，以很强的力量把层子和层子"粘"在一起。但是，胶子是否真的存在一直是个悬而未决的问题，丁肇中和他的助手们从1978年冬天开始，在德国电子同步加速器研究中心（DESY）利用一台当时世界上能量最高的正负电子对撞机继续寻找新粒子时，发现了胶子存在的实验证据。

采访随后继续进行。我直率地询问丁肇中："听说，在你的实验组工作，一切由你一个人说了算，是吗？"

他听了，爽朗地大笑起来，笑过之后，他说："哎——对啦！"

我的上述提问是从中国去他实验室工作过的访问学者那里听说的。他们还讲了丁肇中教授许多关于严格要求年轻人的故事。

"在讨论工作的时候，任何人都可以发表意见。最后我来做决定，一旦决定了的事情，大家就必须执行，不执行或是执行不力，那是决不容许的。"丁肇中说。

他还对我说："为了使我的实验小组保持蓬勃的生命力，凡是在我那里工作过的人，三五年之后，我就介绍他们到政府部门搞行政工作，或是介绍到学校里去教书，或者参加别的科学实验。这样做的好处是可以不断地从中选拔出最优秀的人才来从事科学实验。"

随后，丁肇中兴致勃勃地对我谈了关于高能物理未来的发展前景及他所从事的实验工作的目的和意义。

他说："高能物理这门科学的发展是非常迅速的。自从伽利略从比萨斜塔上丢下两个大小不同的物体证实了重力加速度是一个常数，这可以说是那个时候的直线加速器吧，到了19世纪的末期，X光的发现，相对地说，也算是当时的高能物理研究。20世纪30年代，中子的发现以及之后越来越多新粒子的发现，高能物理研究的规模越来越大，涉及的学科越来越多，对仪器精密度的要求也越来越高，因为它探索的粒子越来越小，而且有各种不同的特点。因此，在加速器建成以前，物理人才的训练，实验题目的选择是很重要的。否则，加速器虽然建成了，但很可能做不出像样的物理实验。"

丁肇中在谈话中还表示希望到他那里工作过一段时间的中国访问学者，以后最好能不断地继续到国外深造。

"这样，等到中国建成了加速器，就可以得心应手地在上面开展物理实验了。"他说。

当话题转到他当时的研究工作时，他沉吟了片刻，说道："20世纪微观物理学的一大进展就是发现除牛顿发现的引力相互作用和19世纪确立的电磁相互作用外，还有两种新的相互作用：强相互作用和弱相互作用。我做物理实验的目的，是想找到这四种作用力的基本联系，这样，对宇宙中的大部分物理现象，就能有一个全面而深刻的了解了。"

"我领导的小组最近在研究正负电子对撞产生电子或 μ 子或重轻子的过程中，对量子电动力学进行了检验。首次测量到电子、μ 子、τ 轻子的半径小于亿亿分之一厘米，这就是说，它们比原来认为的更小，证实在这样小的范围内量子电动力学还是正确的。这个实验结果使得人们对带电轻子和电磁相互作用的了解更深入了一步。"说完，丁肇中喝了一口茶。

这是我对丁肇中的初次采访。从这次访谈中，我感觉到，这位青年物理学家对中国有很深的感情，他毫不掩饰自己的想法。谈话中，他一面津津有味地品尝着中国的龙井茶，一面畅谈他对中国科学界和科学家的看法。他认为，在科学的道路上，不脚踏实地地工作，不付出艰苦的劳动，就不可能有所发现。松松垮垮，舒舒服服，是搞不出名堂来的。

"自然界的奥秘，时刻都在吸引着每一位有志于科学的人，谁都想走在时间的前面，有所发现。因此，搞科学实验，争取时间是很重要的。"

谈到这里，他真诚地表示，在他那里工作的中国科学工作者大都是对科学有兴趣、有发展前途的人。希望他们回国以后能继续从事科学研究。由于搞科学实验要废寝忘食地工作，因此，在生活方面要尽可能地不要让他们为家务事分心，他毫不客气地说："一天回家做三个钟头的家务，那还搞什么科学研究？"

采访快要结束的时候，我请他谈谈自 1975 年以来四次访问中国的观感。他非常坦率地眯起眼睛笑着说："1975 年我来的时候，在北京和科学家们谈了谈。那时，没有人谈科学，科学家们都处于恐怖状态。1977 年我再次来访，科学家们兴奋地告诉我，他们获得了第二次解放。这次回来，我见到高能加速器的预制研究已经开始，慢慢地也有了个计划，大批的留学生、研究生、访问学者也都派出去了，情况和几年前相比，大不一样了！"

在这之前，我和这位著名物理学家素昧平生，因而对他的采访能否成功，曾有一定疑虑，经过这次几小时的近距离接触，疑虑打消了。我决定对他做进一步的外围采访，以期获得更多的素材。于是，第二天我又到中国科学院高能物理研究所采访了曾到丁肇中教授处工作和学习过的中国科学工作者唐孝威、郑志鹏教授等人，他们生动地谈了在实验进行过程中，丁肇中如何通宵达旦、夜以继日地工作的情形。过后，我写出了长篇通讯《丁肇中教授谈科学实验》。发表之前，他很认真地看了稿子，并做了修改，同意发表。

这篇通讯经新华社对国内外播发后，被报纸广泛采用。

第二次采访

我和丁肇中教授就这样相识了。光阴荏苒，不知不觉 9 年时间过去了。1988 年夏季来临。一天，我在北京饭店再次见到了丁肇中教授。9 年的时光，在他身上仿佛没有留下多少痕迹，他依然是那么年轻，那么幽默，那么雄心勃勃。

见面后，他请我在沙发上坐下来，寒暄后谈到了分别几年的情况。我把刚出版的《华罗庚传》一书送给他，并对他谈了采访邓稼先的种种见闻。"你净写死人！"他听了，诙谐地说。过后，他拿来几张欧洲核子研究中心（CERN）正在建造的世界最大的正负电子对撞机的大幅照片。他指着照片对我说："你看，这张照片是从空中拍的，这是日内瓦城。这个对撞机周长 27 公里，离地面最浅 50 公尺，最深 150 公尺，这是目前全世界最大的对撞机。工程差不多已经快要完工了，预计明年 7 月份全部建成，建成后将有来自世界各国的科学家在这台对撞机上做实验。这个工程相当大，单是准备的时间就有七八年……"

沉吟片刻，丁肇中说："我领导的L3实验在这个对撞机的地下50公尺处进行。这个实验共用了8000吨磁铁、1000吨线圈，可以产生5000高斯的磁场，用精密的仪器测 μ 子，中间这一层有四五米，名叫强子量能器，是陈和生博士（时任中国科学院高能物理研究所所长）和唐孝威小组以及苏联和美国科学家共同负责设计的。这个实验共用了400吨铀，是苏联供给的，最里面是锗酸铋（BGO）。"

讲到这里，丁肇中站起来走进另一个房间，他拿来一块核桃大的白色晶体递给我说："这是一种非常名贵的晶体，它的重量和钢一样重，是透明的钢，是中国科学院上海硅酸盐研究所的科学家研制的，到现在已经研制出了8吨。拿来一块试试重量，你瞧，很重是不是？"

听完丁教授兴冲冲的谈话，我心想的是如何写篇采访记，于是便对他说："听说您在海外也很关心中国科学技术的发展，您是否能谈谈这方面的意见？"思忖半晌，他说："任何一个大国，尤其是有历史传统的国家，都不能不重视自然科学研究。现在，工业、商业、国民经济都是用已经成熟的技术。新的技术只能从发展自然科学得到，不然就会永远落在别人的后面。举例说，假使没有高能物理的研究，这个世界就不会发现X光，也就不会有X光在医学和工业上的广泛应用；如果没有20世纪30年代的高能物理研究，就不会发现中子、核裂变，不发现中子和核裂变，就不会有新的能源。自然科学从发现到应用都有一段过程，自然科学研究的新发现能够改变人们的观念和生活。中国是占世界人口四分之一的大国，有悠久的历史，过去对人类科学做出了很重要的贡献，因此，就是在最困难的情况下，也不应该忽略对自然科学研究的支持。"

在这次采访中，丁肇中教授还谈了对自然科学投资的重要性："目前，世界各国用在自然科学研究上的钱，相对地说很少。例如我领导的这个大型实验，所用的钱还顶不了几架军用飞机的钱。"

他说："现在，世界各个国家包括美国、苏联、荷兰、日本、瑞士等，都对自然科学很重视。美国大的实验室，都是美国政府花钱支持，否则，百分之百地不可能发展。"

工作，工作，再工作

丁肇中说："研究基础数学、天文和物理的人，让他们去搞钱很困难。一般来说，自然科学的发展和政治、赚钱不是一回事。如果不支持自然科学研究的话，会有很严重的后果，那就会永远跟在别人的后面走，不会在世界最尖端的领域里领先。"

他最后说："我讲这话的意思绝对不是主张只把钱花在高能物理的研究方面，其他如生物、化学、遗传工程、低温超导，也都很值得投资，以促进这些领域科学技术的发展。"

在座的陈和生博士告诉我：从1977年开始，丁肇中教授已经为中国培养了100多位科技人才，中国科学院高能物理研究所不少实验物理方面的研究室主任、课题组长，都曾到丁教授领导的实验组工作过，后来都成了科研工作的骨干。他说，北京正负电子对撞机所需要的一些实验物理方面的人才，也是在丁肇中教授的精心培养和指导下成长起来的。

过后，我写了《热望支持自然科学研究——访丁肇中教授》一文，刊登在1988年第27期《瞭望》周刊上。

不久后的一天，丁肇中教授想邀请我去他在瑞士的实验室采访。他说："你可以去看看，来个西游记，不一定写东西。"

> 任何科学研究，最重要的是要看对于自己所从事的工作有没有兴趣，换句话说，也就是有没有事业心，这不能有丝毫的强迫。许多人从事科学研究的时间并不长，而接连出成果，我认为很重要的原因是他们有事业心。
>
> ——丁肇中

在我转述了丁肇中教授的盛意后，新华社领导很快答复，同意我接受邀请，去欧洲核子研究中心采访。

在这之后，丁教授很快发来了邀请信。从这时起，我便开始了与丁教授长达多年的采访情缘。

应邀赴 CERN 采访

不言而喻，从中国到欧洲，尤其是去日内瓦这座举世闻名的国际化城市，往返的旅费及逗留期间的生活费，一次就要花费数千美元或瑞士法郎。当时，我在国内每月的工资，仅有几百元人民币，因这是对方邀请，国内不可能承担任何的费用。偌大的一笔旅费和生活费由谁支付？在信中丁教授虽说由他承担，但是，我和他仅有几面之交，他如若不支付，万里迢迢地，我将陷入何等尴尬的境地？

我的老伴在临行前虽然沉默不语，但看得出来，我的这次出国采访，他表现得不是很愉快，在上飞机的前夕，他突然对我说："我们和丁肇中教授素昧平生，到了瑞士（即欧洲核子研究中心所在地），他如果不给你生活费，你可咋办？"

我当时认为，他的担心是多余的。因此，便不假思索地回答说："不会吧！这些大科学家都是很讲信用的。邀请信上说，除了往返的飞机票外，我在瑞士停留期间的生活费全由他的实验室支付。"我虽对老伴这样说，但直到见到丁肇中教授之前，我还是有些忐忑不安。

丁肇中教授是位很热情、坦率，又很细心的科学家。他大概知道我的难处，便请了中国科学院高能物理研究所的一位访问学者金炳年与我结伴同行。按照丁教授的嘱咐，金炳年给我送来了往返机票。

1988年冬季的一天，我和中国访问学者金炳年乘坐南斯拉夫航空公司的飞机，从北京经迪拜到达苏黎世，然后，又从苏黎世机场乘火车到达日内瓦。瑞士的火车宽敞、明亮。乘客很少，坐在里面宛如进入一个整洁的大房间，从车窗向外望去，只见碧草如茵，一直延伸到天边，在这碧绿的大草地上，间或能见到一些矮小的房舍，家家户户门前都种着五颜六色的花草、绿树，远远望去真如一幅幅迷人的风景画，又宛如童话世界里白雪公主住的小房子。

那天，大约坐了3个小时的火车，穿过瑞士绿色的原野，黄昏时分到达日内瓦。下车以后，我被安排住在日内瓦火车站附近的一个旅馆里。晚上，电话铃声响了，是丁教授实验室主管庶务工作的奥地利人施道耶博士打来的。他在电话里用缓慢的英语对我说："顾女士，明天早晨丁教授会见你，到时候，我到旅馆里来接你。"

工作，工作，再工作

虽然坐了近10个小时的飞机，又坐了3个小时的火车，可是，我丝毫没有倦意。这是我生平第一次独自一人在异国他乡过夜，我躺在旅馆里的席梦思床上，辗转反侧。脑子里不停地预演着明天和丁肇中的会面，以及如何度过这紧张而又漫长的两个礼拜（丁教授在信中写的邀请时间是两周）。

天亮以后，我问旅馆里的服务员在哪里可以吃到早饭。他用不太纯正的英语回答说，旅馆里不管早饭。无奈，我便信步走到日内瓦的大街上，这时，街上已是车水马龙，日内瓦的建筑都不太高，除了柏油马路外，许多偏僻的街道都是用鹅卵石铺成的，显得比较老旧。在街上我用因临时公派出国，单位按规定发给我的100美元，花了大约1美元，约合1瑞士法郎，买了个夹火腿的面包，带回旅馆作为早饭。不久，施道耶博士来了，他是一位中等身材的奥地利人，年纪大约40岁，憨厚的脸上留着浓密的络腮胡子茬儿。简短的寒暄过后，他把我带到一辆白色的奔驰车上，沿着日内瓦宽阔的街道，向瑞士和法国交界的边境地区驰去。汽车行驶了十几分钟，见路边出现了一个醒目的标牌CERN。这个中心有栉比鳞次的建筑物，施道耶带我走进了丁肇中教授的办公室——这个中心的32号楼，一座米黄色的建筑物。见我来了，丁教授笑吟吟地迎上来。入座以后，他笑着对我说："很恐怖吧！"意思是你一个人到国外采访，很胆怯吧？！

又说："我叫你顾女士呢，还是叫你顾小姐？"他大概见我有些局促不安，因而诙谐地说。又问我一路上可顺利？随后，他给了我一个纸口袋，说："这是你两个星期的生活费，因为你在国内有工资，所以只发生活费，不包括你在瑞士停留期间的房租费，房租费我已经另外替你支付了。"

这年，丁肇中正领导着由十几个国家、数百位科技人员参加的L3实验，可以说是日理万机，却对我的生活琐事还能做到如此体贴、关心，不由让我心生敬意。这次亲切的会见使几天来笼罩在我心头的种种疑虑和阴影都随之烟消云散了。

短暂的会见后，他又亲自带我到3楼——中国访问学者的办公室。走出他的办公室，在门口我忽然想起来人们曾经告诉我，丁教授和他年轻的美国妻子苏姗·马克斯·丁（Susan Marks Ting），不久前生了个宝贝儿子名叫奎斯特菲尔，中文名字叫丁明童。因此，我向他祝贺："丁先生，祝贺你啊！听说你生了个儿子！"

"嗯！"他听了，对我举起双手做了个大约1尺长的手势。意思是说，孩子还很小呢！

中国访问学者的办公室，有十几平方米，每个人的面前都摆着一台计算机终端。正在工作的人们见丁肇中来了都站了起来。他们当中除中国科学院高能物理研究所的科学家外，还有中国科学院上海硅酸盐研究所的科学家，以及中国科技大学的访问学者、教授……丁肇中把我领到上海硅酸盐研究所的一位访问学者身边，交代了几句，请他帮助安排我的食宿，便匆匆忙忙工作去了。这位访问学者把我带到距离办公楼大约200米的一幢白色建筑物——欧洲核子研究中心的招待所里，然后进到一个十几平方米的房间里，他告诉我这是丁教授吩咐为我订的房间，房费已由MIT（美国麻省理工学院）支付，我匆匆把行李放在柜子里，又跟他来到这层楼的东头的大厨房里，他告诉我这里的电炉、微波炉和冰箱都可以使用，这个公共厨房是专供世界各国到CERN来短期工作的科学家们使用的。快到中午的时候，他带我来到街上，乘坐无人售票电车。瑞士日内瓦的电车大都无人售票，上车以前你只要往站上的投币筒里投放1瑞士法郎，就可以乘坐1小时的电车，但是，1小时以后，你如果继续乘车时不付钱就会加倍地罚钱。因此，表面上看虽然无人售票，但在你看不见的地方，仪器正在密切地监视着你！瑞士是个很小的国家，大约在我国的清代时，瑞士是欧洲中部许多小国家的组合，面积仅有41300平方千米，大都是山地；到1848年，这些小国家在联邦宪法的基础上联合起来，组成了瑞士联邦。当时，瑞士联邦仍是由26个小州组成的，共有600万人口，其中17%的人口是外国人。瑞士与意大利、法国、奥地利和德国接壤，使用4种官方语言。

我们乘车来到一个名叫JUMBO（中国人叫它大象鼻子）的超级市场买了些食品，又回到了CERN。吃过午饭，我随便转了转。CERN坐落在瑞士日内瓦西部接壤法国的边境，在这个庞大的研究机构的墙壁上，到处都可以看到一张式样奇特的挂图，这张图的背景是建筑物鳞次栉比的日内瓦城，圆圈的中央印着3个大写的英文字母——LEP。这是当时全世界最大的正负电子对撞机的示意图。

这台周长27千米的巨型粒子加速器，能量高达1300亿电子伏特，它用一个城市的电力，让正负电子在一亿分之一秒的时间里进行碰撞，丁肇中领导的L3实验在第二个对撞点上进行。

当天下午,丁教授又抽时间带我参观了由他领导的正在建设中的L3实验室现场,我见他头戴防护帽在地下隧道里忙着张罗,就情不自禁地跟在他的后面问道:"你已经得到诺贝尔奖,为何还这样不辞辛劳?"他停下来瞥了我一眼,非常严肃地对我说:"关于这个问题,10年以后我再回答你!"

我的采访就这样开始了。

一天下午,丁肇中教授亲自开车带我和中国访问学者马基茂到他的家中做客。

宁静的日内瓦郊区的深秋,无边无际的碧草连天,迤逦在蓝天白云下的莱拉山,白雪皑皑,云雾缭绕。在这片田园诗般的原野上,丁教授一面开车,一面说笑。

"我住在名副其实的'三家村',这里所有的人都加起来,还没有北京王府井的人多!"他指着车窗外起伏的山峦和绿色的原野,幽默地说。我们听了,都笑起来。

转眼间,"三家村"到了。

这是在瑞士边境上,法国境内的一个小镇。

丁教授的家门前是片一眼望不到边的葡萄园。

在两幢不太高的欧式建筑物前,他把车子停下来,用钥匙打开了矮矮的铁门,我问:"门这么矮,安全吗?"

"安全。"丁教授边说边带我们往院子里走。

放眼望去,在半个足球场大小的院落里,两幢小楼的周围是绿茵茵的草地。草地中间和周围生长着郁郁葱葱的松树、桃树、苹果树、梨树。

丁教授带我们走进了客厅。环顾客厅,正面墙上挂着丁肇中教授和儿子丁明童的照片,右面墙上靠窗户的地方挂着丁教授的妻子苏姗·马克斯·丁抱着儿子丁明童的画像,旁边的书架里摆着丁教授和女儿丁明隽、丁明美的照片,还摆放着各种文字的书籍,其中有许多中国的线装书:《辛壬春秋》《新元史》《儒林外史》《山海经》《金瓶梅词话》等,它提示人们,房子的主人除了精通物理学外,对中国悠久的历史和文学也酷爱。此外,还有些来自中国的录像带,诸如《淮海战役》《大决战》等。

在书架对面的墙壁上,引人注目地挂着中国著名数学家苏步青教授亲笔书写的大条幅:"丁肇中先生大雅 万木参天宝殿雄,四方游客浴香风。劝君休做山门客,不再飞来第二峰。"落款为"苏步青灵隐寺前戏作"。

绕过客厅的沙发来到壁炉的前面,可以看到炉龛上放着色彩鲜艳的中国瓷器和唐三彩。坐了片刻,丁教授端来他亲手泡的中国乌龙茶款待我们。我们边坐在沙发上品尝着清香的乌龙茶,边听丁教授谈他的少年和青年时代的经历。谈话间,他说了许多关于中国的历史典故。他说,他获得诺贝尔奖之后,毛主席、周总理都已经去世。因此,回中国时没有见到他们,是当时的中国政府负责人华国锋会见了他。丁教授说,他还见过邓小平和胡耀邦等中国领导人。有一年回国的时候,中央领导人在人民大会堂请他看了根据台湾女作家林海音的小说改编的电影《城南旧事》。

"我们到外面走走吧!"谈了一会儿,丁教授对我和马基茂说。

我们随即跟他来到院子里,穿过绿茵的草地,回头一看丁教授家的两幢二层"茅屋"(屋顶是用海草覆盖的)周围郁郁葱葱。再往南看,是一片望不到边的碧绿的葡萄园。

"我每天早晨6点半起床,起床以后到院子里散散步,想想一天的工作,然后就开车去上班!"丁教授边走边对我们说。

"这房子的周围有八十多棵树,有松树,有苹果树。到了秋天,苹果落了一地,因为没有时间摘。"丁肇中说。

"丁教授,除了做实验外,您的业余爱好是什么?"我问。

"历史,中国历史。"随后,他讲了中国历史上的许多典故,历代中国皇帝有什么作为,也谈到了自己的经历。

矢志不渝

1936年1月27日,丁肇中出生在美国底特律附近的安娜堡大学医院。当时,他的父亲丁观海和母亲王隽英正在美国的密歇根大学做研究生。丁观海教授获得土木工程和弹性力学硕士学位后,先期回国。他的母亲王隽英也获得了密歇根大学的心理学硕士学位。谈起自己的经历,丁肇中说:"我在第二次世界大战初期出生在一个主要由教授和革命志士组成的家庭里,我的父母都希望我出生在中国,但在他们访问美国时,我提早出世,由于这个意外,我成为美国公民,这个突如其来的小插曲,却也影响了我的一生。"

襁褓中,丁肇中被母亲王隽英抱回中国。当时,日本侵华战争正在进行,为避战火,回国后,他随父母辗转到了重庆,六七岁时,进了重庆沙坪坝附近的磁器口小学读书。

丁肇中很怀念童年度过的地方,有一年来中国访问,重游儿时就读的小学时,由于他在孩子们中间讲一口标准的四川话,以至于使孩子们惊喜地喊道:"这个人会讲四川话!"

谈起童年时代,有一次他在北京给学生们做报告时说:"在我出生三个月的时候,回到了中国,由于当时中国的境况,我一直是一个难民,不断地从一个地方逃到另一个地方。当然,那时我没有可能得到任何正规教育。仅仅因为我的父母都是大学教授,我们才得以有足够的饭吃,并且总是可以找到适当的住所……"

1948年春天,12岁的丁肇中跟随父母到了台湾。

丁观海教授接受台湾大学的聘请,任土木工程系教授。全家人住进了台湾大学的宿舍。从此一住就是40多年,直到丁观海教授去世。

丁肇中先在台中市的"大同国立小学"读书,全家搬到台北以后,他又考进了成功中学。翌年,转入建国中学。在中学读书期间,他就展现了在数学和物理方面的才能和志趣。

回忆少年时代,丁肇中说:"在我少年时代性格成型期间,那时的台湾政治制度是很僵硬的,新闻是被严格控制的,没有言论自由。我那时对政府组织的一些学生活动很有兴趣,父亲却明显地对当时台湾实施的一些政策持有不同观点。我在高中学习期间,父亲继续和我讨论关于牛顿、麦克斯韦、冯·卡门及其他科学家的生平以及他们的伟大贡献,他给了我一本关于法拉第生平的书,这本书对我产生了非常深刻的影响。"

中学时代,丁肇中有三门功课成绩特别好:数学、化学和中国历史。

在谈到个人求学的经历时,丁肇中说:"在历史中求真,比在科学中求真更困难!"因此,后来他矢志献身物理学。

1956年9月，年仅20岁的丁肇中离开台湾去美国密歇根大学求学。

"在密歇根大学里，第一年我作为工学院的学生学习一年的通识课程。对我来说，那是非常艰难的一年。我不仅不懂当地语言，而且几乎没有钱养活自己，我只有刻苦学习，始终保持优等生的地位，用获得的奖学金来继续我的学习。在上大学二年级的时候，我请求学校允许我多学一些研究院的数学、物理和物理化学课程。学校通知我说，如要这样，我必须离开工学院转到物理系去。于是，我离开了工学院。在6年之内，我取得了物理和数学的学位，并且获得了物理学博士学位。一直到现在，这所学校还仅有极个别的学生在这么短的时间内通过这些学位。"

在科学实验中求真

从丁肇中教授家中出来已是薄暮时分，丁教授又不辞辛苦地亲自开车把我们带到欧洲核子研究中心，然后，自己又去忙工作了。

"这么晚了，你还去实验室？"我问道。

他看了看手表："现在美国时间正好打电话——劳动模范！"大家听了，又笑起来。

这一年的访问，我在瑞士共待了两个月，在欧洲核子研究中心采访期间，天天见丁肇中忙得不可开交。一天，在中国科技人员的办公室（中国也是L3实验的成员国之一），一位中国科学家对我说，丁教授乘飞机是"买月票"，他为了和散布在世界各地的研制探测器的研究机构保持联系，通常在一个月内要在瑞士和美国之间往返飞行两三次，中间还要飞往中国和苏联，以及其他的国家；一般人乘飞机睡不着，他正相反，乘飞机是他最好的休息时间，常见他下了飞机眼睛里挂着血丝就直奔实验室。

采访期间，我广泛地接触并采访了许多国际著名的科学家。他们也给我讲了许多关于丁肇中的故事。

丁肇中的助手乌尔利希·贝克教授，是位身材高大、金发碧眼的德国人。他对我说："丁是一位善于深刻地独立思考各种问题的科学家，他能从容不迫地面对占压倒优势的反对意见，迎接挑战。"

当时，贝克教授和丁教授共事已有二十余年。他回忆说，丁肇中在还没有成名，在物理学方面也还没有做出多少成就以前，就不迷信权威，而且敢于向权威做出的错误结论提出批评。他说，当丁肇中在美国哥伦比亚大学还是一位年轻的助教时，美国哈佛大学电磁实验室一位很有名的教授做了一个光子产生电子对的实验，他在事后公布的实验数据认为：量子电动力学是错误的。

丁肇中得知这件事后，对他的顶头上司、哥伦比亚大学教授莱德曼说："我可不可以重复一下这个实验？"

莱德曼打量着年轻的丁肇中，有些轻蔑地说："这恐怕很困难，首先，你从来没有在电子加速器上工作过，你也不是很有名的教授，物理上也没有人支持你……不过，你可以参加我们已有的实验。"

莱德曼教授的劝阻，并未能使丁肇中却步。一年前，他去欧洲核子研究中心做访问学者的时候，认识了几位德国科学家，他们回到汉堡以后，成为德国电子同步加速器研究中心（DESY）的负责人。他心想，在美国，难以检验量子电动力学，我只好到德国去。于是，他便写信对他们谈了自己的想法，信发出去不久，便有了回音，正在开始高能物理创业研究的德国科学家们，回信表示很欢迎丁肇中来汉堡工作，并且答应给他组织一个实验组。

临行前，丁肇中向莱德曼教授辞行。直到这时，这位美国教授仍然怀疑他的想法，提出要和他打赌："我希望你能成功，但是我认为你不会成功，你既然坚持自己的意见，一定要做这个实验，那好，我要和你打个赌，我们赌20美元，你假如能在两年之内把这个实验做出来，证明你的意见是对的，那么，我给你20美元，不然的话，你给我20美元！"

"那好吧！"丁肇中说。

丁肇中到了汉堡，德国电子同步加速器研究中心的负责人给他准备了一个小组，找了几位年轻人给他当助手，随后，他便带领大家开始了紧张的实验。

贝克教授回忆说："那是1965年10月里的一天，丁教授风尘仆仆地出现在我们的面前，我们开了个会，当他听说做实验需要的磁铁要一年以后才能造出来时，他说等一年的时间太长了；于是，他决定设计另外一个谱仪，当时只有6个人，估计丁肇中每天睡觉的时间不超过两三个小时，那时德国在高能物理研究的各方面都不如美国。实验是在 6 个 GeV 的加速器上做的，这是德国的第一个加速器。"

贝克说，丁肇中做了许多检验，改变实验条件，改变电子学条件，都证明实验结果是对的，他到美国斯坦福大学的直线加速器中心报告了实验结果以后，引起很大的轰动。他用各种实验数据证明，量子电动力学（QED）是对的。在他发言以前，许多报告都说 QED 是错的。因此，他的报告使参加会议的人们感到很意外。通过这次实验我们体会到，做实验如果是对实验提问题，就应该睁开眼睛看，而不应听别人怎样说，这样才是客观的。

贝克说，丁教授报告以后，有些人很高兴，有些人不高兴，因为他带领我们通过实验找到了哈佛大学教授们实验失败的原因。对于物理学家来说，不应该看是谁说的，而是应该看谁说得对。QED 是正确的。

贝克对我说，这个实验使丁肇中名声大振，他从美国的哥伦比亚大学到了 MIT（美国麻省理工学院）。从那以后，他负责我们的实验组，凡是他定下来的事，不允许不办，他的决定一般地说都是对的。

贝克教授的这番话，使我体味到，科学是老老实实的学问，来不得半点虚假。因此，丁肇中作为一位物理学家，他的成功除了过人的聪慧和勤奋之外，他还具备一般常人所缺乏的一种品质：从来不迷信权威，不人云亦云；而是脚踏实地，一切从实际出发，以自己经过反复认真验证的实验数据来取信于人。因而，他所从事的每项物理实验，总能得到世界各国政府和科学界的广泛支持。

验证量子电动力学实验的成功，使丁肇中理所当然地收到了莱德曼教授认输的 20 美元，同时，也使他在欧美各个加速器中心取得了人们的信任。

夜以继日地工作

20 世纪 80 年代末 90 年代初，我在欧洲核子研究中心采访期间，曾有幸多次去丁肇中教授的家中做客。丁教授不仅对物理学研究认真，对生活小事也一丝不苟。1989 年 10 月 13 日这天，他又邀请我和各国科学家去他家做客，早在三天前，就亲笔写来邀请信，信中除讲了去他家赴宴的时间外，还画了地图告诉我去他家怎样乘车……

平时,丁肇中的妻子和儿子都住在美国波士顿的家中。日内瓦郊区的家中只有他一人。有一年的一个星期日,他亲自开车带着他的夫人苏姗·马克斯·丁和两岁半的儿子丁明童,接我到日内瓦的洲际饭店吃饭,吃罢午饭,然后又亲自开着汽车带我到他家中做客。一路上,丁教授一面熟练地驾驶着崭新的枣红色小汽车,沿着日内瓦郊区平坦的柏油路行进,一面诙谐地介绍着路旁的景物。走着走着,前面灌木丛中忽然出现了几个持枪的人。

"那是打野猪的,前面是野猪林!"丁肇中教授用中文说了一句,随后又用英语对苏姗·马克斯·丁说,大家听了都笑了起来。

汽车继续前行,空旷的原野上出现了一座不高的欧式建筑物,丁教授幽默地说:"这是'革委会',也就是'乡公所'。"

走进丁教授家的院子,胖胖的、可爱的丁明童,立刻从母亲的怀抱中挣脱下地,他一面用英语欢快地呼唤着"黑格斯、黑格斯……"一面迈着蹒跚的步伐,向院子里那只用铁丝网围着的大狗走去。

过了几天,我在欧洲核子研究中心的一间办公室里采访了丁教授的妻子苏姗·马克斯·丁。

她是一位长着满头金色长发,皮肤白净,双眼碧蓝,瘦削而又美丽的爱尔兰人后裔的美国妇女。她用纯正流利的英语和我交谈。谈话时,他们的儿子丁明童(奎斯特菲尔)就坐在旁边玩耍。

谈话开始前,苏姗首先在纸上工工整整地给我写下了她的名字:Susan Marks Ting。

她微笑着对我说,早年她曾就读于美国波士顿大学,毕业后到美国麻省理工学院工作。她随即回忆起了和丁肇中的相识相爱经历。

"我第一次遇见丁,是在汉堡。听说他对科学贡献很大,于是我便对中国产生了浓厚的兴趣,开始研究中国的历史和文化,和丁接触后学了许多物理学的知识,因此我对物理也很感兴趣。"

沉吟片刻,苏姗继续说:"大学毕业以后,我做过一段时间的专职教师,因此我对中国的教育也很感兴趣。在丁的帮助下，我还对中国的教育进行了研究。丁是一位年轻人很崇拜的科学家，他工作非常刻苦，致力于物理学的研究，决心是很大的。"

苏姗说："我们的儿子出生时，丁就在我们母子身旁。因此，儿子看到的第一个人是他的父亲。平时他虽然大部分时间在实验室工作，但是，他是一位很好的丈夫和父亲，虽然终日忙于工作——"，谈到这里，苏姗加重了语气笑着说："他是work, work and work！（工作，工作，再工作！）但总是和家庭保持着密切的联系——用电话。空闲的时候，在家里他便研究中国历史，有时和儿子在一起。他有非常好的记忆力，时常谈一些中国历史上的故事，而且很准确、详细。他的记忆力是非常惊人的。"

当时，丁肇中正在领导着由 14 个国家 460 多位物理学家和 600 多位工程技术人员参加的 L3 实验，可以说是日理万机。他时常是夜以继日地工作，因此，我笑着问苏姗说："丁教授白天黑夜都在实验室里工作，连星期六、星期日也不休息，你作为他的妻子，难道没有意见？"

苏姗听了笑起来："正如你所知，他是 work, work and work！（工作，工作，再工作！）"

丁肇中是如此刻苦、勤奋，我想这或许是他之所以还不到 40 岁就做出杰出成就的原因吧！

L3 实验

在欧洲核子研究中心采访期间，我除采访了参加丁肇中教授领导的 L3 实验的各国科学家外，在丁教授的热情引荐下，还拜访了在这个中心工作的一些世界著名科学家，其中有德国电子同步加速器研究中心（DESY）负责人、德国著名物理学家朔佩尔教授。

那天，我按约定的时间走进了欧洲核子研究中心当时的负责人朔佩尔教授的办公室。1980 年，我随中国高能物理代表团访问汉堡的德国电子同步加速器研究中心时，朔佩尔教授作为这个中心的负责人曾经接待过我们，还邀请我们到他家做过客，他家的室内游泳池和他妻子烹调的美食给我留下了深刻的印象。这天再见面时，我发现他依然年轻、健谈，爱开玩笑。

谈话中，朔佩尔教授讲了丁肇中教授的许多故事，他说："丁是一位很刻苦，也很严厉的物理学家，他不允许他的助手们、学生们有半点懈怠。"

朔佩尔教授还着重谈了丁肇中教授领导的 L3 实验的深远意义。他说："丁教授为何致力于这次罕见的大规模实验，这是因为通过正负电子对撞后丢失的能量，可以推测丢失粒子的质量，这种粒子普遍认为是质量的起源，物理上叫黑格斯（HIGGS）现象，理论上的预言已经证实。5 年前，卢比亚在 CERN 发现了 Z° 粒子和 W^{+-} 粒子，把弱作用和电磁作用统一在一起了，因此获得了 1984 年的诺贝尔物理学奖，但是，实验上至今还没有找到证据。因此，寻找黑格斯，也是进行 L3 实验的目的之一。我们期待着丁肇中教授领导的 L3 实验，能把宇宙间的几种力都统一起来。这不仅对深刻理解物质的结构有深远意义，而且在未来有难以估量的应用价值。"

"您能否具体谈谈 L3 实验未来可能产生的应用价值？"我问道。

朔佩尔教授沉吟片刻："早在 200 年前，法拉第就试图联系电和磁。当时，电和磁是分开的。他向当时的财政部长要钱，希望支持他的实验。财政部长问道：'我给你钱做实验，你能给我什么成果应用？'法拉第想了想，说：'现在还看不到有什么用，将来肯定会有利于你的税收。'"

朔佩尔教授最后回答："我相信基本规律发现以后，一定会找到它的用途。"

由欧洲十几个国家出资建立的欧洲核子研究中心，总的负责人实行轮流负责制，也就是，由出资国每隔几年轮流选派本国最优秀的科学家来 CERN 担任负责人。

1992 年 11 月 9 日，在丁肇中教授的引荐下，我还采访了 CERN 当时的总主席，来自意大利的著名物理学家卢比亚（C. Rubbia），就当时正在计划建造的欧洲超级强子对撞机（LHC）的目的，以及同中国科学界的合作等问题，畅谈了自己的意见。

"我今天不想谈个人的成就，关于这个问题，你最好去问丁肇中教授。"见面后，卢比亚开门见山地对我说。然后，他就用流利的英语谈起来："在以往的岁月里，欧洲核子研究中心以及整个欧洲，基础科学研究都做得很好。现在，欧洲的基础研究依然很好。"

随后，他谈了欧洲物理学的现状，以及即将进行的 LHC 计划。

卢比亚在纸上画了个圈说："目前欧洲的情形是基础、应用、工业之间的关系存在问题，基础研究和应用研究存在问题。工业方面的发展越来越依靠基础研究，美、日等国这方面都做得较好，因此，工业就会发展。今后欧洲各国直接和工业有联系的基础研究要加强。这也是我们要努力做到的。"

卢比亚说，欧洲把自然科学研究放在首位，整个欧洲的物理学家 80% 集中在欧洲核子研究中心。不仅如此，各大洲的科学家也都时常来这里工作。今天可以说，这里也是世界第一流水平的高能物理研究中心。

卢比亚说："有两个结论：（1）CERN 要和世界各地的高能物理学家合作，包括和中国科学家的合作。（2）我们要从现在起，就为将来做准备。建造一个加速器需要 10 年时间，必须从现在起就考虑下一步的工作。大加速器只能通过国际合作来建造，不仅需要欧洲人参加，也希望中国科学家参加。希望中国能成为一个参加者，而不是一个用户。建造加速器很费钱，只能在世界上造一个，大家都来用。"

"请你谈谈为什么要在欧洲建造超级强子对撞机？"我问道。

卢比亚说："有很多原因：首先，正在运转的 LEP（当时在日内瓦郊区的世界最大的正负电子对撞机）的实验告诉我们应向哪个方向走，而不是加速器造得越大越好。目前的实验告诉我们应当建造超级强子对撞机。其次，对撞机是在欧洲发展起来的。当时，许多人并不相信对撞机。"

谈到这里，卢比亚追溯了对撞机的发展历史："早在 1970 年，欧洲就建成了一台质子与质子对撞机（ISR）；1979 年至 1980 年又建造了第二台质子与反质子对撞机（SPPS）；而美国到了 1985 年才建成了第一台对撞机（TEVATROR），比欧洲晚了 15 年。即将建造的超级强子对撞机可以用欧洲核子研究中心许多现有的设备，现在的许多实验可以继续进行，尤其是由丁肇中教授领导的 L3 实验，可以重新改造一下，使实验在超级强子对撞机上进行下去。"

在采访中，卢比亚教授说，在欧洲建造超级强子对撞机的目的，要回答两个问题：第一个问题和基本粒子物理学有紧密关系，同时也涉及宇宙学，要通过实验解释质量的来源，为什么所有的物质都有质量，我们现在相信质量和真空有关，也就是所谓的黑格斯机制。第二个问题就是要探明暗物质的本质。暗物质是很重要的，宇宙间90%的物质是看不见的，我们已知这种物质是存在的。过去有人说中微子是暗物质，有人说宇宙间有冷的暗物质和热的暗物质。但是冷的暗物质和热的暗物质究竟是怎样的？即将在欧洲建造的超级强子对撞机是要创造宇宙大爆炸10^{-9}秒后的状态，通过这种状态来了解早期的宇宙究竟是什么样子。

采访中，我还请卢比亚教授谈谈对我国建造的北京正负电子对撞机的看法。卢比亚说："这台电子对撞机的质量很好，科学家们的工作也很努力。很快有些美国科学家要来这里工作，目前，中国不可能建造超级强子对撞机，但是，你们挑选了高精度实验测量，也可以测量到有用的数据，也同样很重要。所以，中国选择的是一条发展高能物理的正确路线，也是世界高能物理研究的一部分。中国进入世界高能物理研究领域已有20年时间，第一个中国高能物理研究小组进入国际领域是参加了由丁肇中教授领导的马克·杰实验组，以后又到CERN的正负电子对撞机做实验都是非常成功的实验。我认为，中国已经参加了高能物理大家庭。"

卢比亚还说："你们的晶体研究[①]达到了世界水平。目前在CERN工作的有100名中国人，许多人参加了L3实验，这方面的合作还要继续下去。"

他由衷地说："欧洲核子研究中心的科学家们很希望中国人参加工作，可以参加加速器和探测器的研制，以加强中国和欧洲各国科学家的联系。"

卢比亚教授最后告诉我，欧洲的超级强子对撞机计划用四至五年时间建成，然后，再用一年时间运转起来，这中间都希望中国科学家参加工作。

在我一次次去欧洲核子研究中心采访期间，经常见到在丁肇中教授领导的L3实验组里，有许多美国的教授和学者，日复一日频繁地往来于欧洲和美国之间，具体地说，就是不断地往来于日内瓦和波士顿之间。他们之中，许多人来自美国麻省理工学院，也有的来自美国的其他科研机构或是大学。这是因为，他们在这两个城市都有研究工作。

---

① 指中国科学院上海硅酸盐研究所研制的BGO晶体。

怀念父亲

在 20 世纪 90 年代初期，丁肇中差不多每年都邀请我去 CERN 采访。1991 年春天，我再次来到欧洲核子研究中心。这是一个早晨，L3 实验组的科学家们正在召开每月一次的组会。丁肇中刚从台湾奔父丧归来，下了飞机没有休息就直接来到会场。丁肇中的父亲丁观海教授因患肺癌在台北去世。丁肇中专程从瑞士飞往台北参加父亲的葬礼。

他在主持召开组会前见到我，递了给我一份他父亲丁观海教授的讣告，我想安慰他几句，但又不知说什么好，见他的神情有些疲惫和伤感，便问他："丁观海教授的葬礼举行得可顺利？"

"嗯。"他说。

人非草木，谁能无情，更何况丁肇中父子情深。但他作为一名大科学家，能非常理智地控制自己的感情，把悲伤深深地埋进了自己的心底。这天，我惊异地注意到，他如同往常一样，认真地听取了各国科学家关于探测器运行情况、数据采集，以及分析工作的演讲。在有数百人参加的报告会上，除了丁肇中来回踱步的脚步声和报告人的演讲外，全场鸦雀无声。

散会以后，我看了丁肇中教授给我的讣告。讣告说："1991 年 2 月 19 日，丁观海教授不幸因患肺癌，病逝于台湾大学医院。享年 80 岁。在这之前，丁肇华（丁肇中的弟弟）随侍在侧，亲视含殓。噩耗传来，丁肇中、丁肇民立即从国外赶回台北奔丧……"讣告高度赞扬了丁观海教授的一生。我正在看讣告时，丁肇中突然来到中国访问学者的办公室，他交给了我一份英文稿，文章的题目是《怀念》。

我和在场的中国访问学者们边看边译成了中文。

丁肇中在文章中深情地缅怀了父亲的一生。他写道：

父亲去世了。父亲突然地而又安详地去了。去年（1990 年）8 月我第一次感到不祥的兆头。我在由新加坡到汉城（现为首尔）的旅途中，飞机中途停在台北机场，我给父亲打了个电话，得悉他已经不能说话了。去年年底，他的情况已很严重了，医生对他的病已经做了结论。四个星期前，我去看望了他，推着轮椅陪他去台湾大学医院做最后一次的放射性治疗，他的行动已经很困难了。

然而他仍然很平静和安详，庄严地等待着即将发生的事情……

丁肇中在《怀念》中深情地回忆了父亲对自己的教诲。他写道：

> 父亲是一位有非常才智的人，他的记忆力极好，有很强的分析能力。而最突出的是，即使在他最后的日子里，也非常安详和平静。他对我的最大影响是：在我少年时代就引导我认识了伟大科学家们的工作和成就，对我所做的一切总是给予很大的支持，因此，应该说，他是我的启蒙老师……

在征得丁肇中教授的同意后，我把这篇文章寄给了国内的《瞭望》周刊海外版，他们很快编发了。

应邀访美

"你去过美国吗？"在这之后，有一天，丁肇中问我。

"去过。"我说。

"什么时候？"

"1980年夏天，我随中国高能物理代表团到美国访问过一个多月。"

"我想邀请你去美国采访。"丁肇中说。

事情就这么定了。不料，我去美国的签证却遇到了麻烦。

经过是这样的：我和陈和生博士去法国的里昂申请签证，我们来到美国驻里昂的领事馆，在门口，荷枪实弹的美国兵把我们的身上及携带的手提包翻了个遍，这才放我们进去，一位小个子的美国领事问明我要去美国的缘由后，问道："你希望什么时候得到签证？"

"丁教授希望越快越好。"陈和生博士在一旁说。

那位美国领事听了，笑了。他说："丁教授邀请中国人去美国，邀请苏联人去美国，总是希望签证办得越快越好，他不知道，签证就像牛顿的万有引力定律一样，是不会改变的！"

说完，他苦笑了一下，又说："你回去等着吧，我们要请示华盛顿，如果给你签证，也要半个月的时间。"

回到CERN，我们对丁肇中说了情况。

"那就等着吧！"丁肇中说。

后来，我才明白，原来这是中美两国新闻记者协定规定的签证申请时间，中国有关单位对美国新闻记者的签证，也要这么长的时间，因此，没有什么可抱怨的。

半个月后，签证下来了。于是，我独自一人从日内瓦乘飞机，大约飞了7个小时到了波士顿。下了飞机，环顾川流进出的人群，我不免有些茫然。原因是找来找去没有找到丁教授安排来接我的他的女秘书爱伦·鲍贝。当我提着一个小背包正在人影渐稀的波士顿机场大厅里东张西望的时候，一男一女两位海关工作人员走来了。他们一面打量着我，一面询问我，也可能是因为我的英语讲得蹩脚，还有可能是因为我的穿着有些朴素，问来问去，他们竟把电话打到了美国移民归化局。在电话里，一位操着广东口音的女工作人员小声地询问我到波士顿来做什么？我告诉她到MIT（麻省理工学院）找丁肇中教授，又问我身上带了多少钱？我告诉她大约带了1000美元，她一听，马上叫我把电话递给海关人员，片刻，海关工作人员态度大变，一位戴眼镜的女海关人员帮我提着背包走出了海关。当她正要给我叫出租车去MIT时，迎面见张元翰博士（在丁教授实验组工作的台湾人）慢慢腾腾地走来了，他一面从海关人员手里接过背包，一面慢条斯理地说："飞机到早了，爱伦·鲍贝临时有事，她叫我来接你，走吧！"

我就这样跟随张元翰博士走出了波士顿机场。

我随张元翰乘车来到波士顿的剑桥（Cambridge）。波涛汹涌的查尔斯河把丁肇中教授执教的麻省理工学院和哈佛大学分开。

我走进麻省理工学院的校园里，但见这里高楼林立，鲜花盛开。在丁教授办公的44号楼前，矗立着一个大写的"J"（他发现J粒子的标志）字，上面标着"1974—1984"。进门以后，左边的大厅里摆着用于L3实验的 μ 子探测器的模型。再往里走，是科学家们的工作间。一台台的计算机终端随时可以和世界各地的高能物理加速器中心联系——调阅数据或是互通信息。右边是丁肇中秘书的办公室，他当时的女秘书爱伦·鲍贝是位德国人的后裔，这位蓝眼睛、披着金色长发的年轻姑娘，我去的年月正在谈恋爱，她上班的时候，身旁总有一条大狗相陪。上了班，爱伦小姐总是拿着电话不停地用英语说："这里是Prof. Ting office！"（这里是丁教授办公室）

走上二楼，在右边的会议室兼学术报告厅的墙壁上，挂着丁肇中教授在瑞典皇家科学院接受诺贝尔奖时的大幅照片。穿过走廊便是丁教授的办公室。他的办公室的墙壁上挂着许多彩色的大照片，都是他孩子们的照片。

在波士顿采访期间，丁肇中教授关照他的助手们把我安排住在距离他办公室只有100多米的一个旅馆里，每天的房费是120美元，还不管饭。

在半个月的时间里，每天上午我步行到麻省理工学院采访。

在波士顿采访期间，我还应邀到丁教授的助手陈敏教授的家中做客。陈敏教授的家距离麻省理工学院不远，是一幢独立的别墅，门口的牌子上写着"陈寓"两个中国字。走进门，两面墙上大幅彩色画像画的是中国神话中的"哼""哈"二将。那天正下着雨，房子里有些冷。陈敏教授特地为我打开了他家的电暖气，他的夫人做了一桌丰盛的中国饭菜（有面条、烤鸡等）招待我。

一天，丁肇中教授带我来到当时麻省理工学院核能研究所所长柯尔曼教授的办公室。路上，他对我说："柯尔曼是我的顶头上司，你不妨找他谈谈！"

黑人女秘书通报以后，身材高大的柯尔曼教授接受了我的采访。

"我们这里有400位雇员，其中有40位教授，每年有3000万美元的经费，共有8个科研部门，其中5个从事教学，3个做研究。"柯尔曼对我说。他是总负责人，下面有个由教授组成的执行委员会，用民主方式管理，重要的事情投票决定。

柯尔曼说："这个研究所是1946年第二次世界大战以后成立的，在这里工作过的学生和教授之中，共有7位诺贝尔奖得主；在距离研究所不远的地方，建有一台电子加速器，这个研究所参与的第二个大项目是丁肇中教授领导的L3实验，还有六七个计划正在进行。我们和中国的物理学界有许多联系，常常有中国学者来访。"

柯尔曼还说："我本人是研究理论物理的，20年前来到MIT时，就认识了丁，L3实验至少到现在是非常成功的，获得了非常重要的数据。我确信，欧洲核子研究中心的正负电子对撞机增加亮度之后，将显示出L3实验比别的实验强。"

谈到这里，柯尔曼教授又加重语气说："作为一位世界杰出的物理学家，丁在这里工作，我们感到很自豪。他是MIT的骄傲！"

"丁领导一个实验组从事寻找新粒子的研究，在世界高能物理领域里，是迄今为止国际上最大的合作项目。他成功地把各国物理学家们组织在一起，这是很不容易的，也是非常值得提倡的。各国物理学家都愿意跟丁在一起工作。"柯尔曼最后说。

采访结束后，我乘车跟随丁肇中教授去波士顿大学，听取了他在这所大学的演讲。同行的有柯尔曼教授和丁教授的女秘书爱伦·鲍贝。

途中，丁肇中用英语说："这河名叫查尔斯河，和英国的查尔斯王子同名，类似中国的秦淮河。"柯尔曼也知道秦淮河，因为他到过中国。放眼望去，但见河上白帆点点，我们沿河随着川流不息的汽车到达波士顿大学后，在一片热烈的掌声中，丁肇中教授走上讲台，他一面在投影仪下映出讲演稿和图片，一面用英语演讲。

丁肇中的演讲不时地被阵阵掌声打断。他从高能物理的发展史讲到 L3 实验，以及这个实验已经取得的成果，和他们正在做的寻找黑格斯的研究。报告结束后，他回答了与会者提出的问题。

在苍茫的暮色中，丁肇中教授把我送回了旅馆。

波士顿的夜幕降临了，大街上车水马龙。查尔斯河畔的绿树红花，在夕阳的辉映下，披上了一层金黄色。我一面从车窗里欣赏着异国城市的美景，一面盘算着独自一人如何应付从波士顿到日内瓦的横渡大西洋的旅行。

在我多次去欧洲核子研究中心采访期间，丁肇中教授曾不止一次地亲自开车带我出去吃饭，除吃西餐外，他还多次请我去日内瓦的中餐馆吃山东人爱吃的锅贴。在那次离开波士顿的前一天中午，他又特地从百忙中抽出时间，带我来到一家西餐馆吃了清蒸龙虾。席间，他拿出两本印刷精美的大画册说，一本《丝绸之路》是送给我的，另一本《哥伦布发现新大陆》，让我带给当时的中国国家科委负责人宋健。

在飞越大西洋返回日内瓦的途中，我反复琢磨着丁教授送画册的美意。思来想去，我想他大概是希望宋健能赞赏哥伦布的探险精神；而我呢，他大概是希望我能做一个传播友谊的记者吧，谁知道呢！

回国几年之后，我把多次采访积累的材料进行了整理，写出了《丁肇中》一书。这本书最早由新华出版社出版，2019 年由广东高等教育出版社再版。丁肇中教授收到再版的新书时异常欣喜。托人带话说："谢谢顾迈男！"（我认为他还应谢谢出版社）在这里，我想再次表达一点心意，科学是无国界的，我采访的科学家们眼下还在世界各地日夜辛勤地工作着，我尤其感念那些在国外多次给我帮助的科学家们，尤其是丁肇中教授。正是"海内存知己，天涯若比邻"。

以身许国探秘原子世界

• 忆王淦昌教授

科学家档案

王淦昌（1907—1998），江苏常熟人，核物理学家、中国核科学的奠基人和开拓者之一、中国科学院院士、"两弹一星"功勋奖章获得者。中国惯性约束核聚变研究奠基者，中国核武器研制的主要奠基人之一，独立提出用激光打靶实现核聚变的设想，是世界激光惯性约束核聚变理论和研究的创始人之一。1999年被追授"两弹一星"功勋奖章。

一位曾在我国核武器研究机构工作过的科学家说："一个民族或一个国家，如果没有自尊心，那就等于没有了灵魂。美国每年都在珍珠港事件那一天，举行全国性纪念，定为'国耻日'，盟国则举行大规模的诺曼底登陆胜利纪念，还不是为了长自己的志气？我们为什么不大肆宣传1964年10月16日那一声震天动地的爆炸这一成就呢？如果有可能的话，不妨把10月16日定为国防节，每年在这一天造造舆论，让外国人知道中国人不好惹！"

若干年以后，我在采访"两弹元勋"邓稼先等人时了解到：著名物理学家王淦昌教授也参与了那件令中国人扬眉吐气的事情，而且贡献卓著。

20世纪50年代末60年代初，我国"两弹"的研制工作面临困境，一位即将撤离回国的苏联专家组的组长曾经对当时的二机部部长刘杰说："不要发愁，我们走了你们也能把原子弹造出来,因为你们有周光召、王淦昌……"①

那位苏联专家的话不是没有道理。我国"两弹"的研制工作之所以能走在世界前列,除了毛主席、周恩来总理、聂荣臻元帅等人的坚强领导和全国大协作外,还因为我国有一批饱经忧患,历尽沧桑,了解中国国情,又有强烈爱国心的著名科学家。他们之中就有在国内外享有盛名的核物理学家王淦昌。

20世纪80年代到90年代,我曾多次采访过王淦昌教授,在他北京的寓所里、在他领导的原子能研究所,以及我国核武器研究院,听他和他的助手们讲起他非凡的人生经历、他的科学成就以及他参与带领年轻人研制中国"两弹"的故事。人们不会忘记,正是王淦昌教授积极倡议创建了我国的核电事业,正是他和一批著名科学家联名写信给党中央,提出了"863计划"。

这位和蔼可亲、平易近人的科学家,出生在江苏常熟,幼年父母去世,由外婆抚养长大。早年,王淦昌在清华大学读书时,就养成了自己动手做实验的习惯。大学毕业时,他用自己制作的简单仪器测量了清华大学周围氡气的强度和每天的变化,然后把得到的实验结果写成了毕业论文——《清华园上空大气层的放射性》。这是研究中国上空放射性物质含量的第一篇实验报告。

大学毕业后,王淦昌考取公费赴德国柏林大学留学。在柏林大学,他师从于犹太籍女科学家梅特纳教授,并完全靠奖学金念完了三年半研究生,获得了博士学位。

在王淦昌就读清华大学物理系的年代,刚从美国留学归来的吴有训教授的一席话,使他在漫长的人生旅途中始终记忆犹新。一天,吴有训教授在黑板上写了一长串数学公式,然后回过头来讲解了什么叫"康普顿效应"。他说:"同学们,翻开近代物理史就可以知道,人类的认识是随着科学上层出不穷的新发现前进的。人类对自然界的探索是无止境的,就拿近代物理来说吧,还有许许多多的效应、规律、原理没有被发现,被认识。我希望同学们树立远大的志向,去发现一个又一个效应和规律,在世界科学史上,让更多的效应和规律用我们中国人的名字命名!"

几十年来,吴有训老师的话时常在王淦昌的耳边响起。这些话就像一团火,点

---

① 参见1987年11月23日《瞭望周刊》第30页。

燃了王淦昌为科学献身，为中国人争光的激情。在漫长的物理学家的生涯中，王淦昌正是不断地用自己的智慧和成就，书写着近代物理史的新篇章：20世纪40年代，他在战火纷飞的大后方提出了验证中微子存在的实验方案；60年代，又在异国的土地上发现了载入史册的反西格玛负超子……中国人王淦昌的名字，一次次镌刻在了近代物理发展史上。但是，当国家需要他出力的时候，他二话不说，就默默地搁下自己心爱的科学研究，销声匿迹到最需要自己的地方去了。

王淦昌在柏林大学留学时，正是希特勒上台前夕，柏林到处乱哄哄的，宁静的实验室里不时传来刺耳的警报，空气里充满了火药味，战争仿佛就要来临。

一天，导师梅特纳教授告诉王淦昌说，她要到瑞典去了，而且不能够再回德国，因为她是犹太人。使王淦昌感到震惊的是，这样一位对原子核物理学做出了卓越贡献的科学家，也无例外地遭到了迫害。几天以后，梅特纳教授就被驱逐出境了。

"是继续留在德国呢，还是回国？"梅特纳教授走后，王淦昌从德国报纸上看到，日军进犯中国，大片国土已经沦陷。在柏林大学校园里，各国学生都在议论九一八事变。有的说，中国人太无能了，日本人的进攻节节胜利是在预料之中的事情；有的说，优秀民族统治落后民族，理所当然！

王淦昌在一旁听了，觉得脸上火辣辣的，强烈的民族自尊心使他心头燃起了雪耻的欲望。他决定立即回国，与祖国共存亡。

这时，他的卓越才能和工作成绩已经被德国有关方面注意到了。一位德国同事走来劝他说："你如果愿意的话，可以在德国长期工作下去！"

"不，我不准备留在德国，我是一个中国人！"王淦昌果断地说。

"科学是没有国界的，你是一位科学家，留在德国会有很好的前途。"

"科学是没有国界的，可是科学家是有国家的！"他从梅特纳教授的遭遇中，深深地懂得了"祖国"二字的神圣含义。

发现反西格玛负超子

王淦昌从国外归来后，先在山东大学任教，后来又到浙江大学教书。在那些年月里，白天，他到浙江大学教书，靠有限的收入养活全家，晚上则几乎天天工作到深夜。

八一三事变后，他领着全家人跟随浙江大学的队伍开始逃难。这时，他已经是5个孩子的父亲。他和全家人历尽跋涉，最后到达贵州的湄潭。

20世纪30年代初，科学家们曾经预言，自然界存在着一种"鬼粒子"，并预言这种粒子可以人不知、鬼不晓地从宇宙空间飞来，穿透地球上最坚硬的岩石，到达很深的地下。

这种学名叫"中微子"的鬼粒子，究竟有没有呢？如果有，怎样才能捕捉到它？王淦昌经过反复研究，提出了一个验证中微子存在的实验方案。当时，这个方案在国内是不能实施的。因为缺乏仪器设备。1949年，他把它写成一篇论文，寄给了美国的《物理评论》并发表了。半年之后，美国科学家阿伦根据王淦昌提出的方案，证实中微子确实是存在的。这次发现被当作人类认识微观世界的里程碑载入了史册，中国科学家王淦昌的名字也因此写进了世界第一本原子核理论教科书。当人们赞扬他的发现时，王淦昌却说："中微子的实验没有在中国进行，是我终生的遗憾！"

新中国给了王淦昌施展抱负的机会。1956年，他被中国政府以中国专家组组长的名义，派往苏联杜布纳联合核子研究所工作。他仅用短短4年时间，就领导各国科学家发现了一种命名为"反西格玛负超子"的粒子。

关于这次发现的意义，22年以后，由钱三强、钱学森等人组成的中国发明创造评选委员会曾给予了这样的评价："反西格玛负超子的发现是项了不起的重大发现，它是实验中第一个发现的荷电反超子，它的发现填补了粒子—反粒子表上的一项重要空白。这个发现在科学上的意义仅次于正电子和反质子的发现。"最后，以无记名投票方式，一致决定授予王淦昌国家自然科学奖一等奖。

反西格玛负超子的发现，在当时也引起了巨大轰动。世界各国报纸纷纷刊登了关于这项发现的详细报道。王淦昌本人更是受到了苏联科学界的高度重视，有关部门又是派画家给他画像，又是写文章赞颂他的才华。更有甚者，美丽的姑娘也被派到了他的身旁……

但是，金钱、美女还有较高的社会地位，都未能使王淦昌久留异国他乡。当时，国内正是三年困难时期，使王淦昌魂牵梦萦的是国内的形势。一天，他独自一人走出了杜布纳联合核子研究所所在地的森林，乘坐火车到了莫斯科，直奔中国驻苏联大使馆。到了使馆，他求见刘晓大使。见面后，他取出存折说："刘晓同志，这是我在苏联工作期间节余的14万卢布（当时折合2万～3万元人民币），请你收下，转交给祖国人民吧！"

刘晓大使听了迟疑半晌，说："这合适吗？"

"游子在外，给父母捎些家用钱，理所当然。现在，国家遇到了困难，我难道不应尽一点心意吗？"王淦昌坚持说。

其实，他的经济状况并不宽裕，他老伴是个家庭妇女，他要独立负担一个多子女大家庭的生活。可是，他很少想到自己的家。在核武器试验基地工作的十余年中，按照国家规定，可以享受高原补贴和特殊照顾，他不但不要补贴和照顾，而且每次从核试验基地回北京的差旅费都是自己掏腰包，从不报销。身边的人们发现后，请他把车票交出来报销时，他说："钱够花了，报它干什么？"后来，有人背着他悄悄报销了，他发现后非常生气。

1982年，王淦昌荣获国家自然科学奖一等奖，他立即把3000元奖金作为奖学金全部捐献给了原子能研究所的附属小学。有人问他为什么这样做？他说："我只是想为娃娃们的父母减少些后顾之忧，让他们为原子能事业更好地工作。"

在采访王淦昌教授时，他的秘书钟培基（后为中国驻国际原子能机构代表）给我讲了这样一件事，说明王淦昌对生活小事也是一丝不苟的。有一次，王淦昌到外地出差，住在招待所里。半夜里，被汩汩的流水声惊醒了，连忙叫醒熟睡的秘书说：

"小钟，你听，哪里的水箱漏水了！"

"这么晚了，明天再说吧！"钟培基睡意蒙眬地说。

"不行，等到天明那要浪费多少水呀！"就这样，他和秘书钟培基一起，3层楼挨个儿敲门查询，敲错了，就道声"对不起"，一直敲到一楼，才找到了那个漏水的水龙头。水龙头关上以后，他气愤地说："是谁这样不负责任，用了水不关水龙头！"

"我愿以身许国"

王淦昌从苏联回国不久，便"失踪"了。

早在1959年6月，苏共中央来信后，中共中央就研究决定：不理赫鲁晓夫那一套，自己动手，从头摸起，花八年时间搞出原子弹。1960年7月18日，毛主席在北戴河听取李富春汇报时，强调指出：要下决心搞尖端技术。赫鲁晓夫不给我们尖端技术，极好。如果给了，这个账是很难还的。根据党中央决定，二机部提出，要三年突破，五年掌握，八年适当储备。具体目标是争取在五年内（1960—1964年）自力更生研制出原子弹，并进行爆炸试验；在八年内有一定数量的储备。为了打破霸权主义的核讹诈，造出中国自己的争气弹，为了让人们记住苏联撕毁协议的日子，人们把原子弹的研制工程，命名为"596"工程。[①]

为了集中力量突破原子弹的技术难关，1960年初，二机部向党中央请求，从中国科学院和全国各地各部门选调郭永怀、陈能宽等105名中高级科学研究和工程技术人员。同时，把原子能研究所的王淦昌、彭桓武等一批高级研究人员调到了核武器研究院。这些科学家和工程师会同先期参加核武器研制工作的朱光亚、邓稼先等人，基本上形成了中国核武器研制工作的骨干力量。[②]

原子弹研制是一项涉及多种学科、综合性很强的工作，需要有多专业、高水平的科技人员通力协作。苏联毁约以后，二机部决定调王淦昌参与领导"两弹"的研制工作。王淦昌接到命令后，当即告别了妻子儿女，打起背包，穿起布衣服，化名"王京"，三天之内奉命到核武器研究院报到了。

1962年夏天，北戴河会议期间，党中央领导同志关切地询问了原子弹研制工作的进展情况，热切希望早日研制成原子弹。会后，二机部领导经过讨论，正式向中共中央写了报告，提出争取在1964年，最迟在1965年上半年爆炸我国第一颗原子弹的"两年规划"。毛主席在1962年11月3日批示："很好，照办。要大力协同做好这件工作。"为了实现这个规划，中共中央成立了由周恩来等组成的

---

① 参见《当代中国的核工业》第36页。

② 参见《当代中国的核工业》第40页。

15人专门委员会。从这之后,我国核工业建设和核武器研制工作进入了一个新阶段,各项工作的步伐也大大加快了。[①]

"失踪"之后的王淦昌在十几年时间里,他时而奔走在长城内外的荒山野岭,时而到茫茫的大戈壁风餐露宿。在凛冽的寒风里,在炎炎烈日下,他和参加研制中国第一颗原子弹和氢弹的人们,度过了一年又一年。在他担任领导工作的核武器研究所,他带领年轻人利用极为简陋的条件,从理论物理、爆轰物理、中子物理、金属物理到弹体弹道等诸方面,开展了艰苦的探索。

在爆轰物理研究方面,当时的核武器研究所没有试验场地,他们就与解放军的工程兵协商,借用了北京郊区的靶场做实验。

一位当年在靶场做实验的科技人员回忆:"我被分配到陈能宽任室主任的二室搞装药工艺研究,不多久便到靶场做实验。在十分恶劣的环境里,我们近200人克服了令人难以想象的困难,从1959年到1963年四年间,研制工作取得了很大进展,为第一颗原子弹的工艺技术打下了坚实基础。当时,山顶上低矮的平房就是实验室,起初一段时间,工艺研究的进度很慢。炸药件的外观质量和理化分析结果以及打炮测试的数据都很不理想,研究所和研究室的领导比我们更着急。王淦昌副所长及陈能宽主任经常到工作现场指导工作,了解工艺进度,倾听大家的意见,甚至和我们一起干,一干就是大半天。技术讨论会常常开到深夜,就这样,在两位著名科学家的指导下,我们研制的产品质量和速度逐步提高,测试数据也逐渐接近国外水平。"

他还回忆道:"记得初夏的一个晚上,王淦昌教授到我们宿舍讲'数据处理'

---

① 参见《当代中国的核工业》第46页至47页。

一课，不知不觉三个小时过去了，王副所长结束了生动的讲解，意犹未尽的我们却缠着他争论了好几个技术问题，很久才目送他离去。"

自 20 世纪 50 年代末 60 年代初苏联毁约停援后，中国的核工业建设进入了全面自力更生的新阶段。当时，国际上有人认为，苏联毁约停援是对中国核工业的毁灭性打击。从此以后，中国将处于核技术的真空状态，即使再过十年也搞不成原子弹！国内有些人也信心不足。事实上中国的核工业不但没有止步，相反的，在党中央和国务院的坚强领导下，在全国各部门、各地方以及人民解放军的大力协同和积极支援下，核工业战线的广大科技人员、干部、工人艰苦奋斗，从 1960 年 9 月到 1964 年 10 月，仅用了四年多一点时间，就成功地建成了铀-235 生产线。

一位曾在我国核武器研究院工作的科技人员曾这样谈到王淦昌："使我感到自豪的，是能与支撑着这个神圣事业的著名科学家们朝夕相处。我首先结识的是核物理学家王淦昌，对王淦昌，自己在中学时代就知道他，而且充满了敬佩之情。20世纪 60 年代他发现了反西格玛负超子，全世界核物理学界公认这是核物理史上划时代的发现。到九院（即核武器研究院）后，见到王淦昌，竟是一个平常而温和的老人，走路总是略低着头，见到人会不住地点头微笑，讲话简短，语调也是那么的温和……"

西北核武器研制基地在荒凉的戈壁滩，平均海拔 3200 米，年平均气温在零下 0.4℃，高寒缺氧，自然条件十分恶劣，王淦昌等广大工作人员喝的是煮不沸的水，吃的是夹生饭。当粮食、副食供应不足的时候，他们就打骆驼草子，开荒种地，打猎捕鱼，千方百计地补充主副食品。

1968 年王淦昌与朱光亚、郭永怀三位科学家准备一起去核试验基地，王淦昌和朱光亚因临时有事没有走成。不幸的是，郭永怀却因飞机在北京机场上空失事而遇难，听到这个消息，人们都十分震惊，设想如果三位杰出的科学家同乘那架飞机，中国的核科学事业将是一种怎样的局面？

能者为师

在半个多世纪里，王淦昌教授除献身核物理学的研究，参与领导研制战略核武器，以增强中国的国防力量外，他还言传身教，培养了一大批科技人才。他的学生中，有著名物理学家李政道，有许多海内外知名的物理学家，还有年轻的研究生。谈起王淦昌，人们总是异口同声地说："他不愧是一代师表！"而王淦昌也总是把扶持后学作为生平最大的乐事，把发现和培养新一代科学家看成是自己对科学的一种贡献。

20世纪40年代，他在浙江大学任教时，发现一位学生十分勤奋，理解力很强。

> 要做科学家，不要当科学官。
>
> ——王淦昌

"王老师，你给我出的题目我都做完了，觉得不够味，你再出些题目让我做吧！"王淦昌给他出了一道又一道题目，他总是很快就完成了，这位学生就是后来蜚声国际的物理学家李政道。

王淦昌的勤奋好学时刻都在激励着他的学生们。许多年轻人做学术报告，他都亲自到场倾听，而且认真地做笔记。年轻人觉得很奇怪：王老那么大学问，还来听青年人的讲演。他却乐呵呵地说："能者为师嘛！"

有位名叫卢仁祥的助理研究员，在等离子体X光谱方面做出了成绩，王淦昌听说后，一再请他到北京来做报告。后来，卢仁祥不幸得了肝癌，王淦昌听说后心情十分沉重，趁到上海出差的机会，特地到医院去探视。老人坐在小卢的床边，把香蕉剥开，送到他的嘴边，鼓励他坚强起来同疾病做斗争，说："病好了一定来北京做报告，我们等着你！"病势垂危的卢仁祥这时已经米水不进，而他还是含着眼泪，挣扎着咽下了一口香蕉，10天后便去世了。

小卢逝世的前一天，嘱咐妻子把录音机放在嘴边，这位气息奄奄即将辞世的年轻人说了些什么？事后，王淦昌按下放声键，微弱而熟悉的声音传来："我卢仁祥的工作之所以能做出一些成绩，是和你父辈般的关怀分不开的，我是怀着对你感激不尽的心情，离开人世的……"

类似的感人故事，在我采访王淦昌教授的过程中，还听人们讲了许多。年近八旬时，王淦昌还带着5名研究生。他对年轻人既关心又严格要求。平时，他最反对年轻人把过多的时间花在看电影或是打扑克牌上。对不用功的学生他会说："我28岁就当教授了，你们都这么大年纪了，还不用功！"

看到有些青年不安心本职工作，一心想出国留学，他就语重心长地对他们说："我到过不少国家，其实，我们国内的大学和研究所的水平并不比外国差。出国深造的目的应该是为了今后更好地为祖国服务。怎能相信一个在国内疲疲沓沓、玩忽职守的人，到了国外会发奋读书呢？"

1986年3月，王淦昌和王大珩等4位科学家，联名向党中央提出了《关于跟踪研究外国战略性高技术发展的建议》。他们在建议书中写道："必须从现在抓起，以力所能及的资金和人才，跟踪新技术的发展进程……事关我国今后国际地位和进入21世纪后，在经济和国防方面能否进入世界前列的问题。"党中央采纳了他们的建议，聘请许多科技专家进行了深入的科学论证，国务院广采博纳，做出了正确决策，《中国的高技术发展纲要》就这样诞生了。

当时的国家科学技术委员会主任宋健说："发展高技术，是我们通向未来的桥梁。我们非常感谢四位老一代科学家，适时地提出了发展高技术的建议，他们起了我们不能起的作用。"

王淦昌教授与世长辞后，人们为了缅怀他为自然科学的发展所做出的卓越贡献，以及他为祖国的富强立下的不朽功勋，更可贵的是他为后人留下了巨大的精神财富，在他生前工作过的北京郊区原子能研究所的实验楼前，为他树立了一尊青铜塑像。如今，在这里进进出出的科学家们，每天迎着朝阳都能见到他，日落黄昏时分，微笑着的王淦昌铜像，在夕阳的余晖里熠熠闪光，仿佛在向人们祝福什么，他是在祝愿祖国明天会更美好。

为蘑菇云升起而奋斗

为蘑菇云升起而奋斗

● "中国原子弹之父"钱三强

科学家档案

钱三强（1913—1992），核物理学家，中国科学院院士，中国原子能事业的主要奠基人，被誉为"中国原子能科学之父""中国原子弹之父"。他是中国发展核武器的组织协调者和总设计师，中国"两弹一星"元勋。

2004年10月18日，英国路透社发自华盛顿的一则新闻说："美国国家情报委员会今天公布了情报档案，该档案表明，美国情报机构对中国20世纪60年代研制核武器的速度感到吃惊。同时，两国关系在自那时起的30年间，没有什么重大改变。"

这份名为《追寻龙的踪迹》的档案，包括从1948年到1976年有关中国的71份国家情报评估报告。这些报告涉及中国的内政、外交、经济和军事各方面。

退休的美国情报分析家罗伯特·休廷杰说："从某种程度上说，与档案中最后一份评估报告起草时相比，中美战略关系在过去30年中没有发生太多变化。"他说："中国仍是一个规模不大，但有效的核力量，能够经得起第一次核打击，导弹射程齐全，能够打击美国在东亚的军事基地或盟国。一些导弹的射程足以打到美国大陆。"

这位情报分析家还说，当时，中国无法对抗美国在台湾海峡部署的常规武器及核武器，而苏联的支持十分有限，这促使中国决定加速研制核武器。美国对中国核计划的情报搜集主要依靠20世纪60年代初出现的卫星技术。

1964年8月底的一份评估报告说，根据卫星图像显示："几乎可以肯定，罗布泊附近的一处设施是核试验基地。美国当时认为，中国没有足够的核裂变原料，在年底之前不会进行核试验。但是，中国在1964年10月16日成功地进行了核爆炸试验。"

"中国核计划的发展速度，仍然是令人吃惊的一件事。而且，这种进步是在中国经济十分困难，'文化大革命'导致政治制度越来越混乱的情况下取得的。"

那么，中国核计划的发展速度，为什么在极其困难的情况下，却快得惊人呢？从当时参加领导研制中国"两弹"的著名物理学家钱三强教授的非凡经历中，我们也许能找到一些答案。

在中国的核科学发展史上，钱三强的名字频频出现，熠熠闪光。人们对物理学家钱三强也许不太陌生，但是对于他和中国的原子弹、氢弹等核武器研制工作的关系，可能知道得并不多。

2003年8月6日，俄罗斯《新闻时报》发表了一篇文章，题为《原子能问题是如何破坏苏中友谊的》。文章说："还在1949年春，即中华人民共和国正式成立半年前，中共领导人就派了物理学家钱三强前往欧洲参加和平大会。他此行的目的是为了购置现代物理研究所所必需的资料和设备。在法国科学家弗雷德里克·约里奥·居里的帮助下，这一目的达到了。1954年10月，在赫鲁晓夫访华期间，毛泽东第一次提出请莫斯科帮助中国制造核武器。赫鲁晓夫没有做出任何承诺，并劝说毛泽东放弃这一不切实际的计划，因为中国不具备相应的工业基础和经济实力……"

人们不禁要问：在没有外国援助的情况下，中国是如何在新中国成立后短短十几年间，就先后研制成功了原子弹和氢弹的呢？我在既往岁月的采访中，曾不止一次地和钱三强教授交谈，也向他提出过类似的问题。

20世纪80年代到90年代，钱三强担任中国科学院副院长，同时还兼任核工业部副部长。他虽然身居要职，却十分平易近人。他讲话很幽默，爱开玩笑，因而我这个晚辈记者对他讲话也很随便。

"三强同志，人们都说您是中国的原子弹之父，是这样吗？"有一天，我问他。

"噢，话不能这么说——"他听了，慢条斯理地笑着对我说："我国发展原子能事业是比较快的，外国从原子弹到氢弹，一般要花四至七年的时间，而我们只花了两年多时间。我们之所以能赢得这样快的速度，这不是哪一个人的功劳，更不是我个人的功劳，而是在毛主席、周恩来总理、聂荣臻同志的亲切关怀下，在广大科技人员、干部、解放军战士和工人的大力协作下取得的。我只是在自己的岗位上，像一名普通战士那样，做了自己应该做的工作。"

其实，我国这个震惊世界的伟大成就，是和钱三强有着极为密切关系的。

要为中国人争口气

钱三强出生在江南著名的文化古城浙江绍兴的外婆家中。他的上两代一门五人都是中国近百年来优秀、杰出的文学家、教育家和外交家，"钱氏一门俊秀"是名不虚传的。他父亲钱玄同，早在日本留学期间，就在章太炎先生的鼓励下参加了反对清朝统治的活动。五四运动期间，钱玄同和陈独秀、李大钊等人一起编辑《新青年》杂志，投身反帝反封建运动。当时，钱玄同和鲁迅交往甚密。鲁迅发表在《新青年》杂志上的第一篇小说《狂人日记》，就是经钱玄同屡次约稿后写作的。

钱三强出生的时候，父亲钱玄同在湖州中学做教员，钱三强九个月大时随父母来到北平。离吴兴不远的绍兴，出过许多志士仁人、学者名流。孩提时代，父母给他讲过许多感人的故事：鉴湖女侠秋瑾女扮男装好义行侠，被捕后视死如归，英勇就义；蔡元培先生在钱三强的曾外祖父藏书楼里刻苦读书……这些都深深地铭刻在了幼年钱三强的心里。

钱三强长大后，逐渐懂得了中国人受气的根本原因：落后的封建统治和落后的工业。

16岁时，钱三强从蔡元培先生当校长的孔德学校毕业了。随后，进入北京大学理学院念预科。

当时，北京大学理学院人才济济。刚从美国留学回来的吴有训教授在这里兼课，他教了一门新课——近代物理。钱三强旁听了吴有训教授讲的课，自学了英国科学家罗素写的《原子新论》。1932年，他考入了清华大学物理系，指导他写毕业论文的就是吴有训教授，内容是关于真空技术方面的理论。

在钱三强求学的年代里,他每年都要参加几次学校举办的国耻纪念日:九一八、"一二·八"……

环境促使他不断地思考着这样一些问题:"我们中国人为什么总是受气?""中国人真的不行吗?""怎样才能为国家争口气?"

年轻的钱三强置身于山河破碎、同胞备受凌辱的痛苦煎熬中,他渐渐地把受气变成了不服气。随着年龄的增长,他又萌生了"要为中国人争口气"的强烈愿望。

在清华园里,他参加了震撼中外的"一二·九"怒吼。在惊天动地的学生运动中,他奋不顾身地参加游行示威,从北平郊区的清华大学出发,一路上高呼着"打倒汉奸!""反对卖国!"的口号,涌进北平城,向国民党当局请愿。

四年的大学生活就这样在拯救祖国母亲的奔走呼号中结束了。经吴有训教授推荐,钱三强毕业后进入北平研究院物理研究所工作。在这里,他在所长、著名物理学家严济慈教授的指导下,从事铷分子光谱的研究工作。

20世纪80年代的一天,我在中国科学院召开的严济慈教授的入党大会上,聆听了钱三强教授深情地回忆了当年严济慈教授推荐他赴法国留学的往事。

那是1937年初春的一天,钱三强正在研究所的图书室里看书,严济慈教授匆匆走来对他说:"听说你过去在中学学过法语,现在还记得吗?"

"忘了不少,查着字典还可以看看文献。"钱三强回答。

"那好,我来考考你的法文程度。"说完,严济慈教授顺手从书架上拿了一本法文杂志,让钱三强念了一段,并叫他翻译成中文。

"还行啊,你把手头的工作放一放,准备留学考试吧!"

就这样在严济慈教授的鼓励下,钱三强考取了中法教育基金委员会留法公费生的"镭学"名额。

不久,24岁的钱三强挥泪告别了双亲,告别了祖国,满怀为祖国争口气的壮志,乘船去了法国。

在居里实验室

1937年冬末的一天,钱三强到达巴黎。当时,严济慈教授正在巴黎考察光学仪器制造,他亲自领着钱三强到巴黎大学镭学研究所会见了约里奥-居里夫人。

1896年亨利·贝克勒耳发现了放射性现象，两年以后，波兰籍的法国著名科学家居里夫人和她的丈夫皮埃尔·居里先生发现了两种放射性很强的元素——镭和钋。这些重大发现开辟了人类认识放射性物质的新纪元。不久，居里先生因车祸不幸去世。巴黎大学专门为居里夫人建立了镭学研究所。后来，居里的女婿和女儿约里奥－居里夫妇继续在这个研究所工作和指导科学研究。全世界许多杰出的科学家慕名前来求教。在钱三强到来的五年前（1932年），约里奥－居里夫妇对原子核的重要组成部分——中子的研究取得了重要成就，1934年又发现了人工放射现象。这个发现使人类对原子核的了解更深刻了，推动了放射性同位素的广泛应用。

约里奥－居里不仅是一位举世闻名的物理学家，而且是位爱国者和反法西斯战士，这位巴黎公社社员的儿子和他的夫人——老居里夫人的女儿伊伦，非常同情被日本侵略者践踏的中国人民。因此，当严济慈教授把钱三强领来时，两位科学家很高兴地收下了这个来自受压迫国家的学生，并且亲自指导他做博士论文。

为了使钱三强学到最新的实验技术，他们让他到法兰西学院原子核化学实验室工作，因为那里有当时法国最先进的实验设备——法国的第一台回旋加速器。

钱三强深知这次留学的机会来之不易，非常勤奋地学习与工作。那时候，除了受难的祖国时时牵动着他的心外，他把全部时间和精力都用在了做核物理实验上。

钱三强到居里夫妇的实验室不久，约里奥 居里夫人和南斯拉夫科学家萨维奇合作，发现铀和钍受中子打击后，产生了一种非常像镧的放射性元素。后来，德国科学家哈恩和斯特拉斯曼也发现铀和钍受中子打击后产生一种非常像钡的放射性元素，经过精细的化学分析，它确实是钡。这些实验结果说明，铀和钍受中子打击后，可以分裂成两个质量差不多的原子核。这就是原子核裂变现象的发现，这是1938年年底的事情。

1939年年初，约里奥－居里夫人与钱三强共同做一个实验，目的是观察用中子打击铀的原子核和钍的原子核得到的非常像镧的放射性元素放出的β射线能谱。实验时，约里奥－居里夫人做放射源，钱三强用（为博士论文准备的）云雾室拍照片，师生经过两个星期的紧张工作，最后证明两者的能谱一样，是同一物质。这个实验用物理的方法为重原子核的裂变理论提供了有力的证据。

不久，约里奥-居里用低压云雾室拍摄了世界上第一张记录有原子核裂变碎片的照片，直接证实了原子核裂变现象的存在。这一重大发现使人类对原子核的研究进入了新时期。那天，钱三强从实验室出来，非常兴奋地对正在法国留学的水声学家汪德昭说："你知道原子核裂变释放能量有多么重要的意义吗？这种能量将来如果为人类服务，那该多好！"过了片刻，他又说："可是，如果用来制造武器，后果就不堪设想了！"

钱三强的这番话很有预见性。6年以后，美国人利用原子核裂变的原理造出了世界上第一颗原子弹。

约里奥-居里夫妇和他们的中国学生钱三强，当年在努力弄清原子核的内部结构和裂变的威力时，都是梦想人类能够和平利用原子能。在这之后，约里奥-居里又和别人合作，发现了原子核裂变的连锁反应。美国和英国科学家也差不多同时观察到了这种现象。原子核物理的这些重大发现令人振奋，令人鼓舞。钱三强很快完成了博士论文，他想到受难的祖国，所以更加努力地向原子核物理这个即将震撼世界的科学领域挺进。

德国人占领法国以后，约里奥-居里毅然参加了法国共产党，担任了法国地下抵抗运动的副主席。在法兰西沦陷期间，他怀着满腔悲愤和爱国热忱从事科学研究，同时很机警地做地下工作。他和钱三强既是师生关系，各自的祖国遭受侵略者蹂躏的遭遇又把他们的心紧紧地连接在一起。那时，钱三强虽然人在法国，心却时时牵挂着遥远的祖国，他从报纸上和亲人们的来信中关注着正在中国进行的战事。后来，在中共旅法党支部的帮助下，他得到了来自中国解放区的书籍和报纸、刊物，如饥似渴地阅读了毛主席的《论联合政府》和美国记者斯诺写的《西行漫记》。从此以后，他对未来的新中国十分向往。

当时，国际上一般学者认为，原子核在分裂的时候只有分为两个碎片的可能，这个被约里奥-居里夫妇十分器重的年轻人没有被权威们的论断束缚住，他想："人类对自然界的认识是无止境的，会不会还有别的裂变方式呢？"

这时，在德国留学的何泽慧也到了巴黎。她是钱三强在清华大学的同班同学，他们在1946年年初结婚。钱三强决定和何泽慧一起，进一步研究原子核的裂变现象。

他的想法得到了约里奥-居里夫妇的热情支持。试验开始后，钱三强和几位年轻人经过夜以继日地工作，他们用核乳胶技术发现铀的原子核受中子打击之后，大约在300次裂变中，有一次分裂成了3个碎片，这个重大发现使得他们异常兴奋，但是，他们并没有立刻声张，而是继续做试验。那时还没有电子计算机，钱三强和何泽慧又观测了上万次，每发现一次异常现象，都要做大量的计算，经过一段时间的艰苦研究，他们终于在1946年年底证明了：铀的原子核在中子的打击下，不仅可以分裂为二，而且可以分裂为三；三个裂片轻些，它是向两个重裂片约成垂直方向射出的。后来，何泽慧又发现了铀原子核的"四分裂现象"。

科学家档案

何泽慧（1914—2011），江苏苏州人，核物理学家，中国科学院院士。1936年毕业于清华大学。1940年获德国柏林高等工业大学工程博士学位。1980年当选为中国科学院学部委员。中国科学院高能物理研究所研究员。钱三强、何泽慧夫妇一起发现了铀核三分裂、四分裂现象，被誉为"中国的居里夫妇"。

1947年春天，钱三强和何泽慧对铀原子核"三分裂"的机制提出了解释。这些发现使人类对原子核的裂变现象有了更深刻的了解，受到法国科学界的赞誉，被人们认为是第二次世界大战以后约里奥-居里实验室第一个重要的贡献。

取得上述成就之后，钱三强和夫人何泽慧对约里奥-居里夫妇谈了准备回国的想法。两位科学家听了都很高兴。

"我要是你，也会这样做的！"约里奥说。

"祝愿你们回去以后为你们的祖国和人民好好地服务！"伊伦也祝愿他们说。

分别的时候，钱三强的法国老师送给他一份两个人都签了名的鉴定书，上面用法文写着："10年间，在那些到我们实验室来并由我们指导工作的同代人当中，他最为优异。我们这样说，并非言过其实。"

在法国期间，钱三强先后发表了三十多篇论文，获得了法国国家博士学位和法国科学院颁发的亨利·德－巴微物理学奖金。1944 年和 1947 年，他先后担任了法国国家科学研究中心的研究员和研究导师的职务。

制成原子弹只是时间问题

1948 年 5 月里的一天，钱三强和何泽慧抱着刚半岁的女儿祖玄，告别了法国和他的法国老师，从地中海上船回国。通过赤道炎热的旅程，回到了阔别 11 年的祖国。

1948 年冬天的一个夜晚，清华大学物理系全体师生齐聚一堂，热烈欢迎钱三强回母校任教。当时，正是中华人民共和国成立前夕，清华园里仍维持着旧的统治。在茶话会上，钱三强慷慨激昂地针砭时弊，他说："这次我回到祖国，看到国内科学界的情形与若干年前没有多大区别，各大学之间的门户之见，甚至各系之间的摩擦依然存在。"

他对在座的大学生们说："诸位是未来中国科学人员的后备军，我希望你们将来进入社会要根除这种毛病，要打破为清华，或者为清华物理系工作的观念。你们要努力的是为整个中国物理界！"

从钱三强的这番话中不难看出，他已突破自己工作的小圈子，把目光投向了未来新中国的广阔天地。正因为如此，在此后的岁月里，他不仅成功地开创了中国的核物理科学，而且把科学家们组织起来，在很短时间里就研制出了中国的原子弹和氢弹。

就在这次茶话会上，他还给同学们谈了欧美各国关于原子弹的研制情况。暗示将来有一天，中国为了自卫和反对核讹诈也应当迎头赶上。他很有信心地说："一个国家有了铀矿，如果政府又能充分重视原子能的研究，研究经费比较充裕而又有研究人才的话，原子弹的制成只是时间的问题。"

不久，中华人民共和国成立了。一个月后，中国科学院成立。

起初，钱三强在筹建近代物理研究所时遇到了种种困难。当时，连他和何泽慧在内总共只有五个人。这些留学归来，在国际上已经崭露头角的知名青年物理学家，面对着窘困的工作环境,没有退缩,没有气馁,而是挽起袖子在北京的一个旧式四合院里,开始了新中国原子能科学的艰苦创业。

旧中国留下的只是一片废墟。连最简单的仪器都没有,再加上以美国为首的西方国家的禁运、封锁,可以说是困难重重。他们怀着建设新中国的满腔热忱,决定从零做起。没有仪器,就骑着自行车到旧货店里采购器材,自己动手研制;没有从事核物理研究的人才,就自己培养。不久后,在国外工作的一些青年,其中包括邓稼先等人也陆续归来,参加了研究所的工作。到1955年,平地起家的近代物理研究所,已经扩大到了150人左右。

有一年,钱三强和郭沫若院长一起出席一个国际会议,他出于发展科学事业的急切心情,建议出国时采购一些科学仪器。可是,他很快又对自己的建议后悔了:"现在百废待兴,提出花钱办这些事,这不是给国家增加困难吗?"

不料,这个建议很快被采纳了。李维汉在中南海开会时,告诉他说:"党中央认为你的建议很好。尽管我们的经济还很困难,还是决定拿出一笔外汇请你办这件事。"

钱三强听了,非常激动:"国家刚刚建立,就把科学工作放到议事日程上来,比我想得更远。"他由此感到,一名科学家在新中国将会大有用武之地。

在钱三强的记忆里,1955年的春天是难忘的。这一年的1月14日,周恩来总理把他和李四光请到中南海,详细地询问了中国核科学研究人员、设备和铀矿地质资源的情况,还认真细致地了解了核反应堆、原子弹的原理和发展核能技术所需要的条件。第二天,即1955年1月15日,毛主席在中南海主持召开了中共中央书记处扩大会议。会议听取了李四光、刘杰、钱三强的汇报,研究了我国发展原子能事业的问题。

毛主席听完汇报后非常高兴地说:"我们国家,现在已经知道有铀矿,进一步

> 各种科学发现往往具有一个共同点,那就是勤奋和创新精神。
> ——钱三强

勘探一定会找出更多的铀矿来。解放以来，我们也训练了一些人，科学研究也有了一定的基础，创造了一些条件，过去几年其他事情很多，还来不及抓这件事。这件事总是要抓的，现在到时候了，该抓了。"会后，毛主席和到会的人一起吃饭，他举杯向大家祝酒说："为我国原子能事业的发展干杯！"

会后，由钱三强等人组成领导小组，加紧了培养发展原子能事业的科技人才的工作。为了使全国都来关心和重视原子能事业的发展，钱三强等还和各高校的教授们组成宣传团，到全国各地宣讲关于原子能的科普知识。与此同时，他还率领数十位科技人员到苏联学习，考察核设施。从法国归来后，钱三强历尽艰辛，同物理学家彭桓武、王淦昌等人创建的中国的核科研机构已为国家培养了大批人才。

20世纪50年代末，苏联撤走专家，使我国研制原子弹的工作一度陷入困境。在这紧要关头，钱三强推荐朱光亚、王淦昌、彭桓武等科学家，带领当时还较年轻的邓稼先、周光召、于敏、胡仁宇等人，在党中央领导下，奋发图强，自力更生，大力协同，终于使中国第一颗原子弹如期爆炸。在这之后，他又参与领导了中国第一颗氢弹的研制工作。

在和钱三强教授的接触中，有许多事情使我至今难忘。

1980年广州粒子物理理论讨论会在从化召开。钱三强主持了那次有全世界华裔物理学家参加的盛会。一天深夜，他突然派人把我找到他的住处，问我说："顾迈男同志，李政道今天在会上的报告你发新闻了吗？"

"发了。"我说。

"你先扣下。"钱三强说。

"为什么？"我不解地问。

"我把杨振宁的报告安排到了闭幕那天，你等我把杨振宁的报告提前安排了，李、杨的两篇报告一起发新闻，好吗？"过后，我按他的叮嘱办了。同时，很敬佩他处理问题的细心周到。

培养年轻科学家

我最后一次见到钱三强教授，是在1989年，编辑部派我邀钱三强谈谈如何对青年科技人员进行爱国主义教育的问题。在这次采访中，钱三强语重心长地对我说："中华民族是个多灾多难的民族，自鸦片战争以后的一百多年，经历了近现代史上相当艰苦的民族求自存的历程。可以说是经过了多少代人艰苦奋斗才得到的独立。我是民国二年（1913年）出生的。已是孙中山领导的辛亥革命之后，经过了北洋军阀和国民党统治时期，在旧中国也待了三十多年。抵抗外国列强入侵，求得自存，使国家强盛起来，是我们这样一个年龄上下的人共同追求的目标。我们在国内奋斗，到国外求学，总想把他国强盛起来的经验拿到手，并不是只图个人待遇如何。1949年新中国成立，国家独立的心愿才真正得以实现。"

钱三强说："像我们这样一个被压迫的国家，独立之后，要一点点自强起来，不仅现在的年轻人要艰苦奋斗若干年，而且需要一代两代，甚至几代人的努力。青年们（当然包括青年学生和科技战线的年轻人）肩负着建设未来国家的历史重任，了解国家的过去是很重要的，只有这样才能更好地面向未来。青年们应当好好学习我们民族受压迫的历史，也就是说中国的近代史、现代史，了解中国在共产党领导下发生的变化，取得的成就。为了求得民族的自存，我认为不仅我们这一代，下一代、下两代人对中国的近代史、现代史都非得好好地学习不可。否则，就无法理解我国的经济同发达国家有差距，以及怎样通过艰苦奋斗把经济搞上去，逐渐地使我们的国家富强起来。"

听了钱三强教授的一席话，我不禁问道："现在一些留学生对国内的政策有疑虑，在国外学成后有的不想回国效力，国内有人很担心人才外流不利于国内建设，不知您对这个问题有何看法？"

钱三强说："还是应当选派优秀的年轻人出国学习，否则许多新的信息得不到。国际上科学技术发展日新月异，新的东西五年左右就落后了。党中央已经再三重申改革、开放的政策不变，因此，尽管目前留学生滞留国外的还比较多，但是最近就有成绩优秀者回来，估计回国的比例会逐年增加，关键是国内要振奋起来，在国外的人脸上也有光。今后只要对出去的人思想教育抓得紧一点，国内工作搞得好一点，留学生学成后就会有越来越多的人归来。"

在这次内容广泛的谈话中，我还向钱三强教授提出如何消除一些腐败现象的问题。

关于这个问题，他说："历史上，我们党内出现的问题都是自己觉悟了改正的，而不是靠外力。"他表示相信腐败现象会得到清除，国家会愈益强盛起来。

当我们的话题转到科技战线时，钱三强说："人们越来越感到国家要强盛起来，是离不开科学技术的，青年们也应懂得这个道理。因此，我希望年轻人（一切有志于使中国摆脱落后状态的青年们），在学习历史知识的同时，应致力于科学技术知识的学习，不要对自己国家妄自菲薄。我们新中国成立时，科学技术十分落后，只用了15~20年，就实现了原子弹、氢弹、核潜艇的突破，跻身于五个核大国之列。主要原因是在中国共产党的领导下，走了社会主义道路，调动了全国各方面的力量，协同作战完成的。我国的科学技术现在和发达国家还有差距，应当脚踏实地刻苦学习，树立信心赶上去。"

谈到这里，钱三强教授加强语气回忆往事说："当年，正是我们这一部分人不仅理解马列主义，而且了解中国的实际，才能结合我国的国情把科技队伍训练和组织起来，又有些人把世界各国最先进的东西带回来。作为一名中国人，要有在自己或下一代的手里使中国强大起来的强烈愿望。因此，新中国成立后接连取得了许多重大的科学技术成就，其中包括举世瞩目的原子弹、氢弹的爆炸成功，提高了我国的国际地位。"

当我问起他当年在居里夫妇指导下，发现铀原子核的"三分裂""四分裂"现象，从而推动了原子能的广泛应用时，他说："现在世界科学技术的发展越来越快，过去由自然科学原理的发现到实际应用一般需要10年以上，现在时间缩短了。同时，新的科学生长点常常在两门或两门以上的学科交叉点上，因此，每位科学工作者还要扩大自己的知识面，注意交叉科学。比如生物、化学和物理科学的交叉会对生物科学与生物工程起很重要的作用。在这种新兴的科学领域内，集体协作的精神是非常重要的，靠一个人的努力根本不可能了。"

最后，他对我说："后生可畏，我相信经过不断学习和反省，中国会涌现出大批优秀的青年知识分子，他们会接好老一代科学家们的班，把饱经忧患的中华民族引向繁荣和富强。"

1992年，钱三强教授与世长辞，终年79岁。

此生不需浮名伴

•记核物理学家朱光亚

科学家档案

朱光亚（1924—2011），湖北武汉人，中国核科学事业的主要开拓者之一，吉林大学物理学创始人之一，"两弹一星"功勋奖章获得者，入选"感动中国2011年度人物"，被誉为"中国工程科学界支柱性的科学家""中国科技众帅之帅"。

2004年12月24日，中共中央总书记、国家主席、中央军委主席胡锦涛专程到著名物理学家朱光亚教授的住处看望他，代表党和国家感谢朱光亚教授为我国科学技术事业，特别是国防科技事业所做的杰出贡献。面对党和国家的表彰，朱光亚教授是当之无愧的。

20世纪80年代，我曾多次到国防科学技术工业委员会采访著名物理学家朱光亚。在采访邓稼先之前，我首先拜访了朱光亚，征求他对这次采访的意见。

那天，在朱光亚教授的办公室里，他热情地接待了我。朱光亚建议我去邓稼先工作的地方——九院（即我国核武器研究院）采访："到了九院，你可以到处看看，你是第一个去九院采访的记者。"

朱光亚说，当年九院的条件比较艰苦，在研制"两弹"的过程中，"我就像个瓶口子，所有情况都在我这里汇总，经过过滤，往上报……"

在这之前，我曾听说，朱光亚教授早年曾去美国留学，回国后数十年间投身到中国的国防科研组织领导工作中，他也是名副其实的"两弹元勋"。因此，我对他的人生经历也很感兴趣。

于是，采访完邓稼先后，我又专程拜访了朱光亚。

学成毅然回国

朱光亚出生在湖北宜昌，1945年从昆明西南联合大学物理系毕业，次年经吴大猷教授推荐赴美国密歇根大学深造。

谈起往事，朱光亚教授很感慨。他的人生经历可以说充满了传奇色彩，他参与研制中国"两弹"的故事，真是说来话长。

中国人研制原子弹的梦想在旧中国时就已经有了。那是1946年，蒋介石在庐山的别墅里提出要设法制造一颗原子弹。

蒋介石的这个梦想是从1945年8月6日那个震惊世界的日子开始的。那天，日本时间大约是凌晨1点45分，3架美国B-29轰炸机，从西太平洋上一个名叫提尼安的小岛上起飞，8点13分飞向日本广岛，丢下了一颗代号叫"小男孩"的大型黑色圆筒状的原子弹。后来发生的事情就举世皆知了。

原子弹的出现，产生了巨大的军事威慑效应，同时也给人类带来了巨大灾难。就连最反对核讹诈的法国著名科学家约里奥-居里，20世纪50年代初也对即将回国的中国放射化学家杨承宗说："你回国以后，请转告毛泽东主席，你们要反对原子弹，你们自己必须有原子弹！"当时，一些科学技术发达的国家无不梦想拥有它。

可是，这种新式的秘密武器究竟是怎样研制出来的呢？当时除了美国人之外，世界各国尚无人能够制造。

美国在广岛、长崎投下原子弹对全世界产生了巨大影响。当时中国国民政府主席蒋介石也想制造原子弹，他让兵工署署长、国际弹道学家俞大维博士想办法。俞大维提出，造原子弹首先要向数理化方面的科学家请教。在蒋介石的支持下，俞大维和军政部部长陈诚邀请著名数学家华罗庚、物理学家吴大猷、化学家曾昭抡秘密讨论研制原子弹事宜。三位教授很快拟订了一份计划，并建议派遣一个科学考察团去美国，争取到美国曼哈顿工程（美国研制原子弹的工程代号）的研究生产机构考察、学习制造原子弹的技术。

蒋介石批准了这个建议。除三位著名专家教授外，还在数、理、化三个领域分别挑选两位优秀青年学者组成考察团。华罗庚挑选了孙本旺，到美国后又挑选了徐贤修。吴大猷挑选了朱光亚和李政道，曾昭抡挑选了唐敖庆、王瑞酰。

临行前，蒋介石把科学家们召集到庐山，鼓励他们："你们到了美国，要好好地学，早去早回！"并说，"你们学成归来后，我给你们钱，给你们房子，尽快造出原子弹！"

1946年8月的一天，远洋轮船"美格将军号"驶离黄浦江码头，奔向北美洲。曾昭抡教授已先期赴美，吴大猷教授因需去英国开会再转道美国，也未能同行。于是朱光亚与李政道、唐敖庆等跟随华罗庚教授，就这样踏上了去美国的旅程。他们在海上历尽漂泊之苦，在旧金山一上岸，就听到了令人沮丧的消息，先期到达美国的曾昭抡教授对他们说，他到美国以后，经过一番奔走，毫无收获，美国政府不同意外国人进入原子弹研究机构，本来已经参加曼哈顿工程的外国人都被赶了出来！

"现在,各位既然来了,那就各奔前程吧！"考察团就这样解散了。之后，华罗庚、吴大猷、曾昭抡等教授们到美国大学里教书、做研究，青年学者们则分别进入各大学读书学习。

朱光亚随即进入密歇根大学研究生院从事实验核物理的学习和研究，不久便取得显著的研究成果，在美国 Physical Review（《物理评论》）等顶级刊物上发表了系列论文，在核物理这个新兴的前沿科学领域留下了他创新探索的足迹。

1950年2月，年仅25岁的朱光亚获得物理学博士学位后毅然回国。在回国途中的轮船上，他与51名留美同学联名写了《致全美中国留学生的一封公开信》，呼吁留学生回来参加新中国的建设。这封信发表在《留美学生通讯》1950年3月18日第三卷第八期上，在海外中国留学生中产生了极大反响。

随后，朱光亚教授又对我谈了回国以后的经历。

到东北打"老虎"

1950年，朱光亚怀着报效祖国的满腔热忱回到了刚刚诞生的新中国。回国后，他脱掉了西装，穿起列宁服，兴致勃勃地跟随土改工作队到大别山等革命根据地去参加土改，访贫问苦。先是担任北京大学物理系副教授。"国家还这样穷，刚刚翻身，首先应该把人才培养出来，才能把国家建设起来。"他怀着这样的愿望，走上了北京大学的讲台，满腔热情地投入物理学教学第一线。在完成繁重教学任务的同时，他仍然没有忘记中国的原子弹梦想。1951年5月，商务印书馆出版了他的专著《原子能和原子武器》，书中介绍了原子能的发展、原子弹研制、氢弹秘密等内容，是我国系统介绍和论述这方面知识的早期著作之一。

1952年初的一天，一位同学走来对他说："朱老师，考考您的英语！"

师生二人用英语一问一答地对了一会话。最后，学生满意地对老师说："Very good！"

学生考老师的原因很快便清楚了。事后，朱光亚回到家里对妻子许慧君说："我要走了。"

"到哪里去？"

朱光亚想到组织上叮嘱要保密的话，便诙谐地回答说："呵，到东北打'老虎'去！"许慧君见他有难言之隐，便没有再问。几天之后，他便以高级翻译的身份跟随志愿军进入了朝鲜战场。在炮火连天的战场上，他出生入死，随部队到达朝鲜开城，作为志愿军停战谈判代表团成员，在举世闻名的板门店谈判中与美军周旋。

1952年年底回国后，他奉调进入东北人民大学，参与组建物理系，先后担任教授、教研室主任、系副主任、系代主任。在教师少、教学任务繁重的情况下，他一方面主讲力学、热学、原子物理学等大课，一方面注重在工作中培养青年师资，加强学科建设。在朱光亚和其他同志的共同努力下，短短几年时间，东北人民大学物理系便跻身全国高等院校物理系的前列，先后培养了许多优秀人才。陈佳洱、宋家树、王世绩等院士都是朱光亚当年的学生。

1955年1月党中央做出建立中国原子能工业的战略决策之后，5月，朱光亚奉命与胡济民、虞福春等调入中国科学院近代物理研究所（1958年改称原子能研究所，即现在的原子能研究院）筹建物理研究室（1956年划归北京大学，后改称技术物理系），担负起尽快为我国原子能科技工业培养专业人才的重任。当时，钱三强教授称朱光亚"终于归队了"，这位核物理学家又回到了核物理专业队伍。

1957年，朱光亚又调任原子能研究所中子物理研究室副主任，参与组织苏联援建的核反应堆建设和启动工作，并带领年轻人开展中子物理与堆物理实验研究，设计、建成了国内第一座轻水零功率装置，为掌握堆物理实验技术迈出了第一步。

　　1957年10月，中国与苏联签订了国防新技术协定。按照协定，苏联政府援助中国研制原子弹，并向中国提供原子弹教学模型和图纸资料。

　　"你们要给的究竟是个什么模型，能不能给我们谈谈？"二机部负责人问道。苏联专家听了却总是支吾、搪塞。再追问时，苏联专家说："跟你们谈，谈不清楚，找科学家来！"于是，李觉他们把邓稼先找了来，苏联专家还是不谈。按照协定，苏联原先答应把原子弹教学模型运到满洲里，然后再转运进北京。可是，派人到满洲里车站接了几次，始终也没有接到那个神秘的原子弹教学模型。经过二机部负责人宋任穷、刘杰等再三要求，一天，苏联专家组组长聂金答应在小范围内谈谈模型，但不能做记录。会上，大家鸦雀无声地听着，谈着谈着，苏联专家突然不谈了。原来他发现在场的中国人员有人在做记录。见这情形，宋任穷赶紧制止说："别记啦，别记啦！快把笔记本都给我！"

　　求人的艰难，使每个在场的中国人都刻骨铭心。

　　当然，苏联专家中也有真诚愿意帮助中国的，比如有位名叫加弗利洛夫的科技顾问，就对中国核武器研制工作提出了许多有益的建议。他还建议要有一位科学技术领导人，并特别点名要见青年核物理学家朱光亚，说是在来中国之前，由诺贝尔物理学奖获得者塔姆院士推荐的。可惜，加弗利洛夫1958年9月初被召回国，以后再也没有来中国。接替他的是烈杰涅夫，也就是后来被大家称为"哑巴和尚"的那位专家。

　　1959年6月，苏共中央致信中共中央提出暂缓按协定向中国提供原子弹教学模型和图纸资料。中共中央经过研究决定，"自己动手，从头摸起，准备用八年时间搞出原子弹"。

　　根据工作需要，二机部部长宋任穷委托副部长兼原子能所所长钱三强挑选一位原子弹研制工作的"科学技术领导人"。钱三强经过深入考察和物色，推荐了正在原子能研究所工作的朱光亚。20多年后，钱三强撰文专门谈了当年推荐朱光亚的原因："当时他还属于科技界的'中'字辈，仅三十五六岁，论资历不那么深，论名气没有那么大。那么为什么要选拔他，他有什么长处呢？第一，他具有较高的业务水平和判断事物的能力；第二，有较强的组织观念和科学组织能力；第三，能团结人，既与年长些的室主任合作得很好，又受到青年科技人员的尊重；第四，年富力强，精力旺盛。实践证明，他不仅把担子挑起来了，而且很好地完成了党和国家交给的任务，做出了重要贡献。"

1959年7月里的一天，宋任穷等人把朱光亚请到自己的办公室里，说："光亚同志，我们想请你到九所（核武器研究所）参加领导原子弹的研制工作，你看怎么样？"听了这个决定，朱光亚的心情是激动的。他没有想到，学生时代那个曾经漂洋过海追求过的梦想，那个被拒之门外破灭了的幻梦，现在有可能在自己的国家，用自己的智慧和双手变为现实了。兴奋不已之余，平时沉稳、喜怒不形于色的朱光亚暗自下定决心，要尽最大努力带领广大科技人员攻破原子弹的技术难关，强大中国的国防。

"我就这样从20世纪50年代末投身到核武器的研制工作，到如今已经几十年了，我这一辈子主要做的就这一件事——搞中国的核武器！"回忆往事，朱光亚教授感慨地说。

研制原子弹

年仅35岁的朱光亚被任命为九所（核武器研究所，1964年2月改称九院）副所长，全面负责核武器研制中的科学技术工作。他在九所住了下来。一天，他独自一人坐在那里思索了一会儿，然后站起来走到办公室的小黑板前，用粉笔写了两句话："不打无准备之仗，不打无把握之仗！"

这时，二机部遵照党中央确定的方针，已经决心依靠我国自己的力量完成原子弹的研制任务。朱光亚与李觉、吴际霖、郭英会等九所领导经过全面考虑，立即改变原来的部署，根据我国当时的条件，制订了科学研究工作计划，明确提出原子弹研制工作要完全建立在自己科学研究的基础上，自己研究、自己试验、自己设计、自己装备。

当时，无论从哪方面说，朱光亚都是不轻松的。

他刚到九所工作时，大家对苏联专家的帮助还抱有一线希望。

"一定要虚心向苏联专家学习，要按毛主席的话做：先写正楷，后写草书。"宋任穷对下面的工作人员说。

然而，1960年7月，苏联突然全部撤走了在华工作的专家，并停止供应一切技术设备和资料。

党中央研究了当时的形势，毛主席指出：要下决心搞尖端技术。赫鲁晓夫不给我们，极好。如果给了，这个账是很难还的。

根据党中央的决策，二机部提出了核工业在新形势下的总任务是：三年突破，五年掌握，八年适当储备。具体要求是，争取在五年内（1960—1964年）自力更生研制出原子弹，并进行爆炸试验。

为了集中力量突破原子弹的技术难关，经朱光亚与九所其他领导建议，二机部向党中央请求，从中国科学院和全国各地区各部门选调了郭永怀、程开甲、陈能宽、龙文光等高中级科技人员，又将王淦昌、彭桓武等高级研究人员从二机部原子能研究所调到九院。这批科学家和工程师会同

先期参加核武器研制工作的朱光亚、邓稼先等人，基本形成了中国核武器研制工作的科技骨干力量。

中国人依靠自己的人力和物力能不能把有关的核设施建成？能不能造出原子弹呢？全世界都在关注着。

各方面的著名科学家和工程技术人员相继调到九院以后，攻克了一个又一个科学技术难关，人们经常是通宵达旦地工作着。宋任穷、刘杰、钱三强、李觉、吴际霖等知人善任，对朱光亚、王淦昌、彭桓武等科学家们充分信任，放手让他们工作，

并尽可能地给予了帮助，包括物质的和精神的。

许多年以后，朱光亚回忆说："在九院这个既像工厂，又像学校的奇特的研究机构里，当时，每个人的情绪都处于亢奋状态，各个实验室里天天晚上灯火通明。"

宋任穷对朱光亚他们说："你们给我也办个出入证，这样我就可以直接到实验室去！"

为了激励人们的斗志，1963年8月，当时的二机部部长刘杰赴青海基地检查工作时，决定把苏联来信拒绝提供原子弹教学模型和图纸资料的日期（1959年6月）作为中国第一颗原子弹研制工程的代号，即命名为"596"工程。

研制原子弹是一项综合性很强的大科学工程，涉及理论、试验、设计、生产等各个方面，需要多学科、多专业的密切配合。1959年新中国刚刚成立10周年，科技与工业基础仍然十分薄弱，专业人才也很少，加上正赶上三年自然灾害时期，国家经济困难，国外又实行封锁禁运。在这样的条件下，要短期内突破原子弹技术非常不容易。朱光亚与李觉、吴际霖等九所领导同志一起，组织大家制定规划、选调人才、组建机构、建立设施，迅速而又扎实地开展工作。朱光亚与吴际霖负责全所（院）的科研管理，他们组织各方面专家和科技人员精心选择目标，分解任务，确定应该研究的主要科学问题和关键技术，选择解决问题的技术途径，组织全所科技人员分头开展研究和攻关。

由于朱光亚精通业务知识，为人又谦虚、诚恳，善于综合各方面意见做出科学判断，他不但受到长辈科学家和年轻研究室主任、青年科技人员的普遍尊重、积极支持和配合，而且能与党政领导干部密切合作、沟通，使得整个研究所就像一台精密机器，协调高速地运转起来。

经过艰苦紧张的探索研究，到1962年，原子弹的理论研究、试验技术、核材料生产等方面已取得重大进展。然而，由于国家正处于经济困难时期，原子弹研制工作也面临着是加快还是放慢，是上马还是下马的问题。这年9月，二机部刘杰部长与九所李觉、吴际霖、朱光亚等研究以后，向党中央上报了《关于自力更生建设原子能工业情况的报告》，提出两年内实现我国第一颗原子弹爆炸试验的"两年规划"。同时，为了进一步分析研究可行性，根据领导、专家集体讨论的意见，由朱光亚主持编写了《原子弹装置科研、设计、制造与实验计划纲要及必须解决的关键问题》和《原子弹装置国家试验项目与准备工作的初步建议及原子弹装置塔上爆炸试验大纲》。这两份文件在科学总结前期工作的基础上，明确指出了技术上最关键的问题，提出了必须完成的基本建设项目和工作条件，并对下一步工作做了全面部署，提出了核爆炸试验分两步走的方案。第一步先做地面爆炸试验，第二步再做空投爆炸试验。整个安排有条不紊，环环相扣。后来的实践证明，这些分析和部署是符合实际的，对很快突破原子弹技术起了重要作用，这两份文件被誉为核武器发展史上的两个"纲领性文件"。

"两年规划"经党中央批准后，在中央专门委员会强有力的组织领导下，两个"纲领性文件"立即化为核武器研究所与二机部、全国各有关部门和地区千军万马协同攻关的实际行动。在第一颗原子弹研制的关键时刻，朱光亚除了对科研工作进行全面组织领导之外，还担任了四个技术委员会之一的"中子点火委员会"副主任委员，同主任委员彭桓武一起，指导青年科技人员开展中子源的攻关研究。

经过一番努力，到 1963 年年底，已经解决了大量原子弹理论、技术和生产问题。11 月 20 日他们成功地进行了缩小尺寸的原子弹整体模型爆轰试验。1964 年 6 月 6 日，又进行了全尺寸的原子弹整体模型爆轰模拟试验。这是一次核爆炸前的综合检验，除了核装料不是活性材料之外，其他都是核爆炸时要用的实物。试验结果实现了预先的设想。至此，原子弹的研制工作自 1960 年初开始，历时 4 年，经过大量小型试验和若干次的大型试验，已是成功在望了。

1964 年 10 月 16 日，我国在罗布泊成功地爆炸了第一颗原子弹。

朱光亚教授和所有参加这项工作的人们一样，兴奋激动。此时，他还不到 40 周岁，学生时代的梦想终于变为现实，他是用自己的智慧和心血圆了一个梦。

而他并未因此止步，在这之后，他又带领广大科技人员迈向了新的高峰——研制氢弹。

研制氢弹

1964 年 5 月和 1965 年 1 月，毛主席在听取国家计划委员会关于第三个五年计划和长远规划设想的汇报时，曾两次谈到核武器的发展问题。毛主席说："原子弹要有，氢弹也要快。"在我国首次核试验成功后，周恩来总理也提到氢弹的研制能否加快一些，要求二机部就核武器的发展问题做出全面规划。

第一颗原子弹爆炸成功后，根据党中央的上述指示，在二机部的领导下，朱光亚会同其他同志研究提出了加速核武器发展的全面规划，并代二机部起草了《关于加快发展核武器问题的报告》，呈报中央专门委员会。报告中提出，一方面要加快原子弹的武器化；另一方面要尽快突破氢弹技术。他们的工作迅速做了调整，九院抽出三分之一的理论研究人员，全面开展氢弹的理论研究。在这之前，原子能所成立了"中子物理领导小组"，由所长、著名物理学家钱三强主持，组织黄祖洽、于敏等开始着手热核材料性能和热核反应机理的基础研究。1965年元月，二机部把原子能所这批先期进行氢弹研究探索的科研人员调到九院，两方面力量集中到一起，在朱光亚和彭桓武的指导下，全力进行攻关。

1967年6月17日，在周恩来总理的亲自安排下，聂荣臻元帅亲临现场指挥，成功地进行了我国第一颗氢弹的爆炸试验，提前实现了毛主席在1958年6月关于"搞一点原子弹、氢弹，我看有10年功夫完全可能"的预言。

从第一颗原子弹试验到第一颗氢弹试验，美国用了7年零4个月，苏联用了4年，英国用了4年零7个月，法国用了8年零6个月，而我国只用了2年零8个月，发展速度是最快的。我国首次氢弹爆炸试验，赶在了法国的前面，在世界上引起巨大反响，公认中国的核技术已经进入世界核先进国家的行列。

我国原子弹、氢弹的相继研制成功，在国内外引起了巨大反响，也受到了许多友好国家和人民的热烈赞扬和支持，他们说："人民中国突破了核垄断俱乐部的大墙，在整个地球上引起了一场真正的革命。"中国有了原子弹，使亚洲和世界和平能得到更有力的保障。

我国"两弹"的研制工作之所以能走在世界前列，除了党的坚强领导、全国大协作外，还因为我国有一批饱经忧患，历尽沧桑，了解中国国情，又有强烈爱国心的著名科学家，核物理学家朱光亚就是其中的杰出代表。党和国家对他的作用和贡献给予了充分肯定，1969年，年仅45岁的朱光亚与著名科学家钱学森一起作为科学家代表，被选为中共第九届中央候补委员。后来，他又被连续选为中共第十届中央候补委员，第十一届至十四届中央委员，第四届中国科协主席，第八、九届全国政协副主席。这在科学家当中是不多见的。

自20世纪70年代初，朱光亚担任国防科委副主任以来，在领导核武器技术科研工作的同时，他还参与组织了核潜艇动力装置研究，我国第一座核电站——秦山核电站的筹建、核燃料生产以及放射性同位素应用等民用项目的研究开发工作。20世纪80年代中后期以来，他还参与组织领导了国家"863计划"的制订与实施。

> 我这一辈子主要做的就这一件事——搞中国的核武器。
> ——朱光亚

邓小平在谈到高科技时说："如果20世纪60年代以来中国没有原子弹、氢弹，没有发射卫星，中国就不能叫有重要影响的大国，就没有现在这样的国际地位。这些东西反映一个民族的能力，也是一个民族、一个国家兴旺发达的标志。"朱光亚和成千上万的无名英雄们，经过艰苦卓绝的奋斗，使我国拥有了这一切。

20世纪90年代以来，国际形势发生了很大变化，但是，核威慑力量的战略地位仍没有变，仍然是中国大国地位的重要支柱、国家安全的重要保障、综合国力的重要标志。我国一贯主张全面禁止和彻底销毁核武器，作为这一领域的著名科学家，朱光亚教授对这个问题怎样看呢？他说："要实现这一有益于世界和平的崇高目标，道路是艰难曲折的，还需要坚持不懈的努力。"朱光亚教授告诉记者说，近年来，他也开始参与有关军控问题的研究。

采访结束时，朱光亚教授说："五十多年过去了，我对自己当年回国参加新中国建设，用毕生的精力亲身参与中国核科技事业的创立和发展，为祖国的安全和中华民族的强盛贡献出自己的一份力量，感到无比自豪和欣慰。"

科学家是有国家的

● 记理论物理学家周光召

科学家档案

周光召，1929年5月出生于湖南长沙，理论物理、粒子物理学家，中国科学院院士，"两弹一星"功勋奖章获得者，中国工程物理研究院研究员，中国科学技术协会名誉主席，第九届全国人大常委会副委员长，原中国科学院院长。

我和著名物理学家周光召相识并多次采访他，是在20世纪80年代，他上任党和国家及科学界的领导人之前。

20世纪80年代初的一天，我在中关村理论物理研究所采访时第一次见到了周光召教授。当时，他刚从国外访问归来，文质彬彬，年富力强。我告诉他我很想采访彭桓武教授，但不知从何入手，周光召教授听了，当即表示愿意给我引荐。

一天，我随周光召教授来到彭桓武教授在中关村附近的家中。当时，家里只有彭桓武教授一人，他的妻子——一位女医生不久前刚刚去世，唯一的儿子出国留学去了。我和周光召教授造访时，彭桓武教授正沉浸在丧妻的哀伤中，房间里到处挂着白色的挽联。

彭桓武早年在英国留学，回国后致力于开创中国的原子核物理学。在中国第一颗原子弹研制成功之前，在彭桓武授教授、朱洪元教授的指导下，理论物理方面已经进行了长达两年多的调查研究工作，摸清了当代核物理理论和实验研究的趋势，并逐步开展了原子核物理和粒子物理理论的研究工作。当时，中国科学院近代物理研究所理论研究组和北京大学物理系有密切的协作关系，北京大学的胡宁教授在近代物理研究所兼职，指导于敏的研究工作，彭桓武教授在北京大学指导周光召的研究工作。后来，周光召、于敏在我国核武器的研制工作中都做出了重大贡献。①

周光召和邓稼先共事多年，我写的通讯《"两弹元勋"邓稼先》发表后，有一天，我在中国科学院遇到周光召（当时周光召已是中国科学院院长），他对我说，他读了我写的那篇通讯："邓稼先的确是一位一不怕苦，二不怕死的英雄……"他随即对我谈起了他们当年从事原子弹理论研究工作时的许多往事，也谈了自己青年时代的经历。

我在通讯《"两弹元勋"邓稼先》中，有这样一段话："邓稼先他们含辛茹苦地工作到1959年，就把我国第一颗原子弹的理论计算的轮廓勾出来了……他们还不放心，又请理论物理学家周光召等人从物理概念出发进行估计，结果证明邓稼先等人得到的数据是正确可靠的。"

我所了解的周光召教授的故事，就从那时写起。

那是20世纪60年代初期，中国国防建设最艰难的岁月。苏联撕毁协议，撤走专家，使中国第一颗原子弹的研制工作陷入了困境。其中，有位苏联专家的负责人撤离之前，对当时的二机部部长刘杰说："不要发愁，我们走了你们也能把原子弹造出来，因为你们有周光召、王淦昌……"

当刘杰等人正在到处寻找这位使苏联专家敬畏，但对自己来说又素昧平生的年轻人时，32岁的周光召也正在千万里之外的杜布纳森林里，急切地等待着祖国的召唤。在这之前，这位年轻的物理学家已经从自己的亲身经历中深切地领悟了"祖国"两个字的神圣含义。

发奋读书

1929年5月15日，周光召出生在湖南长沙一位工程师的家中，为避开日本

---

① 参见《当代中国的核工业》第10页。

侵略军的战火，他在十几岁的时候跟随家人到了重庆，随后进入重庆南开中学念书。

在周光召的记忆里，唐季颖老师讲的物理课是难忘的。在课堂上，他常常听得入迷。他不仅听，而且爱动脑筋想。有一次，唐季颖老师组织了一些小组，布置了课外作业让学生们集体讨论几道几何难题的解法，她注意到有个小组不仅提出了一种新解法，而且提出了两种不同的解法，这个组的组长就是周光召。她发现周光召很善于独立思考，他没有照老师的常规办法解题，而是独辟蹊径，把难题解开了。

可是，并非所有的教师都能发现英才，也有的教师单纯以考分取人，即所谓"一榜定终身"。他们哪里会想到，就在金榜的后面，也许会卧着一条将会腾飞的蛟龙呢！

那是1946年的春天，周光召在重庆南开中学念完了高中一年级，高中二年级刚念了一学期，他就决定以同等学力报考大学。于是，他回到了长沙，准备报考离家最近的大学——武汉大学，这是他在报考表上填写的第一志愿。结果，不仅武汉大学没有考取，其他大学也没有考取，原因是他这次考试的成绩不好，总分只有七十几分。在周光召成了蜚声中外的大物理学家以后，武汉大学的教授们很后悔，他们说，当年没有录取周光召，是武汉大学的一次过失！

周光召虽然落了榜，但是，他没有灰心。这年秋天，他告别了父母，告别了中学的同学和老师，从重庆上船，沿长江到达武汉，然后转乘火车到了北京。在一个阳光明媚的早晨，他走进了清华大学先修班的教室。进了先修班，仍然有两种前途，或是成绩优秀经过考试进入大学，或是先修的成绩不好而被淘汰。周光召没有退缩，他鼓起勇气，发奋读书，只用了一年的时间，就以优异的成绩考取了清华大学物理系。

周光召就读清华的年代，正是新中国成立前夕。同学们亲身经历了旧中国的腐败与落后，都盼望在中国大地上出现一个没有人剥削人、人压迫人的新社会。因此，当他们听说共产党领导的人民解放军就要攻打北京城时，都高兴极了。当时，清华园正沐浴在黎明前的曙光里，许多共产党员活跃在学生中，他们在课堂内外和同学们促膝谈心，周光召也在其中。他怀着兴奋、好奇的心情聆听地下党员们讲述在解放区的种种新鲜、美好的见闻。

1948年冬天的一个寒风凛冽的早晨，周光召正和同学们坐在教室里听课，学校周围突然响起了隆隆的炮声。同学们听了都很兴奋："未来的新中国，就要在这

科学家是有国家的

惊天动地的炮声中诞生了！"

夜晚，几位要好的同学邀了周光召，从学校里翻墙出去，他们摸黑在野地里走了许多路，冒着生命危险找到了解放军的驻地。

见了解放军，同学们讲明来意，说："我们是清华大学的学生，现在全校的同学都组织起来了，正准备迎接解放。"一位解放军的负责人笑着听完，对这些英气勃勃的大学生说："同学们，全国快解放了，解放军为了保护清华园，规定解放这一带时，不得用大炮轰击，因而牺牲了几十名战士。"说完，解放军留周光召和同学们吃了饭，一面送他们上路，一面拉着大家的手，亲切地叮嘱说："同学们，你们回到学校里要安心读书，打完了仗就要建设，到那个时候，就要依靠你们这些知识分子了！"

在周光召的记忆里，当时清华物理系助教陈篪是难忘的。

许多年以后，他对我谈起这位英年早逝的好友陈篪仍然很动感情。

北平和平解放了。一天，陈篪兴冲冲地到宿舍里来找周光召，他说："我认为，解放后，中国最需要的是工业人才。"陈篪比周光召高四班，他不但学习成绩好，而且对集体的事情很热心，他经常帮助低年级的同学学习，告诉同学们应该怎样对待学业和人生。因此，在同学中很有威信，他讲的话在低年级同学中很有号召力。这天，他笑着对周光召说："我想到工厂里看看，我们学物理的能给国家做些什么贡献。你愿意和我一起去吗？"周光召听了，高兴地说："好啊，我们再约几位同学一起去。"

次日天刚亮，陈篪和周光召等几位同学就骑上自行车，从清华园出发了，他们一路上边走边谈，谈中国的未来，谈自己的理想，谈国家的需要，越谈越觉得年轻人肩上的担子重。就这样，他们在北京郊区坎坷不平的路上颠簸了好几个小时，才到达石景山钢铁厂。

到了石景山钢铁厂，他们向厂长说明来意，厂长和工人们非常欢迎这些热血青年，带他们参观了一个又一个车间，一直到太阳落山他们才回到学校。

半年以后，陈篪放弃了自己所学的物理专业和个人爱好，为了发展中国的钢铁工业，毅然到寒冷的东北去了，在鞍山钢铁公司从事冶金科学的研究。经过几年的努力，成为中外闻名的断裂力学专家。但后来不幸罹患癌症，病中还忍着疾病的折磨坚持工作，成为全国科技战线上有名的铁人。

榜样的力量是无穷的。陈篪对周光召的影响很大，每当想起陈篪的英年早逝，他就忧从心起。

周光召从清华大学物理系毕业后，考取了北京大学研究院，成为著名理论物理学家彭桓武的研究生。当时，彭桓武刚从英国回来。在英国，他曾先后在剑桥大学和爱丁堡大学学习、工作过多年，还在量子力学的奠基人之一——马克斯·玻恩教授领导的实验室工作过，深得马克斯·玻恩的赏识。回国以前，彭桓武已经是国际上知名的科学家。到清华大学教书后，大学生们都很崇敬他，追随他。这不仅因为他教授的都是国际上当时最新的知识，还由于他从不以权威自居，很注意培养学生们的创造能力。

三年以后，周光召便在这位良师的指导下顺利通过了论文答辩。研究生毕业后，周光召在北京大学物理系当了两年多教师。那时，他虽然还不到30岁，但由于在科学上已经取得了卓越成就，便被国家派到莫斯科杜布纳联合核子研究所工作去了。

威震杜布纳

联合核子研究所坐落在莫斯科郊区杜布纳的森林里。中国、苏联、越南、朝鲜以及东欧各国的核物理学家们借助这里的一台大加速器，日夜紧张地研究着原子核物理的各种课题。受中国政府的派遣，周光召作为中国专家组的负责人之一，从1957年开始也来到这里工作。

周光召和其他中国科学家刚到杜布纳时，在这里工作的一些外国人是瞧不起中国人的。

一天，各国科学家聚到一起开学术讨论会，一位教授在会上报告了自己关于相对性粒子自旋问题的研究结果。讨论中，周光召谈了相反的意见。结果，那位教授听了十分恼火，他不仅对周光召的意见置若罔闻，而且非常气恼地说："你的意见，没有道理！"

周光召听了，当场没有辩驳。过后，他花了三个月的时间，一步一步地严格证明了自己的看法，然后写成《相对性粒子在反应过程中自旋的表示》的论文，在国际性的学术刊物《理论和实验物理》上发表了。过了些时候，美国科学家也得到了相似的结果。

这就是著名的"相对性粒子螺旋态"提出的经过。在杜布纳的四年间，周光召共发表了约三十篇论文。在对称性质、弱作用和粒子反应方面都取得了重要成果。他关于膺轴矢流部分守恒的工作更是得到国际上的好评。

周光召离开苏联将近 10 年后，杨振宁教授访问莫斯科时，他曾向一位苏联科学院院士打听周光召，那位院士在盛赞后说："呵，周光召，曾经威震杜布纳！"

周光召在科学上的成就迅速传开了。然而，他并没有陶醉在个人成功和国际物理学界的赞美声中。苏联撤走专家的消息传到杜布纳时，他离回国还有半年的时间，心想："光自己有名，国家不行，到头来无论走到天涯海角也还是被人瞧不起。"于是，他把在苏联工作的中国专家们召集到一起，讨论了这样两个问题：离开外国人的援助，中国人依靠本国的力量，能不能研制出原子弹？在苏联的中国人应该为国家做些什么事？会后，周光召等给二机部刘杰等领导写了一封信，表示作为新中国培养的一代科学家，甘愿放弃多年的基础科学研究，随时准备改行从事国家需要的工作。

听了苏联专家的撤离前的那番话，刘杰等人正苦于找不到周光召时，现在他自荐上门来了，正在带领年轻人研制原子弹的邓稼先等人听说后更是喜出望外。

为国家需要改行

1961 年 5 月里的一天，周光召回国后，甚至还没有来得及和久别的妻子郑爱琴及女儿诉说一下离别之苦，就只身一人住到了九院的单身宿舍里。来到九院，使他惊讶的是：彭桓武、王淦昌等老科学家为了国家的利益，都毫不迟疑地放弃了自己从事多年的、心爱的专业研究，热诚地投身到国家最需要的工作中了。这些老科学家几乎是无保留地在研究方向上转了个大弯。上任后，周光召担任了理论部第一副主任，负责原子弹的理论设计。在他回国以前，彭桓武和邓稼先等人带领一些年轻人就中国第一颗原子弹的理论计算做了大量工作，但是有些数据判断不了，正当邓稼先等人急切地盼望援兵时，周光召突然从千万里外赶了回来，和大家并肩攻克难关，如同雪中送炭，这无疑令理论部的科学家们兴奋不已。

周光召作为新中国培养的最优秀的青年科学家中的一员，在国家需要的时候，没有任何个人的考虑，他和邓稼先等人带领一些刚走出大学校门的年轻人，夜以继日地对核武器理论的各个领域全面展开了研究，他们一天工作十几个小时，连除夕夜也在加班加点地工作。当时，正值三年困难时期，各种物资都极为匮乏，虽然研制原子弹的科技人员们，受到国家一定的照顾，但总的说来，各方面的条件都很差。然而，工作和生活的艰难困苦，丝毫没有影响他们的工作热情。周光召和邓稼先等科学家们集思广益，一起攻关，讨论会上谁的意见对，就听谁的；一个计算结果，大家关心，部长坐镇等候消息。在很短的时间里，周光召亲自参与并领导开展了爆炸物理、辐射流体力学、高温高压物理、计算力学、中子物理等领域的研究工作，取得了许多具有实际价值的重要研究成果。这些成果为弄清核武器产品内部的运动规律，以及核武器的理论研究和设计奠定了坚实的基础；也为中国第一颗原子弹和氢弹的研制成功，为中国战略核武器的设计、定型以及核武器的预制研究和其他一系列科学实验从理论方面提供了可靠的依据。

人们见周光召放弃了自己的专业，全身心地投身到国家最需要的国防科学研究中，不解地问："你本来是研究粒子物理的，在国际上已经有相当的地位，为什么要改行呢？"

周光召听了不以为然地说："在我的一生中，有一段时间有幸和我国最优秀的青年科学家在一起工作，在那些难以忘怀的岁月里，大家一心想的是国家的需要和国家的事业。"

他又说："一个人学的知识总是有用的，如果国家需要，是光荣的事情，我愿意放下自己的专业去从事国家需要的工作，不能说这是学非所用。"

依靠本国的力量能不能把原子弹造出来，是一件关系到能否提高整个国家国际地位的大事，也是关系到中华民族能否自立于世界民族之林的大事，国家和人民在日夜期待着。制定试验方案时，周恩来总理亲自听汇报，聂荣臻副总理风尘仆仆地亲临基地指导。

历史上，中国从未有过造原子弹的先例，当时中国也没有先进的电子计算机，他们就用机械的计算机，上亿次的计算不能有丝毫的差错。更何况爆炸过程的每一瞬间、每一个细节都要事先计算，事先预见，这是何等艰巨的工程！

试爆临近了，担心、焦虑、期待……从前方到后方，从草原到戈壁滩，人们万众一心闯过了一关又一关。

1964年秋天，千军万马在试验场上严阵以待。试爆的前一天，忽然从前方传来提问说："天上如果忽然来了中子射线怎么办？"

守候在后方的周光召等人根据提问再次进行了计算。

"一定要一次爆炸成功，要把一切可能发生的问题都估计进去。"计算结果又一次证明，成功的把握在99.9%以上。

过后，他们以十分有把握的语气向前方报告说："我们认为，我们的设计把握性是很高的，出现意外的可能性小于0.1%，因此，建议按时爆炸。"

第二天，也就是1964年10月16日下午3时，中国西部地区冉冉升起了蘑菇状烟云。

中国第一颗原子弹的爆炸成功，人们自然很兴奋，但并没有使参试人员陶醉。在一次研讨会上周光召冷静地说："同志们，不要骄傲，这项工作还没有结束，我们还面临着新的更艰巨的任务——研制氢弹！"

沉吟片刻，他又说："许多发达国家都认为我们的科学技术落后，要使人家看得起我们，必须使我们的国家在科学上、经济上发达起来，才能取得我们中华民族在世界上的地位！所以，我们一定要不屈不挠，乘胜前进，争取尽快把氢弹研制出来。"

周光召的一席话引起了在座人们的强烈共鸣。

氢弹与原子弹相比，技术更为复杂。因此要突破它也更为困难。当时，国外文献几乎只字未透露这方面的资料。周光召作为核武器理论研究所的负责人、首席科学家，继原子弹之后，为我国第一颗氢弹的研制成功，以及战略核武器的设计、定型，都做出了重大贡献。1967年6月17日，在周恩来总理的亲自安排下，聂荣臻副总理亲临现场指挥，我国第一颗氢弹如期爆炸成功。

原子弹和氢弹的接连爆炸成功，在国内外引起了巨大反响。全国各族人民听到广播，欢欣鼓舞，中华民族精神为之大振，举国上下一片欢腾。同时也得到许多友好国家的热烈赞扬和支持。

一天，周恩来总理在中南海设宴邀请参加"两弹"研制的工作人员庆贺这一伟大成就。周光召、邓稼先、彭桓武、钱三强、朱光亚以及二机部宋任穷、刘杰、李觉等人在会客室里刚刚坐下，周恩来总理就神采奕奕地走来了。随后，陈毅、聂荣臻也先后走了进来。

"我代表党中央和国务院向你们——也向一切从事国防建设的工作人员们表示感谢！"周恩来总理一面和到会的科学家们握手，一面高兴地说。

"毛主席听说我们的原子弹爆炸成功高兴极了。他说：应该发给赫鲁晓夫一枚一吨重的大勋章，以示'感谢'！"听了周恩来总理的话，大家都笑起来。

"其实，我们这个自力更生的方针也是逼出来的。赫鲁晓夫片面撕毁协议，撤走专家，什么东西都不给了。他不给，我们只好靠自己嘛！结果，原子弹造出来了！"

在我国"两弹"的研制工作中，周光召虽然有重大贡献，但他十分谦逊，他给我讲过的一番话，多年来始终萦绕在我的脑际。他说："科学的事业是集体的事业。研制原子弹好比谱写一篇惊心动魄的文章。这文章是工人、解放军战士、工程和科技人员不下10万人谱写出来的，我只不过是十万分之一，竟然受到了党和国家这么大的重视。我成长在新中国成立前后那个英雄辈出的年代，有幸和全国最优秀的一批青年一起工作，我的进步和成绩是和这个集体分不开的。"

周光召教授虽然把自己比喻为十万分之一，但从20世纪60年代以来，他就蜚声中外了。早在60年代，欧洲核子研究中心（CERN）邀请的第一位中国科学家便是周光召。1964年在美国召开的国际高能物理会议首次邀请两位中国科学家参加，其中一位是周光召。杨振宁和李政道教授从50年代末就注视着这位新中国培养的青年科学家。他们之间虽然在很长一段时间没有机会见面，但是这两位著名科学家仍然对周光召的成就表示关切。李政道和杨振宁教授第一次返回祖国时，都表示希望会见这位只闻名而不相识的青年物理学家。后来，他们一见如故，很快便成了好朋友。

1980年春天，广州粒子物理理论讨论会在从化召开。一天，主持讨论会的著

科学家是有国家的

> 科学精神很重要的一点就是要有人道主义精神,就是要以人为本。科学工作要贡献与人民,真正有道德的科学家都在向这方面努力。
> ——周光召

名物理学家钱三强指着文质彬彬的周光召对海外来的华裔科学家说:"这位是周光召教授,他是国内培养的科学家中的佼佼者!"钱三强的话音刚落,李政道教授说:"不,他在我们当中也是佼佼者!"

这年秋天,周光召应邀赴美国讲学,受到美国物理学界空前热烈的欢迎。美国著名高能物理学家、美国物理学会主席马夏克教授为欢迎周光召的访问,在弗吉尼亚理工学院专门举行了以弱相互作用为题的学术会议,在会议结束时举行的宴会上,杨振宁教授,以及美国著名物理学家、诺贝尔奖获得者温伯格教授在热情洋溢的讲话中,盛赞周光召对物理学的贡献。

1985年7月,第三世界科学院在意大利召开院士大会,一致决定接纳周光召为院士;1987年4月,美国国家科学院举行投票选举,周光召是荣幸当选的15名外籍新院士之一,他也是继华罗庚、谈家桢、冯德培之后,受到国际上公认的卓越科学家。

在访问美国期间,周光召收到了大批来自全美和世界各地的邀请信。回国后,人们纷纷赞叹他在国外取得的成功,他却淡然一笑说:"那还不是因为我是个中国人,人家才邀请我;还不是因为我的祖国强大起来了,人家才重视我。"

中华民族永恒的骄傲

— 记"两弹元勋"邓稼先

科学家档案

邓稼先（1924—1986），安徽怀宁人，核物理学家，中国核武器研制工作的开拓者和奠基者，成功地设计了中国原子弹和氢弹，把中国国防自卫武器引领到了世界先进水平。由于他对中国核科学事业做出了伟大贡献，被称为"两弹元勋"。

1986年夏季来临。

这年的6月23日，国内外各大报刊在显著位置刊登了新华社播发的长篇通讯《"两弹元勋"邓稼先》。

美国的《纽约日报》以《中国原子弹之父逝世》为题，破例刊登了这篇由我署名采写的通讯。

邓稼先是何许人也？他为何成为中外备受关注的不朽人物？说来话长。

要做"三不朽"的人

1924年6月25日，邓稼先出身于在安徽省怀宁县的一个书香门第的家庭。为了给他们长子起名，曾任北京大学哲学系教授的邓以蛰，颇费了一番心思。

在过去古老的中国，有身份有文化教养的家庭给孩子起名，往往有很深的文化内涵，常常寄托了父母对孩子的希望。

中华民族永恒的骄傲

邓稼先出生后，邓以蛰望着这个白白净净、浓眉大眼的男孩，对妻子说："我们儿子就叫稼先吧！古人云，禾之秀实，而在野曰'稼'。'稼'是在田野里已经秀穗结实之禾，叫稼先如何？"

又说："稼先这个名字，内蕴很深，预示着我们的儿子根植于中华大地，并且早早地秀实和成熟于中华大地，成为造福民众的沧海之一粟。"

邓稼先刚满8个月，父亲便把他们母子二人从安徽老家接到了北京。

1929年，邓稼先刚满5岁，便进了北京武定侯小学读书，进学堂以前，父亲把他叫到书房里，对他说："稼先，明天你就要上学读书了，你将要成为读书人了。古人云：读书人应有'三不朽'，你知道'三不朽'是什么吗？"

小稼先摇了摇头。邓以蛰继续说："这'三不朽'，就是要立不朽之德，立不朽之言，立不朽之功。"

"先说立不朽之德。就是上学读书要长知识，最重要的是修养美德。倘若能将自己一辈子的美德一代一代地流传给后人，这就叫作立不朽之德。"

"再说立不朽之言。读书人要虚心学习先人留下来的知识，但是，不能人云亦云，要有自己的见解和主张。把正确的见解留给后代，让后人学习。这就是立不朽之言。"

"最后是要立不朽之功。一个人读了书，增长了知识，也增长了本领，就要用自己学到的知识和本领为社会做一些好事、益事，为后人造福。此乃立不朽之功也！"

"不朽者，永生，永存也。我儿应该把做'三不朽'之人当作自己读书做人的目标。"

小稼先睁大了眼睛，聆听着父亲的教诲。可是，他又听不大明白，但是，他知道，父亲是让他好好读书，做一个有用的好人，于是，点了点头，表示记住了。

邓稼先渐渐长大以后，才真正领悟了父亲这番话的意思，立志要成为"三不朽"之人，这就成了他终身的奋斗目标。

邓稼先在北平（北京）上完了小学和中学，他在北京绒线胡同的崇德中学读书时，与著名物理学家、诺贝尔奖获得者杨振宁是同学。

杨振宁和邓稼先从小就有很深的情谊。他俩祖籍都是安徽。幼时，两人常在一起玩耍，打墙球，弹玻璃球，比赛爬树。

日本侵华战争爆发后，北京城里到处都是日本兵，日本宪兵队规定，凡是中国老百姓，从日本哨兵的面前经过，都必须向"皇军"行鞠躬礼。

血气方刚的邓稼先不肯屈从这个规定，每天上下学，他宁愿绕着路走，也不肯在日本兵的面前弯腰鞠躬。

1940年发生的一件事情，迫使他离开了北京。

1940年春天，北平笼罩在沦陷后的白色恐怖中，北平市日伪当局强迫学生和市民举行庆祝"皇军"胜利的庆祝会。邓稼先所在的学校也举行了这个活动，他强忍着一腔怒火参加了，散会时说：这简直是奇耻大辱！就把手中的日本纸旗撕了，扔了。邓稼先撕旗子的举动，不料被安插在学生中的奸细看见了，他立刻把邓稼先告到了校长那里。

凑巧，这位校长是邓以蛰的朋友，他把那个告密的人打发走了以后，立刻赶到了邓家，说："邓先生，稼先的事情我只能搪塞一时，如果没有处理结果，日方恐不会答应，到那时，可就不好办了。"

送走了校长，全家人聚在一起商量的结果是：走为上策！邓以蛰提议让读完大学的长女邓仲先带着弟弟邓稼先到大后方的昆明去。

1941年秋天，邓稼先考入了昆明西南联合大学物理系。1945年他从西南联合大学物理系毕业。1945年至1948年，他曾先后在昆明文正中学、培文中学以及北京大学物理系任教。

1948年至1950年，邓稼先在美国普渡大学读研究生，并获得博士学位。这时，他只有26岁，人称"娃娃博士"。1950年同200多位中国留学生一起，冲破种种阻挠回到了祖国。

1953年，邓稼先与许鹿希结婚。许鹿希是五四运动时期重要的学生领袖，后来担任九三学社主席，是全国人大常委会副委员长许德珩的长女。

1956年，邓稼先加入了中国共产党。

从此以后，他便把自己的一切都交给了党和国家。

回国后，邓稼先在中国科学院近代物理研究所工作。他从助理研究员干起，很快晋升为副研究员，有一段时间里，还曾兼任中国科学院数理化学部的副学术秘书。1958 年以后，他被调任第二机械工业部核武器研究所、院（简称九所、九院）理论部主任、副院长、院长。

由于他在核物理、理论物理、中子物理、等离子体物理、统计物理和流体力学等方面，领导解决了一系列有实际应用价值的理论问题，对中国核科学技术的发展做出了卓越贡献，1980 年 11 月当选为中国科学院学部委员。

我们要放个"大炮仗"

回国后，当邓稼先这位"娃娃博士"出现在钱三强、彭恒武、王淦昌等这些刚从欧美各国归来的前辈物理学家们的面前时，大家都为初创的中国科学院近代物理研究所注入了新鲜血液而高兴。

几年间，邓稼先和老科学家们一起创业，他们骑着自行车到旧货摊上购置零件，自己动手研制仪器，使近代物理研究所——新中国第一个近代物理研究机构渐渐壮大起来。

1958 年秋天来临，有一天，已是第二机械工业部负责人的著名核物理学家钱二强，找到邓稼先说："小邓，我们要放个'大炮仗'，这是国家绝密的事情，想请你参加，你看怎么样？"说完，他又严肃地说："这可是光荣的任务啊！"

邓稼先听说国家要放个大"大炮仗"，而且让他参加，他立刻明白了，就是说要让他参加原子弹的研制工作。面对这艰巨、光荣、关系重大的事情，一时间，他又不免有些惶恐、胆怯，说："呵，研制原子弹，我能行啊？"

"能行。你就和大家干吧！这是国家对你的信任。这件事关系到国家的安危，相信你能够干好！"钱三强说。

这天晚上，邓稼先回到家里一夜未眠，妻子许鹿希见他神情有些异常，问他发生了什么。

"没有什么，我要调动工作。"他平静地说。但想到以后不可能长年和妻子、孩子生活在一起，他又不免有点惆怅和不安，怀着深深的歉意说："鹿希，以后家里的事我就不能管了，我的生命就献给未来的工作了，做好了这件事，我这一生就过得很有意义，就是为它死了也值得！"

这天夜里，邓稼先和他的妻子忆起了许多往事。尤其是谈到过去的共同经历和国家未来的前途，两个人都很动感情。这时，许鹿希虽然不知道邓稼先要调到哪里，干什么工作，但是，她明白她的丈夫要做的一定是关系到国家利益的大事业，而且相信他会豁出命来干的，这是因为他们都经历过国破家亡的苦难。尤其是七七事变日本侵略军在卢沟桥的炮声，似乎还在耳边回响；荷枪实弹的日本兵任意屠杀手无寸铁的中国百姓，这些往事还不时地浮现在眼前。

"一个国家没有自卫能力，必然任人宰割，老百姓没有活头！"七七事变后，邓稼先曾不得不随老师、同学过着颠沛流离的生活。现在，当他听说中国这样一个百余年来任人欺凌的落后国家，也要研制战略核武器，以加强国防时，他当然抑制不住内心的激动和喜悦。从这天起，为了祖国的利益，邓稼先这位在国内外已经崭露头角的优秀青年物理学家，便销声匿迹了。

艰苦创业的年月

"失踪"之后，邓稼先来到筹建中的中国核武器研究设计院（简称九局，后改为九所、九院）。所谓的核武器研究设计院，当时，就是在北京德胜门外的一片庄稼地，这里无房舍，也无人烟，只有一些建筑工人在砍高粱、盖房子……

他这个远洋归来的"娃娃博士"，上班后做的头一件事就是换上工作服当小工，同建筑工人们一起，砍高粱、挖土、推车、和泥、盖房子。

关于邓稼先"失踪"后前往工作的九院，原二机部部长宋任穷在回忆录中说："1958年决定成立九局，这是二机部最重要的一个局，李觉任局长，负责核武器研制和基地建设工作。"

九院的前身便是九局。李觉这位1937年参加红军的老将军，在进军西藏、解放西藏的征程中，立下过汗马功劳，他是九院第一任院长，他深情地回忆了与邓稼先一起创业时的许多往事。

在九院，李觉见到的第一位青年科学家就是邓稼先。他回忆说，1958年六七月份,邓稼先到九院报到后,领导让他立刻到北京的各大专院校物色人才,从应届毕业生中选拔一批大学生到这个研究院来从事原子弹的研制工作。

于是,邓稼先兴冲冲地到清华、北大和北京航空学院挑选了 28 名大学生,后来,人称"28 星宿",核武器研究院就这样有了第一批青年骨干。

筹建中的九院,从盖房子做起

一天,李觉来到工地,正赶上邓稼先带着一些年轻人在工地上劳动。他见邓稼先光着膀子满头大汗地砌砖。

"我是李觉,大博士,你好!"李觉伸出手,紧紧握着邓稼先满是泥浆的手说。

见到李觉,邓稼先有点不好意思,说:"李将军,你好!"

"不要叫我李将军,我已经脱了军装,你就叫我老李吧!"说完,李觉也脱掉上衣,他一边给邓稼先搬砖,一边和他一起砌墙。两人边干活边说笑。

"以后,您也不要叫我'大博士'噢!"邓稼先憨厚地笑着对李觉说。

在那些日子,李觉一有空就来工地,他一边参加劳动,一边熟悉情况,用他的话说是"向专家学习"。因为在那个火热的年代,二机部、九局的领导和钱三强、邓稼先这些著名的科学家,都曾以普通劳动者的身份参加劳动。

北京的初秋,早晚虽然凉爽,但上下午的阳光依然炽热,邓稼先脱了上衣光着膀子干活,许多年轻人也甩掉衣服,赤膊上阵,工地上写着醒目的大标语:"晒黑了皮肤,炼红了心。"

邓稼先作为中国第一颗原子弹理论设计的负责人,和年轻人在泥里、水里干了几个月,大学生们见他这位博士干起活来那么卖力,都很钦佩;又见他那高大的身影,笨手笨脚地干着泥瓦匠的活,而且在秋日的骄阳下,皮肤总也晒不黑,就开玩笑地叫他"大白熊",而不称呼他的职称和官衔。

工地上,车水马龙,邓稼先和"28 星宿"及建筑工人们,汗流浃背地干了一天又一天,一幢幢新的研究室和厂房拔地而起。

1958 年年底至 1959 年年初,他们在代号叫"02"的地方建起了几座楼房。从此以后,九院的人们有了自己工作和生活的地方。

一天，李觉在二机部汇报工作，正遇上邓稼先带领那些新来的大学生学习核物理知识。邓稼先亲自给他们讲课。他问邓稼先在讲什么，邓稼先说："这新来的28个大学生，都是清华、北大和航空学院的尖子生，但是，都没有学过核物理专业，更没有学过如何研制原子弹，我正在组织他们学习有关的知识。"

他又说："核物理和原子弹对这些大学生来讲还是一个陌生的世界，我以这几本书为基础，从原子世界的ABC讲起，他们自称这是核物理的'扫盲班'。我就从零讲起……"

李觉认为邓稼先这样做很好，于是，他表示他也想上这个"扫盲班"，邓稼先说："关于核工业的知识，不但您这位局长，这些大学生要从头学起，就是我们这些留过几年洋，有博士、院士头衔的人，懂的也不多，欧美各国根本不让我们这些留学生接触这方面的知识，我们整个国家都需要从零开始，从头学起。"

当时，无论是刚从美国留学归来的"洋博士"，还是刚走下喜马拉雅山，自称"只会扔手榴弹"的李觉，谁也没有想到，在北京德胜门外的一片高粱地里，中国的"曼哈顿工程"（美国第一颗原子弹工程代号），已经悄然兴起；中国第一颗原子弹的第一个理论设计方案，是在一脸稚气的邓稼先的主持下完成的。

有史以来，中国人谁也未曾造过原子弹，也就无所谓有什么权威，在当时国外严密封锁的情况下，邓稼先一面备课，一面讲。年轻人叫他邓老师，他说："你们甭叫我邓老师，咱们一块干吧！"

在那些日子里，他有时备课到凌晨4点多，在办公室里睡上两三个小时，天亮了又继续工作。每天晚上，大学生们都聚到办公室里看书，邓稼先这时虽然有爱人、有孩子，但别人学习到几点，他也工作到几点。夜深了，他骑着自行车在年轻人的护送下回家，这时，用铁丝网围着的大门早已经关了。常常是他先爬过铁丝网，年轻人把自行车递过去。回到家里，爱人上夜班去了，孩子睡在楼道里……

在那些日子里，邓稼先把全部的精力都用在了工作上，一天到晚晕晕乎乎地走在路上，还想着原子弹的事。有一次，竟连人带车都掉到了沟里。他忘我地工作，周围的人们流传着不少关于他的"笑话"。一天，因为突击工作到深夜，他对一位同志说："走，到我家吃饭吧！"吃饭的时候，客人发现面条变成了面糊糊。原来，孩子把面条下到生水锅里了。

"对不起,这是我孩子做的。"邓稼先抱歉地说。原来,他的妻子许鹿希——这位北京医科大学的教授,也是一心扑在工作上,家里只有孩子做饭,十一二岁的小学生,就已承担起了做饭等全部家务劳动。

在那些日子里,邓稼先几乎每天都和大家工作到深夜,在他制订的工作计划里,没有星期天,只有到每个星期天晚上的 7 点 30 分,他才开口说:"行啦,今天就工作到这里吧,大家可以回去处理家务了。"

"龙头"自然次方……

如果把原子弹比作一条龙,那么,搞原子弹的理论设计的先行工作,就是"龙头"。按照当时一位领导人的说法是"龙头的三次方",就是"龙头"的"龙头"的"龙头",这项领先工作做得好坏,关系到原子弹各个工程设计工作的成败。

世上无难事。邓稼先他们日夜含辛茹苦地工作到 1959 年,就把我国第一颗原子弹的理论设计的轮廓勾勒出来了。在爆炸力学、中子输运、核反应、中子物理、高温高压下物质的性质等一系列关键问题上,各种数据都搞得扎扎实实,其中哪怕是一个细小的疑点,他们都不放过。当时,中国还没有大型电子计算机。有一次,为了把一个问题弄个水落石出,他带领十几个年轻人日夜三班倒,用四台手摇计算机日夜连轴转地算了九次,这就是研制原子弹初期广为称道的"九次运算"。

这样过细的工作,他们还不放心,又请理论物理学家周光召等人从物理概念出发,进行了估计。结果证明,邓稼先等人得到的数据是可靠的。

爆炸试验的时间临近了,他们焦虑,期待……从前方到后方,从草原到戈壁滩,千军万马,严阵以待。

当那声惊雷即将在中国西部沙漠响起的时候,邓稼先接到了母亲病危的电报。他知道这次相见,将是和母亲的永诀。可是,此时此刻,他又不能立即奔赴病重母亲的身边,因为那声惊雷的轰鸣,还需要他果断的指挥。因此,他心里充满了悲伤和歉疚。

爆炸成功后,他回到了北京,见街上很多人都在抢看"号外",他也情不自禁地拿起一张"号外",来到了母亲的床前,挥动着报纸激动地说:"成功了,成功了!"

可是,他没有说"我们成功了",因为就在这时,他依然没有忘记保密的誓言。

这时,他的母亲已经不能讲话了,她呆呆地望着风尘仆仆的儿子,似乎并不明白他呼喊的成功和手中挥动的"号外",是什么意思。

邓稼先明白了,他慌忙跪在了母亲的床前,紧紧地握着母亲的手,歉疚地把自己的脸贴在了母亲冰凉的手上。母亲哭了,他也泣不成声……

最后,母亲看了看他,安详地闭上了眼睛。

1964年5月和1965年1月,毛主席在听取代表关于第三个五年计划和长远规划设想的汇报时,说:"原子弹要有,氢弹也要快。"

氢弹与原子弹相比,技术更复杂。因此,要突破它,也更困难。国外文献几乎只字未透露过这方面的资料。

第一颗原子弹爆炸成功后,邓稼先激动的心情还没平静下来,这件难度更大的工作,又落在了他和于敏、周光召等科学家的肩上。

当时,邓稼先作为组织研制氢弹的理论设计的负责人,遇到的困难可想而知。

1965年冬天,氢弹的研制工作进入了紧要关头。一天深夜,有人见他的警卫员还站在计算机房的门口,就问:这么晚了,怎么还不回去睡觉?

"我要保护老邓!"警卫员说。

"今天晚上他肯定不回去了,我们保护他,你去睡吧!"

果然,这天晚上邓稼先又在机房里工作一宵,直到算出结果,他才离开。在那些日子里,邓稼先就是这样夜以继日地工作。有时,他睡在计算机房的地板上,有时守在工厂的加工机器旁,经常是"把心提到嗓子眼上",和他的同伴们渡过了一次又一次成功或是失败、生或是死的难关。尤其是他担任了核武器研究设计院院长之后,对我国战略核武器事业的发展,就更是身先士卒、呕心沥血了。

核武器技术是超级大国绝对保密的,没有可能通过引进交流等渠道得来,即使有多少外汇在手,也是买不到的。在国外严密封锁、国内又遇上自然灾害的年代,要想用自己的智慧和双手掌握这些技术,除了党和国家给予必要的支持外,邓稼先等人作为直接参加研制工作的科学家,付出了一般人难以想象的巨大代价。

中华民族永恒的骄傲

"在研制氢弹和新的战略核武器的过程中，作为一位组织者和参加者，他是立下了汗马功劳的！""他的确是一位一不怕苦，二不怕死的英雄！"邓稼先的同伴异口同声地说。

1967年6月17日，在周总理的亲自安排下，聂荣臻副总理亲临现场指挥，中国第一颗氢弹如期爆炸成功，提前实现了毛主席的预言："搞一点原子弹、氢弹，我看有10年功夫完全可能。"

从第一颗原子弹试验，到第一颗氢弹试验，美国用了7年零4个月，苏联用了4年，而我国只用了2年零8个月，发展速度是最快的，我国首次氢弹爆炸试验，赶在了法国的前面，在世界上引起了巨大反响，公认中国的核技术已经进入世界核先进国家的行列。

八千里路云和月

邓稼先的同伴们说，每一次新的战略核武器的重大突破，每一次里程碑式的试验的成功，都和邓稼先的名字连在一起。

在特种材料加工车间里，在爆轰物理实验场，在风雪弥漫的荒原上，一年到头，邓稼先风尘仆仆地四处奔波，哪里有困难，就到哪里去，哪个工作岗位最危险，他就出现在哪里。

为了增强中国的国防力量，邓稼先等人长年生活工作在骆驼草遍野的戈壁荒滩上，他工作的范围可以说是"八千里路云和月"。从戈壁滩那无垠的荒原，那幽远的驼铃声响起的地方，那死寂的楼兰王国遗址，到核试验基地广袤的土地，到处都有他们的足迹。

提起罗布泊，人们就会把它和荒凉、沉寂联系在一起。可是，在邓稼先和他同伴们的心目中，它却是自己生命中的绿洲。一位科技人员这样说：

"楼兰古城的城墙没能挡住漫卷的风沙。一条曾经繁华喧闹的丝绸之路消沉了，总以为大漠就是沙漠，应该是蓝天白云，金沙连天。然而，当你脚踏坚实的石砾，被压抑在两侧斑驳的山峦之中时，你才真正感受到了大自然的严酷和大漠的苍凉。"

参加核试验的人们说，在这片地理学上称之为地台的地方，生命的力量被淡化了，风成了这里的主宰。无日不刮的狂风横扫着群山。

当荒漠仍在昏睡的时候，一支披着绿色的秘密部队打破了大漠的沉寂，开始了一项秘密事业的历程。于是，共和国的版图上又多了一个人造的地名，人造的小镇上，还多了一群候鸟般的人群。他们不像部队，着装混杂，年岁参差；他们又像部队，作风严谨，能征善战。他们给荒漠注入了生命，带来了喧嚣。在喧嚣终于演变成惊天动地的震颤之后，他们又悄然离去。没有人知道他们从哪里来，又将要到哪里去。空寂的荒漠上深深地印下了他们的番号。

科技人员们说，在这里，爱国主义是人的精神支柱，也是人的动力源泉，一切为了国威、军威，成了人们坚定的信念与共识。

在高大的井架前，他们抛家舍妻赴场区；高大的井架前，院长、所长、研究员、高级工程师都和工人一样，当起了力工。铁沙、铅砖从他们的手中下落；风沙、雨雪从他们的身上袭过；烈日、寒风在考验着他们的意志，就这样，一天十几个小时，一干就是几个月。当几个月的辛劳终于化作那惊天动地的震颤时，所有的人都为之欢呼雀跃。人们说，初到罗布泊的人们，会听到老同志细致入微地告诉你每一项大漠的生活准则：怎样洗澡，怎样洗衣服，怎样喝水，怎样吃水果……因这里的水质很差，每次洗完了澡身上都会留下一层白花花的碱，个别有过敏反应的人，身上还会长出一片片红疹。

由于水质差，多数人饮用后都会腹胀、腹泻……

沙漠的生活是那样枯燥、艰难。邓稼先他们就是在这样的环境里干了一年又一年。

在昔日荒凉的古战场上，在古楼兰的地平线上，他们创造了丰功伟绩，铸就了中华民族腾飞的标志；在"青海长云暗雪山，孤城遥望玉门关"的地方，一切为了"596"（中国第一颗原子弹工程代号），如今已成往事。藏民们依旧唱着动人的牧歌，在草原上游牧；不同的是，为了表彰邓稼先他们的丰功伟绩，人们已经在草原上为他们树起了纪念碑。

有人说，如今每一位中国人的尊严无不与"两弹"的研制成功有关。这话的确不过分。

当年，美国人曾扬扬得意地宣称，原子弹为他们的政府制造了外交政策的音响效果，掌握这种武器，是上帝对美国总统"神圣的托付"。那么，今天中国人能对列强大声地说"不"，正是中国也掌握了这种终极炸弹的缘故。

这一点，可以用毛主席1956年说过的一句话来概括，那天，毛主席看了铀矿石以后，对当时的核工业部负责人刘杰说："这是决定命运的！"

邓稼先和所有从事研制战略核武器的人们都很清楚，他们的工作与全国人民的命运和国家的前途息息相关，正因为这样，他们才在大漠和荒原上年复一年地苦斗着。

提起邓稼先在戈壁滩上，带领千军万马奋斗的情景，杨振宁教授曾在《邓稼先》一文中说过这样一番话，他说："戈壁滩上常常风沙呼啸，气温往往在零下30多度。核武器试验时大大小小的临时的问题必然层出不穷。邓稼先虽有'福将'之称，但意外总是不能免的。1982年，他做了核武器研究院院长之后，一次，井下突然有一个信号测不到了，大家十分焦虑，人们劝他回去。他只说了一句话：我不能走。"

杨振宁写到这里动情地说："假如有一天哪位导演要摄制邓稼先传，我要向他建议背景音乐采用五四时代的一首歌，我儿时从父亲口中学到的：

中国男儿，中国男儿，

要将只手撑天空，

长江、大河、亚洲之东，……

……

古今多少奇丈夫！

碎首黄尘，燕然勒功，至今热血犹殷红。

那么，与邓稼先朝夕相处的同伴们，又是怎样讲的呢？在邓稼先就要离开这个世界的前夕，他们哽咽着讲了这样一些动人心魄的故事……

"这里就是战场，我不能走！"

人们说，20 世纪 80 年代中期，在中国已经进行的 32 次核试验中，邓稼先亲自在现场指挥试验队工作的就有 15 次。在这期间，他常常是下了火车上飞机，有时来不及吃饭，从食堂里带上两个馒头就匆匆上路了。有一年，一个月之内，他从工厂到试验现场，在几千公里的范围内，竟往返了两次！他常常是下了飞机就工作，一天只睡三四个小时，甚至通宵达旦。有时刚刚睡下，电话铃声一响，他穿起衣服就走。

有一天午夜以后，他已经睡下了，远处的核材料加工车间突然来电话说，一个关键部件的加工发生了问题。他放下电话，二话没说，穿着拖鞋坐上车就出发了。当时，他已是近 60 岁的人了。在漆黑的深夜里，汽车在高山峡谷之间崎岖不平的险路上奔驰了 3 个多小时，天快亮时，才到达目的地。下了车，他一刻也没有休息，就直奔加工核材料的车间，正在带病工作的工人见院长这样不辞辛苦地连夜赶到现场，精神上得到很大的安慰，邓稼先和工人们一起研究，问题很快迎刃而解了。

邓稼先作为科技人员的带头人、院长，关键时刻亲临现场，一句话、一个动作，对被他领导的人们来说，都是难忘的、温暖的。一次，核装置的各种零部件都研制出来了，总装工作就要开始了，大厅里鸦雀无声，科技人员走进来就要各就各位地着手装配产品（原子弹）了。邓稼先握了一下一位科技人员的手，说："呀，你的手这么凉。来，我给你暖和暖和。"说着，把他的手揣到了自己的怀里，说："不要慌，时间还来得及。"

邓稼先在各种危险的场合出现，科技人员都明白，他的心意是不言而喻的："万一出了问题，咱们死在一起！"

在工作中，科技人员都牢记邓稼先的话："称杆不能没有准量！在我们这里，没有小问题，任何一件小事都是大事，任何一个小问题，假如解决不好，都会酿成大祸。"因此，在工作中，他总是反复地问大家："还有什么问题没有？"哪怕是一个细小的隐患，也不放过。

有一天，在试验基地准备放置核装置的厂房里，一位科技人员在检查准备吊核装置的吊车时，按电钮后发现吊车落下时，闪出了一个电火花。这时，已经是早晨5点多钟。加班工作到深夜的邓稼先刚睡下不久，他听说后，立即赶到了现场，可是，无论怎样试验，电火花始终也未再出现。邓稼先没有就此罢休，他决定立即成立专业组，把问题查个水落石出，那位科技人员见院长这样认真、严肃，劲头更足了，他把所有有关的记录都找来，一项一项地检查，谁来过，动了什么？从凌晨5点钟一直查到次日下午的4点多钟，直到查清了原因才罢休。

冬去春来，年复一年，邓稼先带领着奋战在核试验现场的人们忘我地工作，他过了整整十年的单身生活。失败的风险、成功的欢乐、戈壁大漠的风刀霜剑，染白了他的鬓发，在他的脸上刻下了深深的皱纹，谁能想到，一次巨大的成功，竟险些使他承受不住，而兴奋地倒了下去。

这是一次地下核试验。马上就要开始了，试验场上千军万马都在等待着庄严的"零"时的到来，核装置徐徐下井后，各种测试仪器一齐开动，紧张地监测着各种数据是否正常，核装置下到深处的时候，有个信号突然测不到了。

"怎么办呢？"科技人员回到帐篷里，商量来商量去，有人主张把核装置从井里提上来再拉回厂房查清原因；有人认为这样做太危险了，主张就地解决后继续下井，大家从夜里12点钟一直讨论到天亮，最后，邓稼先比较了各方面的意见，决定在现场采取妥善办法。他跟科技人员来到井口附近，和大家一起研究解决，这时，戈壁滩上风沙呼啸，寒风刺骨，是零下30多摄氏度呢！有人见他实在太疲倦了，劝他说："邓院长，你回去吧！"

邓稼先听了，严肃地拒绝说："不，这里就是战场，我不能走！"

故障排除后，他才和大家一起离开了现场。试验成功之后，开庆祝会的时候，由于过度紧张劳累，再加上几天几夜吃不好饭，睡不好觉，他兴奋地只喝了一小杯酒，竟当场晕倒了。

在场的人们赶紧扶他躺下,一量血压竟是零!

"邓院长!邓院长……"人们呼唤着,他仍然昏迷不醒,医生整整抢救了一夜,邓稼先才慢慢地睁开了眼睛……

苏醒以后,他问的第一件事是:核爆炸的测试结果如何?各种数据都拿到了没有?苏醒后,他仍然不肯休息,又继续紧张地工作起来。

长年累月的紧张工作,使邓稼先的健康状况愈来愈差,而他全然不顾,以致多次在试验现场昏晕过去。1984年冬天,一次核试验前,他从帐篷里往试验场去,步履艰难地在雪地上走着走着,忽然走不动了,他对走在前面的两位科技人员说:"你们架我一下,架我一下!"说完,就气喘吁吁地趴在了两位科技人员的肩上。原来,在这之前,他天天都在拉肚子,又患有低血糖病,虚脱了,吃几块糖,喝口水,又继续工作。

有一段时间,医生说他患的是痔疮,即使便血,他仍然相信这不是什么大病。那次紧张的试验,他晕倒在试验场上,同伴们把他抱起来,焦急地想把他抬离现场,可是,他坚决不肯。说:

"没什么大病,不会倒下……"

他又站起来,和一位女工程师争着要去插雷管,人们都知道那是很危险的环节,女工程师急了,说:

"你不能去,我们的事业不能没有你!"

"我是院长,得听我的命令!"这是邓稼先第一次,也是唯一一次以权威压人。

他为什么这样,他对在场的年轻人说:

"你们还年轻,你们不能……"

结果,还是他赢了。那位年轻的女工程师,见这情景激动得直想哭。

"老邓,就凭你的水平和资历,你完全可以把日子过得舒坦一点,到国内国外的名胜转转,讲讲学,观观光。为什么选择了这样一条路?甘心在如此艰苦、危险的岗位上奋斗呢?"有一年在杭州开会时,一位工程师问他说。

"是啊,西湖多美呀!我这一生仿佛头一次来杭州,想不到这里这么美。到处转转，当然好。但是，一个人总要多为人民干点事嘛！"他望着西湖迷人的景色说。

游览岳坟的时候，邓稼先特意站到镌刻着"精忠报国"四个大字的石碑前，神情激动地请求在场的同伴说：

"来，请给我在这里照张相！"……

这就是邓稼先，一个把自己的一切献给祖国的人，一个用热血和生命谱写"精忠报国"新曲的人！

大漠中的理想

• 记核科学家陈能宽

科学家档案

陈能宽（1923—2016），中国科学院院士，金属物理学、材料科学、工程物理学家。中国工程物理研究院高级顾问、研究员。长期从事金属物理和材料科学方面研究工作。

　　1986年春天，全国科学技术奖励大会在北京召开。在颁奖仪式上，有位衣着整洁的中年科学家和邓稼先一起，作为领奖代表并肩走上主席台，代表成千上万的参与研制"两弹"的无名英雄，隆重地接受了国家对原子弹突破和武器化、氢弹突破和武器化的最高奖赏。

　　继邓稼先之后，1988年我又采访了这位和邓稼先并肩登上主席台接受国家奖励的核科学家——陈能宽。听他讲述他和邓稼先等人带领年轻的科技人员研制中国第一颗原子弹和氢弹的传奇故事。

我没有办法不爱祖国

　　出生在湖南慈利县江垭镇一个山沟里的陈能宽和他的同龄人一样，在青少年时期就饱尝了国破家亡的苦难，大片大片的国土沦丧，日益高涨的抗日呼声，激励他要寻找一条救国之道，因而拼命学习。不久，他被保送进唐山交通大学矿冶系学习。大学毕业时，正值抗战胜利，他进入天津炼钢厂当实习员，这是一个刚从日本人手里接收的有名气的大工厂。可是，报到以后他发现工厂的烟囱并不冒烟，而是靠从东北买来铁丝加工成各种钉子维持。面对这么萧条落后的工业，年轻的陈能宽失望极了。于是，他抱着"救我中华"的热切愿望，于1947年去了美国。

旅居美国期间，陈能宽借助奖学金，仅用三年时间就在耶鲁大学获得了物理冶金系的硕士和博士学位。当他学成准备回国时，朝鲜战争爆发了。

中美之间的战争状态使他有国难回，只得暂时留下。他起先受聘于美国巴尔的摩的霍普金斯大学，后来又到美国匹兹堡的威斯汀豪斯电器公司任研究员，在有些人的眼中，当时他可谓"少年得意"，不少人劝他买房子、入美籍……做长远打算。

"长远打算？对。"陈能宽心想。他确有一个返回祖国的长远打算，只是这个打算一时还不便对人说。

就这样，直到1955年秋天，中美两国在日内瓦达成《交换平民及留学生》的协议，他才真正看到了归国的希望。

"怎么办？是立刻走，还是等一等？"他望着妻子怀中的小儿子发愁地想，妻子理解他的心情，说："我们等了这么久，才等到今天的机会，孩子小，不要紧，当年出国时丢下一个8个月的女儿，今天回去，最小的也刚好8个月，多么有意思。"

"对，立刻走，免得夜长梦多。"星期五下班以后，他直奔匹兹堡火车站，登上了去纽约的火车，买了回国的船票。

有些美国朋友对于他急于要回到贫穷落后的中国很不理解，劝他留在美国。他说："中国是我的祖国，我没有办法不爱她。这种诚挚的爱就像是被爱神之箭射中了一样，是非爱不可的，正如鲁迅的诗句所说，我是'灵台无计逃神矢'呀！"

这一年的冬天，陈能宽携全家踏上了归途。

给祖国做事的幸福

新中国百废待兴，各方面条件自然十分艰苦。但是，当32岁的陈能宽兴冲冲地骑着从海外带回来的自行车，到中国科学院应用物理研究所上班后，他立刻感受到了"给自己做事的幸福"。

"你们这么年轻，回来给祖国做事太好了！"周恩来总理在中南海会见他和他的妻子裴明丽时高兴地说。

1960年夏天，陈能宽奉调到二机部（即核工业部）。

一天，钱三强、李觉和朱光亚找他谈话："陈能宽同志，调你到二机部来，是想请你参加一件国家重要的机密工作，我们国家要研制一种'产品'，我们想让你负责爆轰物理的研究工作……"

虽然钱三强等人没有明确地点出"产品"的名称，但是陈能宽还是立刻猜中了"产品"二字的含义。

"噢，是不是让我参加原子弹的研制工作啊？你们是不是调错人了？我是搞金属物理的，我搞过单晶体，可从来没有搞过原子弹。"

钱三强等人听了，不禁笑起来，说："调你来没有调错。我们大家谁也没有研制过原子弹，人家说离开外国人的帮助，我们中国人10年、20年也休想把原子弹造出来，我们应当有志气！"

就这样，为了国家的利益，陈能宽从此以后便隐姓埋名，销声匿迹了。

这天，他回到家里对妻子裴明丽说："我要走了。"

"你要到哪里去？"妻子问道。

"你看过《昆仑山上的一棵草》这部电影吗？我要到那里去，那里有美丽的蓝天和草原。"

沉吟片刻，他又对妻子说："如果我要调到一个你找不到我，我也不能和外面联系的地方工作，你有什么想法吗？"

裴明丽能有什么想法呢？她太了解丈夫的为人了。因此毫不犹豫地回答说："如果国家需要你这样做，你就按国家的要求去做吧，我没有问题。"

4年之内，陈能宽就这样从一个信箱号码走进了另一个信箱号码，由于他严格遵守保密条例，以至于妻子对他的工作性质和具体工作地址一无所知，直到中国第一颗原子弹爆炸成功的新闻公报发表以后，有人悄悄地对她说："你知道吗，陈能宽也参加试验了。"她听了十分惊讶，心里仍然半信半疑。

失踪之后的陈能宽，来到长城脚下的17号工地，在著名物理学家王淦昌、朱光亚等人的领导下，带领一些刚走出大学校门的年轻人开始了原子弹的爆轰物理试验。

代号为"17号工地"的地方，风沙呼啸，人烟稀少。这里原是一个试验基地，早在1959年就建立起来了。这里是有名的张家口的风口区，大风一来，天昏地暗，飞沙走石，冬季从当年10月一直延续到来年的4月，最低气温可以达到零下30℃，就是在这样恶劣的环境里，陈能宽等科学家们克服了令人难以想象的艰苦生活条件和工作困难，为中国第一颗原子弹的试验产品研制工艺技术打下了坚实的基础。

当时，正值三年困难时期，各种物资极端匮乏。他们在山沟里做试验，天天和危险的物品打交道。一位科技人员回忆说："当时，工房里没有排风设备，工作起来，苦热难当，一天工作下来，身上穿的内衣湿得能挤出许多水来，工作的环境虽恶劣、简陋，我们对工作却一丝不苟。在一次测温时，我被高温烧得汗流满面。眼镜模糊不清，一推口罩，不料把眼镜掉在了药桶里，正当我惊慌失措时，忽然听到一个镇静的声音：'小伙子，快捡起来！'好在桶里的熔药少，当我把变形的眼镜捡出来扔到一边时，才注意到身旁站着两位穿白大褂、神情严肃的中年人，一位是室主任陈能宽，另一位是著名核物理学家王淦昌。"还在读大学时，这位年轻人就经常从老师的嘴里听到王淦昌这个名字，想不到，现在竟出现在自己的面前。王淦昌、陈能宽微笑着对他说："这样做是很危险的，药液也报废了，以后要注意噢！"

在那些年月，他们一面紧张地工作，肚子饿了就向附近的老乡买些红果或香果充饥。秋收过后，偶尔还可以从老乡的庄稼地里找到一些剩下的白薯、玉米或是土豆，就来个小秋收。晚上，他们一面研究资料，一面在火上煮玉米或白薯吃。生活是那样艰苦，创业是那样艰难，但他们谁也没有计较过物质条件的困难或者应该给多少报酬。相反的，相互之间倒是非常体贴、谦让。

采访中，陈能宽对我讲了这样一件事：有个星期天，他们好不容易在官厅水库里钓到了一条鱼，他和其他科技人员虽然很想美餐一顿解解馋，但是大家还是决定把鱼送到王淦昌教授家里去。因为王淦昌教授在他们中间年龄最大，而王老的夫人烹饪技术也是最高明的。

开始，做爆轰试验用的"碉堡"还没有修起来，他们就把沙袋围起来做试验。上千次试验都必须在风沙弥漫的野外进行，做完一天的试验，人人成了沙人、泥人。风沙吹裂了他们的皮肤，他们关心的却是怎么做才能使核材料引起链式反应。

在国外严密的封锁之下，自己做试验得到的任何数据都是难能可贵的。他们谁也没有想到过是否能公开发表论文。他们说，我们要为中华人民共和国写篇大论文！

3年间，陈能宽他们在中国第一颗原子弹爆轰物理试验场做了上千次试验，取得了大量数据，突破了重要的关键问题以后，陈能宽又和大队人马一起，到海拔3000多米的青海高原试验场，去"假戏真唱"（即进行原子弹爆炸前的"冷试验"）了。高山缺氧，人走起路来就像背负着一个大包袱，但他们还是以"头顶蓝天，脚踏草原"而自豪。他们每天从驻地到试验场要在坎坷不平的路上颠簸半个小时，为了防止"产品"车在路上发生意外，陈能宽作为"产品"全面质量和技术总负责人之一，坐在车上也要把危险的关键部件放在自己的旁边。

突破了原子弹的"冷试验"之后，他们又到罗布泊试验场成功地进行了第一颗原子弹的爆炸。

提起罗布泊，人们就会把它和荒凉、沉寂联想在一起。可是，在陈能宽和他同伴们的心目中，它却是自己生命中的绿洲。一位科技人员回忆说："楼兰古城的城墙没能挡住漫卷的风沙，一条曾经繁华喧闹的丝绸之路消沉了。总以为大漠就是沙漠，应该是蓝天白云、金沙连天。然而，当你脚踏坚硬的石砾，被压抑在两侧斑驳的山峦之中时，你才真正感受到了大自然的严酷和大漠的苍凉。"

参加核试验的科技人员说，在这片地理学上称之为台地的地方，生命的力量被淡化了，风成了这里的主宰。无日不刮的狂风千百万年地折磨着地壳隆起的群山，形成了奇特的地表地貌。生命已经淡忘这片土地，荒漠仍在昏睡的时候，一支披着绿色的秘密部队打破了大漠的沉寂，开始了一项秘密事业的历程。于是，共和国的版图上又多了一个人造的地名，人造的小镇上也多了一群候鸟般的人。他们不像部队，着装混杂、年岁参差；他们又像部队，作风严谨、能征善战。他们给荒漠注入了生命，带来了喧嚣。在喧嚣终于演变成惊天动地的震颤之后，他们又悄然离去。没有人知道他们从哪里来，又将要到哪里去。空寂的荒漠上深深地印下了他们的番号。

一位科技人员说："在这里，爱国主义是人的精神支柱，也是人的动力源泉，一切为了国威、军威，成了人们坚实的信念与共识。"

在高大的井架前，他们亮出自己的心声：抛家舍妻赴场区，最懂崇高爱；无私奉献为试验，深知人世情。

高大的井架前，院长、所长、研究员、高级工程师也都和工人一样，当起了力工。铁沙、铅砖从他们的手中下落；风沙、雨雪从他们身上袭过；烈日、寒风同样在考验着他们的意志。就这样，一天十几个小时，一干就是几个月。当几个月的辛劳终于化作那惊天动地的震颤时，所有的人都为之欢呼雀跃。

人们说，初到罗布泊的人会听到"老同志"细致入微地告诉你每一项大漠的"生活准则"：怎样洗澡，怎样洗衣服，怎样喝水，怎样吃水果。因为这里的水质很差，每次洗完澡身上都会留下一层白花花的碱，个别有过敏反应的人身上还会长出片片红疹。由于水质差，多数人饮用后都会腹胀、腹泻……

沙漠的生活是那样枯燥、艰难，人与人之间真挚的关怀与情谊成为人们心中的绿洲。陈能宽他们在这样的环境里，一干就是几十年！

在昔日荒凉的古战场上，在古楼兰的地平线上，他们创造了丰功伟绩，铸就了中华民族腾飞的标志。昔日荒凉的草原，如今已是绿树成荫；昔日的科研大楼，如今变成了自治州的州府。在"青海长云暗雪山，孤城遥望玉门关"的地方，一切为了"596"①已成为往事。藏民们依旧唱着动人的牧歌在草原上游牧；不同的是，为了表彰开拓者们的丰功伟绩，人们已在草原上为他们树起了纪念碑。

2005年9月1日，国务院新闻办公室发表的《中国的军控、裁军与防扩散努力》白皮书中说："中国在任何时候和任何情况下都不首先使用核武器的政策不会改变。"中国发展核武器从来就是为了防御目的。无论是在冷战时期面临核威胁和核讹诈的时候，还是在冷战后国际安全环境发生巨大变化的情况下，中国始终恪守这一承诺，中国的这一政策今后也不会改变。

白皮书说，中国是核武器国家中核试验次数最少的。中国在核武器的规模和发展方面始终采取极为克制的态度。中国过去没有，今后也不会参加核军备竞赛。

白皮书还说，中国从未在外国领土上部署过核武器，20世纪90年代，中国关闭了青海核武器研制基地。

在长达20余年的时间里，陈能宽作为核装置全面质量技术的总负责人之一，

---

① 中国第一颗原子弹工程代号。

在中国进行的多次核试验中,他参与了大部分核装置试验方案的制定和实施,他和他的同伴们成功地进行了原子弹的突破和武器化、氢弹的突破和武器化。1986年,他和邓稼先一起,作为国家级科技进步特等奖领奖代表,受到了国家的最高奖励。1982年,他还因成功地进行了"聚合爆轰波人工热核反应研究",成为全国自然科学一等奖的主要获奖者之一。

1979年秋季的一天,美国宾州大学的麦登教授访问中国。在过去的多年里,他曾千方百计地打听陈能宽的下落,但是谁也不能给他一个肯定的答复,他寄到中国的一封又一封信,要么石沉大海,要么原信退回。这天,他下飞机后,又询问陪同人员能不能找到他的老朋友陈能宽,回答仍然模棱两可。突然,他在机场的人群里发现了这位老朋友,他快步走上前去拥抱陈能宽,惊喜地说:"啊,能宽,你太使我惊讶了!"在当天的晚宴上,他们在一起回忆往事,畅谈友情,这时,陈能宽惊异地发现自己归国后,竟已销声匿迹达四分之一个世纪之久。

一位年轻的核科学工作者回忆和陈能宽共同走过的道路时说:"在人生的旅途中,有很多驿站,难忘的是起点。17号工地是我人生驿站的路口,当年我与同伴们坐车冒着严寒,穿越风沙来到17号工地时,就决定了此生为研制中国的战略核武器而跋涉。回忆往事,我的眼前浮现出我的大学老师,浮现出王淦昌和陈能宽教授那清瘦的身影和熬红的双眼,浮现出17号工地工作的酸甜苦辣,无数同我们一样默默无闻地奋战在国防战线上的人们,都无怨无悔地在编织着共和国的辉煌。"

青海,这片自古以来就是人烟稀少的荒漠,陈能宽他们在"君不见青海头,古来白骨无人收"的苦地方,年复一年地过着"牛郎织女"式的单调生活,他们以苦为乐,因为他们深深地懂得自己工作的意义。

1984年,在中国第一颗原子弹爆炸成功20周年之际,陈能宽写过这样的诗句:"不辞沉默铸坚甲,甘献年华逐紫烟。"

这是他和他的同伴们献身我国国防事业的共同写照。

> 不辞沉默铸坚甲,甘献年华逐紫烟。
>
> ——陈能宽

用身体保护绝密资料

> • 应永远怀念的科学家郭永怀

科学家档案

郭永怀（1909—1968），山东荣成人。著名力学家、应用数学家、空气动力学家，中国科学院院士，中国科学技术大学化学物理系首任系主任，近代力学事业的奠基人之一。

1968年12月5日，北京机场上空突然响起了剧烈的爆炸声，在浓烟和烈火中，传来了一个不幸的消息——著名力学家郭永怀遇难。

原计划与郭永怀同行的还有著名物理学家王淦昌、朱光亚，三位科学家准备赴中国的核试验基地工作。王淦昌、朱光亚因为临时有事未能同行。

不幸的消息传来，全国上下一片悲恸。周恩来总理立即责令有关部门查清事故的原因。

"一个有生命，有智慧的人，一位全世界知名的优秀力学家离开了人世，生和死就那么10秒钟！"郭永怀的挚友钱学森得知噩耗后痛惜地说。

从农村娃到世界空气动力学大师

1909年，郭永怀出生在山东荣成一个农民家庭。他靠着亲友资助和半工半读念完了大学。1939年获得北京大学奖学金赴加拿大留学。

当时，日本侵华战争正在全国蔓延。郭永怀和一批留学生乘坐的轮船就要从上海的码头启航时，护照才发下来，他打开一看，大吃一惊，没想到他的护照竟然是日本政府签发的。

"我是个中国人，我要求更换护照！"他当即对有关部门说。

"谁闹了就取消谁的留学资格！"

郭永怀伫立在船头，毫不犹豫地说："我宁愿不出国，也不能丢掉中国人的骨气！"

同船的20多名留学生应声纷纷下船，以示抗议。

8个月后，郭永怀又收到了取道香港的出国留学通知。船开了，他拿出护照和有关的材料一看，里面竟夹着一张让他申请加入国民党的表格，他当即把申请表撕碎扔进了海里。

留学期间，他仅用半年时间就获得了加拿大多伦多大学硕士学位。怀着科学救国的强烈愿望，他开始研究设计超音速飞机。日本飞机对中国的狂轰滥炸，成千上万中国人遇难的惨状，促使他感到中国必须有强大的国防，必须有先进的飞机。在这之后，他决定改学力学，为此，1941年他离开加拿大到美国加州理工大学拜著名流体力学大师、素有"航空之父"之称的冯·卡门为师。在这里，他与钱学森、钱伟长等人相遇共事。他出色地完成了跨音速流动不连续解的论文，因而获得博士学位。

"郭永怀的论文，找了一个谁也不想沾边的题目，他孜孜不倦地干，得到的结果出人预料。"钱学森评论说。

1945年郭永怀应邀到美国康奈尔大学任教，成为航空研究院的创立者之一，但他对这个大学的航空研究生院负责人说："我来贵校是暂时的，将来适当的时候我要离开。"

为此，校方一直不让他接触机密工作，后来为了考验他对美国的忠心，发给他一张表格，问他如果发生战争，他是否愿意为美国服兵役。

"不。"他写了这样一个字。

1947年，他与李佩结婚，李佩向他介绍了新中国光明的未来。两个年轻人决定适当的时候回国参加建设。

1955年，钱学森历尽波折回到中国。郭永怀听到这个消息后很兴奋，他向美国有关部门表示他也要回国。

"中国是我的祖国，我想走的时候就要走！"他坚定地说。在这之后，美国当局以莫须有的罪名逮捕了李佩，并经常传讯郭永怀。经过一番抗争，美国政府迫于压力不得不同意他们离开美国。郭永怀在回国前举行了一次野餐会，聚会上他当着所有朋友的面亲手烧毁了自己所有的研究成果和资料。李佩看在眼里，痛在心里，但她明白，这是为了避免被美国政府找麻烦。郭永怀安慰她：没关系，知识都在脑袋中，他们拿不走。就这样，1956年11月郭永怀和李佩回到了中国。

用血肉之躯保护核数据材料

回国以后，周恩来总理在中南海会见了他。钱学森向周恩来总理介绍了郭永怀。

"你回来的正是时候，有什么想法吗？"周恩来总理问郭永怀。

郭永怀激动不已，很久说不出话来。

"我想的是尽快地投入工作，我要工作！"他说。

几天以后，他来到中国科学院的力学研究所，与钱学森一起投入到创建新中国力学科学的热潮中。

1955年1月15日，毛主席在中南海主持召开了中共中央书记处扩大会议。听取了李四光、刘杰、钱三强等人的汇报，研究了中国发展原子能事业的问题。这是一次对中国核工业具有重大历史意义的会议。苏联撤走专家后，为了突破原子弹技术难关，1960年初，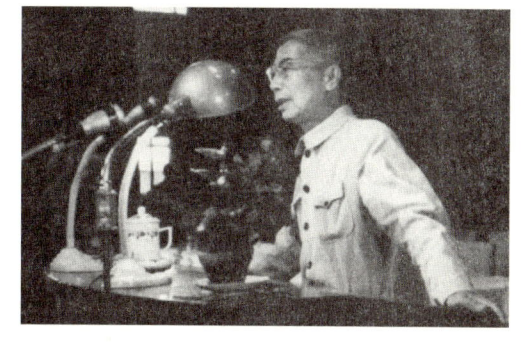二机部向党中央请求，从中国科学院和全国各地选调了郭永怀、程开甲、陈能宽等105名中高级科技人员。

进入隐姓埋名的核武器研究院后，郭永怀怀着满腔热情夜以继日地忘我工作。

他负责的核武器力学部分没有现成的资料,他组织大家对核装置的结构力学、结构强度、压力分布等进行了具体研究和计算。他对核武器的总体发展提出了设想和建议。

郭永怀不仅是力学家,而且是设计院的主要负责人之一。他积极地培养年轻人,设计了大型力学实验基地。

1957年,郭永怀被选为全国政协委员,连任三届全国人大代表。1962年7月16日加入中国共产党。在这之后获得"两弹一星"功勋奖章。

1968年12月4日,他带着在青海核试验中发现的重要数据文件,兴致勃勃地登上一架飞往北京的飞机。在一夜的航行即将到达终点时,飞机在下降过程中瞬间爆炸。

在飞机失事的一刹那,郭永怀这位正在不遗余力地增强中国国防能力的著名科学家,这位不肯拿日本护照的中国人,他想的不是立即设法逃生,而是毫不犹豫地和自己的警卫员牟方东紧紧地搂抱在一起,用自己的血肉之躯挡住熊熊燃烧的烈火,为的是把核武器数据保留下来。当人们终于用力把两具遗体分开时,发现两具遗体的胸部中间,有一个皮质的公文包!虽然公文包有些烧焦,但在两人紧紧相拥下公文包里的文件依然完整。

1968年12月25日,中国第一颗热核导弹爆炸试验成功。这里倾注了郭永怀太多的心血。

为了使后来者永远铭记郭永怀不朽的人生,中国科学院力学研究所在北京中关村的大院里为他树立了巨大的座像。

目光穿越时空

· 钱学森的故事

科学家档案

钱学森（1911—2009），上海人，祖籍浙江省杭州市临安。世界著名科学家，空气动力学家，中国载人航天奠基人，中国科学院及中国工程院院士，中国"两弹一星"功勋奖章获得者，被誉为"中国航天之父""中国导弹之父""中国自动化控制之父"和"火箭之王"。由于钱学森回国效力，中国导弹、原子弹的发射向前推进了至少20年。

自古以来，人类就向往着飞向太空，遨游宇宙。这个梦想直到20世纪50年代才变成现实。1957年，苏联第一颗人造地球卫星升空，揭开了人类航天活动的序幕。

在以后的岁月里，世界各国相继将数以千计的各式航天器送往宇宙空间，航天技术迅速地从科学技术试验进入实用和商品化阶段，它在经济、科学、文化、军事上取得的巨大社会效益，使航天工业成为世界上发展最快的新兴产业之一。

在中国古代，不仅有嫦娥奔月的美丽神话，有《山海经》《帝王世纪》上记载的"飞人""飞车"的传说，而且有勇于试验空中飞行的开拓者。

中国古代火药、火箭技术的发展，其时间之早，技艺之高，遥遥领先于世界各国。据记载，13世纪之后，随着商船的往来和蒙古族的西征，火药、火箭技术才逐渐传入欧洲，并对后来的西方文明与进步产生了深远影响。

新中国的诞生为中国航天技术的发展开辟了广阔的道路。那么，中国的航天科技是怎样起步与发展起来的呢？

带着这个问题，我采访了钱学森和宋健教授，从他们的经历和成就中，我们不难看到创业者的艰辛……

那是20世纪80年代末的一天，我在北京三里河的中华人民共和国国家科学技术委员会（简称"国家科委"）采访时，见到了当时的国家科委主任宋健。我来到宋健办公室里，他谦逊地请我坐。然后用带有山东胶东半岛一带的口音对我说："顾大姐，你写的《华罗庚传》我看过了，我觉得很好，你已经写了华罗庚，现在我希望你能再写写钱学森教授……"

宋健随即对我谈了他所了解的钱学森教授的许多故事，话语中对钱学森充满了敬意。

在这之后，在宋健的热情引荐下，一天早晨，我走进了中华人民共和国国防科学技术工业委员会（简称"国防科工委"）钱学森教授的办公室。钱学森教授已经年逾古稀，他身穿戎装，精神矍铄。在这之前，在美国纽约召开的1989年国际科学与技术交流大会上，为了表彰钱学森对中国火箭导弹技术、航天技术和系统工程理论所做的重大贡献，决定授予他"小罗克韦尔奖章"和"世界级科技与工程名人""国际理工研究所名誉成员"称号。

"小罗克韦尔奖章"是国际理工研究所于1982年设立的最高奖赏，每年授予至多3位在国际理工界有高声望的科学家，同时入选《世界级科技与工程名人录》，这是现代理工界所能入选的最高荣誉等级。到那时为止，接受"世界级科技与工程名人"称号的科学家共16人，钱学森教授是其中唯一的中国学者。

在国防科工委和中国科学技术协会祝贺钱学森获此殊荣的座谈会上，钱学森谦逊地说："今天给我的奖，说是第一名中国人得此奖，我说，要紧的是'中国人'三个字，这个'中国人'，应该包括成千上万为此做出贡献的人。"

这就是钱学森。见面后，我向他转达了宋健的美意，不料他却说："宋健让你写我，那你就找宋健吧！"显然，他不赞成为他树碑立传。

目光穿越时空

遭此番冷遇后,我仍然不死心。后来我又找到了他的秘书和身边的人们,他们给了我很大支持。几经周折,我终于对钱学森教授有了一个轮廓的了解。

"我的事业在中国"

1911年钱学森出生于浙江杭州。1934年他从上海交通大学铁道机械工程专业毕业后,于1936年去了美国。曾获得航空工程硕士、航空及数学博士学位。在美国的20年间,他曾任美国加利福尼亚州理工学院航空研究员、航空系讲师,以及加州理工学院和麻省理工学院航空系副教授、空气动力学教授,加州理工学院喷气推进中心主任教授等职。他在超声速及跨声速空气动力学、薄壳稳定理论、工程控制论、物理力学、航天技术、系统工程等方面都有很深的造诣和卓越的成就。他是流体力学的开创者之一,也是现代航空科学及火箭技术的先驱、工程控制论的创始人。他写的《工程控制论》一书,获得了中国科学院自然科学奖一等奖。他的《物理力学讲义》《星际航行概论》和《论系统工程》等书及学术论文都产生了重要影响。

了解钱学森教授的人们说,钱学森不仅是一位杰出的科学家,而且是一位爱国知识分子。1955年9月7日,他冲破重重阻挠,偕妻子蒋英和两个孩子回到祖国。在这之前,他在美国已经很有成就,他是与航空权威冯·卡门齐名的空气动力学家。在美国,钱学森有汽车,有洋房,有优厚的待遇,而他却放弃了这些,回到了当时还很贫穷与落后的祖国。人们问他为什么这样做时,他说:"因为我是一个中国人,我的事业在中国,我的归宿在中国!"

在采访钱学森教授的过程中,我翻阅了他身边工作人员给我提供的资料。资料显示:在古代,中国人在火药、火箭技术方面对世界曾经有过贡献,可以说对西方的文明与进步产生过一定影响。20世纪初,在欧美科学家的努力下,现代火箭技术在理论上有了重大突破。从30年代起,德国的火箭技术从原理性研究转入工程研制,于1942年10月发射成功世界上第一枚弹道式导弹。第二次世界大战后,美国、苏联从纳粹德国获得了大量导弹资料、实物、设备和一批工程技术人员,并很快地建立起了本国的导弹、火箭工业。在苏、美各国纷纷发展导弹、火箭技术的时候,旧中国却根本无力发展火箭和导弹技术,连绵不断的纷争、战乱,使国家在这方面的科学研究完全处于一片空白之中。

飞起我国自己制造的第一枚导弹

钱学森回国以后，立即投入到创建中国火箭和导弹技术的工作中。面对异常困难的境况，既无这方面的人才和器构设备，国外又在这些方面对中国完全实行封锁，钱学森却不仅不改回国参加建设的初衷，坚信只要经过努力，中国人也可以掌握研制火箭和导弹的技术。

"你看中国人搞导弹行不行？"有一天，陈赓大将问他。

"外国人能干的，中国人为什么不能干？"他坚定地回答道。

1956年春天，也就是钱学森回国后的第二年，周恩来总理亲自主持中共中央军委会议，听取了钱学森关于在中国发展导弹技术的规划设想。在这之后，中共中央果断地决定发展导弹技术。不久便成立了由聂荣臻副总理任主任、钱学森任委员的航空工业委员会。

1956年10月8日，由钱学森任院长的中国第一个导弹研究机构——国防部第五研究院正式宣告成立。这一天，被认为是新中国导弹、航天事业奠基的历史性纪念日。此后，在党中央的领导下，钱学森教授便戎装上阵，带领从全国各地抽调的30多名技术专家和100多名刚走出校门的大学毕业生，开始了中国导弹事业的艰苦创业。

在国防部五院成立初期，完全是白手起家研制导弹，这是前所未有的创举。面对这个领域复杂的新技术，导弹事业的开拓者们每前进一步都遇到了巨大的困难。在聂荣臻副总理的领导下，他们一面培养人才，一面组建研究机构。经过努力，国防部五院很快成立了导弹总体、空气动力、发动机、弹体结构、推进剂、控制系统、控制元件、无线电、计算机、技术物理等10个研究室。

经过4年的奋斗，1960年11月5日，中国第一枚近程导弹一举发射成功。那天，聂荣臻副总理亲自指挥了这次试验。在随后的庆祝会上，他兴奋地说："在中国的地平线上，飞起了我国自己制造的第一枚导弹，这是我国军事装备史上一个重要的转折点。"在这之后，我国又多次成功地进行了国产导弹的发射试验。

发射第一颗人造卫星

1961年4月，苏联宇航员首次进入太空。从这年的6月开始，中国科学院举办了由钱学森等人主持的星际航行座谈会。3年间共召开了12次会议，各学科的许多著名科学家参加了这些学术活动。他们中的一些人后来成为我国航天科技队伍的领导者和骨干。1963年，中国科学院成立了星际航行委员会，由竺可桢、钱学森、赵九章领导，负责组织制定星际航行发展规划，安排各项空间技术的预先研究课题，为我国航天事业早期的发展做了大量开创性工作。

1964年，我国在导弹、原子能等尖端技术方面取得了一系列重大突破，加速发展空间技术也就提上了议事日程。尤其是七机部的成立，导弹、火箭工业体系的形成，中程、中远程火箭技术不断取得新进展……这一切都表明，研制我国人造卫星及其运载火箭的条件已经成熟。在这种形势下，钱学森等科学家积极倡导我国应研制人造地球卫星。

1965年1月他在建议中写道："自1957年10月4日苏联发射第一颗人造卫星以来，中国科学院和国防部五院对这些新技术都有过考虑，现在看来，导弹火箭已有一定基础，中远程火箭进一步发展，即能发射一定重量的卫星，计划中的远程火箭无疑也有发射人造卫星的能力。工作是艰巨复杂的，必须及早开展有关的研究，到时才能拿出东西来。因此要早日列入国家计划，促其发展……"过后，国家有关部门采纳了他的建议。这年4月，国防科工委提出了1970年至1971年发射我国第一颗人造卫星的设想。1966年5月，经国防科工委、中国科学院、七机部的负责人及钱学森等共同商定，中国第一颗人造卫星命名为"东方红一号"，运载火箭命名为"长征一号"。

1970年4月2日，周恩来总理召集会议，专门听取了"东方红一号"卫星和"长征一号"火箭的研制工作汇报；4月14日，周恩来总理又主持专门会议，听取从发射场回京的钱学森、李福泽、杨国宇、任新民、戚发轫等的汇报，批准卫星和火箭进入发射阶段。最后，毛主席批准了这次具有重大历史意义的发射。

1970年4月24日，我国第一颗人造卫星一举发射成功。一周后，在五一劳动节的晚上，第一颗人造卫星飞经北京上空时，毛主席、周恩来总理在天安门城楼上，高兴地接见了钱学森、任新民及其他参加第一颗人造卫星工程研制工作的代表。

人们说，钱学森教授回国后的数十年间，在试验站、在探空火箭试验场，人们都能见到他笑容可掬、双手叉腰的身影；人们永远忘不了1960年4月18日那个大雨滂沱的夜晚，那天，聂荣臻副总理在张劲夫和钱学森的陪同下，冒雨来到上海江湾机场内简易的试车台旁，视察了"T-7"主发动机热试车。这年的5月28日晚，毛主席来到上海新技术展览会尖端技术展览室，视察了"T-7M"液体燃料火箭。

"火箭能飞多高？"毛主席问。

"能飞8千米！"

"8千米那也了不起！你们应该8千米、20千米、200千米地搞下去！"毛主席鼓励在场的人们说。

为祖国人民做点事

钱学森教授回忆往事时，曾深情地说："我在美国待了20年，20年中，前三四年是学习，后十几年是工作，所有这一切都是在做准备，为了回到祖国后能为人民做点事。"

谈到回国后的感想，他谦逊地说："我个人只是尽力做了一点点应该做的工作，那是很有限的。要说功劳的话，首先要归功于党的领导，其次是广大科技人员的努力。"

谈到今后的工作，他依然壮心不已，年复一年带领着从事高新技术研究的专家们，孜孜不倦地研究中国的高技术发展战略，研究如何使我国在高技术领域赶上世界先进水平。

"我的年纪是大了些，但我不泄气，还要尽我所能，为中国的社会主义建设奋斗下去！"

由于钱学森教授的谦逊，我在采访他的过程中虽然遇到了很大困难，但在有关部门的协助下，还是对他有了个初步了解。在这之后，我不禁对我国的航天科技发生了很大兴趣，我很想知道，在一穷二白的基础上，我国的导弹是怎样飞起来的？

火箭是怎样上天的？人造卫星又是怎样一个接一个地围绕着地球转动起来的……

一个秋日，我又走访了当时的国家科委主任宋健。于是，关于宋健是怎样从一名八路军成长为一位著名控制论科学家的传奇经历又渐渐呈现在了我的脑海里……

1986年一个风和日丽的春日，坐落在北京西山脚下的航天部710研究所的会议室里，传出阵阵掌声和欢笑声。

"现在，请给钱学森教授献花，让我们鼓掌祝贺他当选为全国政协副主席！"这个研究所的副所长于景元笑吟吟地说完，一位年轻的研究生手捧一束鲜花献给了钱学森。这天，宋健也专门请他的助手送来了贺信。他在贺信中说："今天，当党和人民以特有的方式表达了对一位杰出的、做出了重大贡献的科学家以应有的荣誉时，我们谨向您致以深情的祝贺！"

这时，75岁高龄的钱学森教授穿着一身崭新的军装，精神矍铄，满面春风。在人们的祝贺声中，他有些坐不住了，神情激动地站起来，走到麦克风前说："谢谢同志们，我只不过是做了老一辈科学家应该做的事情，没有什么值得祝贺的。"

与20位大科学家面对面

追寻科学之光

●记中国物理学宗师严济慈

科学家档案

严济慈（1901—1996），生于浙江东阳，物理学家、教育家，是中国现代物理学研究工作的创始人之一、中国光学研究和光学仪器研制工作的奠基人之一、中国研究水晶压电效应第一人。

20世纪80年代一个明媚的春日，我应邀来到北京中山公园音乐堂，参加著名物理学家李政道教授主持的一个招待会。会上，我遇见了著名物理学家严济慈教授。

"严老，您身体可好？"我握着他的手问道。

"好！好！哎，我毕竟年纪大了！"严济慈说。

我采访严济慈教授，听他讲述他那漫长、坎坷的人生经历，是在他上任全国人大常务委员会副委员长不久。

还在中学读书的时候，我就听说了严济慈的名字。在课堂上，也听老师讲授过严济慈撰写的教材。从那时起，我便对这位物理学宗师产生了敬意。后来，严济慈担任了中国科学院副院长，由于工作关系，我开始与他有了较多的接触。

在这之前，我参加了他的入党宣誓大会。会上，他声泪俱下地讲述了自己在旧中国的经历，以及后来拒绝去台湾、留在大陆的经过。

物理学家钱三强先他一步参加了中国共产党。记得那天钱三强在会上神情严肃地指出了严济慈教授的不足之处，而严老则十分认真地记录着他的发言，两位著名科学家对人生的严肃态度，给我这个晚辈记者留下了极为深刻的印象。

参加完严济慈教授的入党会议，我不禁对这位著名物理学家的人生经历产生了浓厚兴趣。于是，在这之后，我来到他在北京东四附近的住所，进一步聆听了他讲述的许多往事。

一大早我走进严济慈教授家的四合院，他身边的工作人员把我引进了西厢房的会客室里，严老和蔼可亲地接待了我。当时，他的老伴张宗英刚去世不久，在客厅的中央，安放着张宗英的骨灰盒，旁边有她微笑着的照片，还有花篮。在花篮的缎带上，严济慈教授深情地、工工整整地写着：真卿吾爱，你永远活在我的心中。

晨曦照进了这位中国物理学宗师陈旧的书房。严济慈教授在写字台前坐下来，我随即坐在了他对面的沙发上。在正式访谈以前，严济慈教授指着刚逝去不久的老伴张宗英的遗像，用浓重的浙江话喃喃地对我说："我对不起她！我对不起她！"说完，便老泪纵横起来。

我无言以对地默默地听着，一时竟不知怎样安慰他才好。我环顾寂静的客厅，见严老身后的墙壁上挂着两幅画：徐悲鸿的奔马和刘海粟的苍松。于是，话题便从这里开始了。

"严老，记得几天以前，在中国科学院的会议上，您曾说，您正是对着这两幅画，写下了要求加入中国共产党的申请书的，能谈谈您当时的心情吗？"

听了我的问话，严济慈仿佛从悲痛的回忆中惊醒过来，他边擦眼泪边对我说："是的。正是这陪伴了我近半个世纪的经霜不凋的苍松和振鬣奋蹄的奔马使我时常想到，自己虽然已到耄耋之年，仍应壮心不已。"

"科学之光"

严济慈 1901 年出生在浙江省东阳县一个不满 50 户人家的小村庄里。这是一个父耕母织的贫苦农民家庭，父母靠借债供他念完中学，他以第一名的成绩被南京高等师范学校录取。

一个从小连电灯都没见过的农村孩子，只身一人来到南京，他心中还是不免有些忐忑。4 年中，他顺利地通过了各种考试。他的老师熊庆来、何鲁、胡刚复等人对这位勤奋好学的农村学生很满意。

当时，日本正着手接管德国曾侵占的中国山东。在中国大地上，爱国的学生运动风起云涌，五四运动举起的科学和民主的大旗深深地吸引了严济慈。到海外去学先进的科学知识，"科学救国"的梦想促使他毕业后，于1923年用编写《初中算术》《几何证题》两本书的稿酬及师友资助的一笔钱，乘船经印度洋、地中海到了法国。

严济慈到法国仅一年时间，就获得了巴黎大学微积分学、理论力学和普通物理学三张文凭，并于1925年获得巴黎大学的数理硕士学位。又过了两年，取得法国国家科学博士学位。

取得博士学位几天后，他的导师、新当选的法国科学院法布里院士向全体与会的院士们，宣读了他的这位杰出学生的论文——《石英在电场下的形变和光学特性变化的实验研究》。

次日，《巴黎晨报》报道了这件事，并在第一版刊登了法布里和严济慈的照片。事情传开后，许多旅居法国的中国人都感到很光荣。这时候，万里以外的中国正在激烈地进行着愚昧与求知、光明与黑暗的较量。旅居海外的中国人尝尽了祖国落后的辛酸。现在，在身居异国的同胞中，竟然出现了这样出类拔萃的人物，怎能不让人欢欣鼓舞呢！在分享这份荣誉的中国人中，就有画家徐悲鸿。追忆往事，严济慈教授深情地对我谈起了这位青年时代的知己、好友。他随即转过身去，指着背面墙上贴着的那张已经发黄的徐悲鸿写给他的信，忆起了他和徐悲鸿的交往。墙上贴的那封信是1929年严济慈重返巴黎后，徐悲鸿写给他的，信中写道：

慕光学长：

顷由尊岳以法国学府之大作见赐，欣幸。国人能与世界科学进化者只足下一人……弟碌碌度日，见闻日陋，引领西望，神魂俱驰。

看完了信，我问道："您是怎样认识徐悲鸿的？"

严老喝了一口茶，继续对我说："那是1927年的夏天，我从地中海上船动身回国，在船上和徐悲鸿相遇。在这之前，他已经从传闻和报纸上听说过我，因此，虽然是初次相逢，却一见如故。"

追寻科学之光

> 我要努力做一个不自满自足地闭门幽居,以科学术士自居的人,不让自己以老一辈的科学领导者自居;努力做一个自愿和乐意给年轻人打开一切科学道路,使他们登上科学高峰的人,做一个承认科学的未来是属于科学青年的人。
>
> ——严济慈

"在船上,徐悲鸿十分感慨地说,当今的中国,太需要像你这样有真才实学的科学人才了!随后,他拿出画笔摊开纸,不一会儿,寥寥几笔就勾画出了我的肖像。画毕,他在旁边用法文写了一行秀丽的小字:'科学之光'徐悲鸿1927。"

从此以后,严济慈和徐悲鸿便成了莫逆之交。

"那天,我把画像接过来,高兴地看了又看。过后,我和徐悲鸿走到甲板上散步,就像奔腾澎湃的海洋一样,心情不能平静。我对徐悲鸿说,回国后我将致力于科研和教学,让科学之光照亮古老的、苦难的祖国。"

严济慈回忆说,从南京高等师范学校毕业以后,他和东南大学的第一个女学生张宗英相爱。张宗英不仅勤奋好学,而且热心社会活动,五四运动中,她担任了南京学生会评议会的议长,在北京女子高等师范读书时曾受过李大钊等人的教诲。严济慈从法国学成归来后,在上海和张宗英结婚。在半个多世纪的漫长岁月里,无论是丈夫远赴国外求学之际,还是在国难当头的动荡日子里,她都始终不渝地忠于爱情,独自一人挑起全家人的重担,侍奉公婆,抚育众多的子女。

严济慈回国后,各所大学和科研机构都争着聘请他。于是,他在上海大同大学、中国公学、暨南大学和南京第四中山大学等四所大学同时教起书来。抽时间还参加筹建中央研究院的物理研究所,因为在这以前,中国在物理学方面只有教学,没有研究。在那些日子里,他走上各所大学的讲台,不遗余力地给青年们讲述世界最新的科学技术成就,鼓励青年们奋发起来,科学救国。当年听他讲课的学生中,有陆学善、顾功叙、钱临照、杨承宗等,后来都成就了一番事业,成为国内外知名的物理学家。

第二年秋天,严济慈再次到巴黎进修,夫人张宗英同行。两年后严济慈回国担任了北平研究院物理研究所所长,在这个研究所工作的有十几位年轻人。他勤勤恳恳地带领着年轻人从事光谱学、压电晶体学和地球物理学的研究,使当时世界上最先进的科学技术，在中国这片古老的土地上生根、开花。1935年严济慈被选为法国物理学会理事，同时当选的还有居里夫人的女婿让·弗雷德里克·约里奥-居里和苏联著名物理学家卡皮察。

1937年秋天，严济慈到巴黎参加国际文化合作会议。这次访问期间，他亲自带领从中国到法国留学的钱三强到巴黎大学居里实验室，拜见了自己早年的同学、居里夫人的女儿——伊雷娜·约里奥-居里。他极力推荐钱三强，并希望予以多多关照和培养，钱三强果然没有辜负导师们的栽培，成了著名的原子核物理学家，为在中国发展原子能科学做出了卓越贡献。

抗日战争的硝烟四起时，严济慈再也不能坐在静静的实验室里专心从事科研工作了。他不能容忍日本侵略者对中国的进犯，在那些日子里，他除了参加学术活动外，还忙着从事各种抗日的宣传活动。为了使中国抗击日本侵略军的正义事业得到国际上的支持，吴玉章专程从莫斯科赶到巴黎争取国际声援，严济慈积极担当了吴玉章和法国进步学者郎之万教授之间的联络人。

1938年春天，严济慈从巴黎动身回国。途经里昂时，到里昂天文台台长杜菲教授的家中做客。在这里，遇见了里昂进步报的一位记者，他抑制不住内心的愤怒，谴责了日本人的侵略行为。次日，这家报纸刊登消息说，严济慈正率领着一批中国留法的学生回中国参加抗日战争，同时还刊登了他的抗日言论。消息传到船上，有人提醒严济慈回国后不要在沦陷区的上海下船，以免身陷囹圄。因而他不得不在香港上岸，在香港住了些日子，后来经过越南到了昆明。事情发生后，他在北京的家也受到了日军的监视。

到昆明以后，他决定把设在北京的物理研究所迁来，并设法告诉妻子扶老携幼南下相会。他经过一番奔波发现，要恢复在北京时的物理研究不但不可能，而且在困难当头的日子里没有意义。一天，在昆明北郊的黑龙潭，他把研究所的工作人员们召集到一起，忧心忡忡地说："现在是战时，侵略者破坏了我们从事科学研究的条件，使得每一个爱国的中国人都不能袖手旁观了。"说到这里，他严肃地望着大家，郑重其事地宣布说："鉴于战时大后方非常缺乏也非常需要军用通信工具和医疗器械，我决定同大家一起动手研制压电水晶振荡器、显微镜和几种光学仪器。"

追寻科学之光

中国的光学研究和光学仪器的研制工作就是这样开始的。在黑龙潭的一座破庙里，严济慈建起了极为简陋的实验室。起初，人也住在破庙里，后来研制出仪器卖了些钱，才在山底下买了一小片土地盖了几间房子。这时，钱临照、顾功叙等人也陆续从英国、美国、法国留学归来到了昆明。于是，严济慈教授和他的学生们怀着要用自己的智慧和双手参加抗日活动的神圣信念，挽起袖子亲自动手磨镜片，通过设计与计算，装配起了一架又一架显微镜。昔日学者名流的风采，而今在他身上已经一扫而光，人们看到的是一个满怀爱国热忱的农民儿子的质朴和真诚。四年里，他领着大家共造出了500架1500倍的显微镜，还造出了许多经纬仪和水平仪，培养出了一批仪器研制人才，初步形成了未来新中国光学仪器工业的雏形。

严济慈回忆说，抗日战争胜利时，他正在美国讲学、访问。在华盛顿、在纽约、在芝加哥，他怀着兴奋好奇的心情到处观光、访问，幻想国共两党正在进行的和平谈判能够成功，有朝一日中国也能实行欧美的民主政治。回国后，国共和谈破裂，全国物价飞涨，民不聊生。这时，他幻想的民主政治不仅不能实现，就连全家人的生活也成了问题。作为几个孩子的父亲，为了一家人的生活，他不得不在烟雾缭绕的小房子里，终日伏案编写着一本又一本物理教科书，靠着微薄的稿酬养活妻子和孩子们。

> 敢于好高骛远，善于实事求是。
>
> ——严济慈

在惊天动地的锣鼓、鞭炮声中，解放军开进了北平城。一天，一位接管科研单位的共产党干部问钱三强："严济慈呢？"

"他到南方探亲去了。"钱三强答道。

"你们赶快打电报叫他回来！"

次日，钱三强和顾功叙两人联名给严济慈打了电报。原来，严济慈是怕国民党政府强制他去台湾而暂时躲避到了香港。接到电报后，1949年春天，严济慈和胡愈之等人第一批乘船从香港到达北京。他的妻子和孩子也陆续回到了身边。这时，他的大儿子严又光已经从清华大学数学系毕业，二儿子严双光进了南开大学化学系，三儿子严四光进了燕京大学，老四严武光和老五严陆光也都先后进学校念书。他自己更是忙碌得很，一会儿让他参加全国民主青联代表大会，请他做《青年与科学》的报告；一会儿又请他担任中华全国自然科学工作者代表大会秘书长；在全国政协第一届会议上，又请他和国家领导人一起共商建国大计。

"最使我兴奋的是，作为一名科学家，我看到了在新中国的光辉前程！"严济慈教授回忆了那些使他振奋的日子后对我说。

有一天，解放军通信兵部队的王诤托人求见他。

"解放军找我，能有什么事呢？"

见面后，王诤恳切地说明了来意。王诤说："我早就从书本上知道您，听说您研究了二十多年压电水晶，很想向您求教，只有解放了，才有可能。"

王诤又说："这种材料我们部队很急需，您能不能抽时间，协助我们建立一个制造水晶振荡器的车间？"

"可以，可以！"严济慈听了，连忙高兴地答应说。

采访中，严济慈教授告诉我说，这件很普通的事情，使他数十年间一直念念不忘。他说："回想过去，徒有报国志，却报国无门。现在，报效国家受到如此尊重，我心想，作为一名科学家，在新中国英雄将大有用武之地了！"

当时，他是那样盼望赶快回到实验室里从事科学研究，可是，想不到，他的这个热切愿望却落了空。

中国科学院成立后，郭沫若院长到物理研究所看望他，宣布了一个他无论如何也想不到的决定，郭沫若说："慕光，我们想请你担任中国科学院办公厅主任，你看怎样？"

"不行，不行，我干不了！"这个任命实在太意外了，一时间他还想不通。

"你真的是干不了，还是有别的原因呢？"郭沫若问道。

"那好，我就坦率地说吧，我认为，一名科学工作者一旦离开实验室，就是他科学生命的终结。"

郭沫若听了哈哈大笑。严济慈也笑了。

"慕光，你的话是对的。但是倘能使成千上万的人都进入实验室，岂非是更大的好事？"严济慈听了，只好服从。

新中国刚诞生，百废待兴。中国科学院还没有一个分院。1952年，严济慈又被派到沈阳，几年时间，他不仅创办起了中国科学院东北分院，还从无到有地创办了光学精密机械、金属、土木建筑、林业土壤等一大批研究所。他从买地皮做起，日夜操劳，雄心勃勃，不仅实现了把"关外的人才向关内送"，还以东北为起点，使光学精密机械等新兴学科，逐渐延伸到上海、西安等地发展壮大起来。

1954年中国科学院成立学部委员会，严济慈担任了技术科学部主任。各学部在中南海怀仁堂开会，严济慈报告工作时，毛主席和周总理都认真地听。有时候，他还出席周总理主持的国务院会议。由于他讲一口口音浓重的浙江话，坐在一旁的郭沫若院长常常会协助"翻译"。

1958年，中国科技大学成立。郭沫若亲自担任了校长，副校长分别由严济慈和华罗庚担任。这时，严济慈已经有30多年没有教过书，他又满腔热情地重新站上讲台，在科技大学兼授普通物理。许多年轻人还在中学读书时，就读过他编写的教材，而今他编写的《普通物理学》又成了各所大学的标准课本。因此，许多青年人都对他很崇敬。每逢他讲课时，科大的大礼堂里外站满了人，真可谓水泄不通。

1980年1月27日早晨，严济慈打开收音机，听到一位女播音员正以清晰悦耳的声音播送着他和华罗庚教授入党的新闻。

他心里很激动，祝贺的电话、电报、信件也纷至沓来，使他应接不暇。傍晚时分，秘书送来了一沓信。他一封封地翻看着。忽然间，一封笔迹十分熟悉的信映入了他的眼帘：

慕师函丈：

顷在报端，欣悉吾师获得批准加入中国共产党。吾师30年来夙兴夜寐为党忠诚工作，学习马列，提高觉悟，终以耄耋之年，成为工人阶级先锋队一员。

昔屈原有云：日忽忽其将暮，吾令羲和弭节兮，望崦嵫而勿迫，路曼曼其修远兮，吾将上下而求索。

弟子幸列门墙，今已到望崦嵫之年，敢不以吾师为榜样，将上下而求索。

信是严济慈教授早年的学生、中国科技大学副校长、著名物理学家钱临照写来的。读完了信，严济慈激动不已，他为自己在漫长的人生旅途中，终于有了光荣的归宿而欣慰。

遨游太空之梦

—— • 记"长征三号"运载火箭总设计师谢光选

科学家档案

谢光选（1922—2016），江西南昌人，中国战略导弹与运载火箭技术专家和主要开创者之一、中国科学院院士、国际宇航科学院院士、中国航天科技集团公司科技委顾问、中国运载火箭技术研究院技术顾问。

那是1989年秋季的一个早晨，我来到坐落在北京郊区的中国运载火箭研究院，采访了著名的运载火箭专家谢光选和他的伙伴们。

采访开始后，主人先安排我参观火箭组装车间。陪同的科技人员指着正在组装的白色巨型火箭说，这些巨型装置不久将飞上蓝天。

随后，我来到"长征三号"运载火箭的总设计师谢光选教授的工作室，采访了这位多年来带领年轻人制造中国神箭的人物。

在这之前，我们已听说1987年在国际宇航科学院（IAA）的院士名单中，又出现了一个中国人的名字，那就是谢光选教授。人们说，谢光选进入国际宇航界学术权威之列是当之无愧的。作为中国自己培养的火箭技术专家，他曾经具体领导和参加了国家战略液体火箭的总体设计工作。特别是他作为"长征三号"运载火箭的总设计师，亲自主持和参加了这一运载火箭的研制及飞行试验，和广大科技人员一起，解决了一系列的关键技术问题，为中国成功发射地球同步轨道通信广播卫星做出了贡献。同时,"长征三号"已成为中国进入国际发射市场的主力运载火箭。

中等身材的谢光选教授很健谈,很谦逊。他介绍说,"长征三号"是在"长征一号""长征二号"的基础上发展起来的。运载火箭又是在地对地导弹的基础上发展起来的。

"中国从一无所有,到逐鹿天疆,倾注了钱学森、任新民、屠守锷等老科学家的大量心血和汗水,一大批新中国培养的中年科技工作者为之献身,当然也有近十年来陆续走出校门的科技新人的努力,我个人只是亲历了近三十年中国火箭研制历程的设计者与见证人之一。"

谢光选教授随即回忆了自己亲身经历的许多往事。

尖端技术,只有靠自己的力量

"我国的导弹、火箭是在一片白纸上起飞的。1956年,国家最高领导层决定发展导弹事业。当时,我正在东北某地担任反坦克火箭、火箭炮的主任工程师。当我奉调到为研制导弹新组建的国防部第五研究院时,当时调集来的人中,搞过导弹研究的一个人也没有。"

"在这之前,你在哪里、做什么工作呢?"我插话。

谢光选教授随即回忆道:"我是在抗日战争的烽火中考入重庆兵工学校大学部的。当时中国内忧外患,民族处于危亡的情势,使我从小就梦想着能造出坚船利炮保卫祖国。我还清楚地记得,著名物理学家丁肇中教授的父亲丁观海教授穿着打着补丁的衣服站在讲台上,给我们讲授当时国际上的新知识——弹性力学时的情景。"

聂荣臻副总理曾说过:"60年代,我们是在国外封锁和外来压力下发展航天技术的。但无论遇到什么困难,我们都没有动摇、后退,始终坚持自己的民族自尊心和自信心,坚持走独立研制的道路,并且取得了令人信服的成绩。"

聂荣臻副总理的这番话,对于谢光选和其他从事导弹、火箭研制工作的人们来说,体会尤其深刻。

据谢光选回忆,20世纪50年代后期,苏联曾经提供了一种近程导弹工艺方面的仿制资料,并且派人来华帮助仿制。谢光选等人在仿制中还只是做生产工作,根本接触不到有关导弹的核心技术，更遑论设计。苏联专家突然撤走时，导弹仿制工作已经进入关键阶段。上级领导当机立断，迅速组织队伍攻关。从1960年8月苏联专家撤离，仅过了三个月的时间，中国就仿制出了"东风一号"的近程导弹。谢光选当时担任导弹总体设计部五室主任，他和全体参试人员一起兴致勃勃地赶往酒泉发射基地发射。

"这年的11月5日，在热烈的欢呼声中，喷着烈焰的导弹腾空升起，一次发射成功。在场的聂荣臻副总理兴奋地说，在我国地平线上，第一次飞起了我国自己制造的导弹，这是我军武器装备史上一个重要的转折点。"

从这之后，中国开始自己设计导弹。谈到这里，谢光选深有感触地说："尖端技术，靠钱是买不来的，靠'牢不可破'的友谊也换不来。只有靠自己的力量。"

在采访中，谢光选还告诉我们说，他们所从事的高技术研制工作并不总是一帆风顺的。

1962年3月，中国自行设计的"东风二号"导弹首次试射失败了。它在空中只飞了十几秒钟就掉了下来。在分析失败的原因时，大家认识到：能仿制生产导弹，并不代表就能设计导弹。原来只考虑在仿制基础上挖掘潜力提高射程，没有考虑整个系统的问题。于是，下定决心停下来重新组织队伍，建立起设计师系统和指挥调度系统，同时把苏联援建的生产导弹基地改建成能研制导弹基地。在这之后，谢光选被任命为总体设计师，他们总结失败的教训，加强了在地面的试验，试验成功之后，再拿到靶场发射。经过两年的努力，1964年6月29日，修改设计后的"东风二号"A导弹一举发射成功。

在风云变幻的20世纪60年代，增强中国战略武装力量无疑是立国之本。谢光选教授说，他还清楚地记得，1963年7月2日陈毅元帅到研制基地参观时的情景。当时正值盛夏酷暑，陈老总手里拎着外衣，边走边问陪同的谢光选说：

"你们什么时候能拿出洲际导弹？"

"还得一段时间。"谢光选说。

"你们早一点把洲际导弹拿出来，我这个外交部长的腰杆子就硬喽！"陈毅拍着腰板急切地说。

遨游太空之梦

> 掌握这种发射同步定点通信卫星的技术是中国运载火箭技术的一个重大突破。我是总设计师,必须全力以赴做好这项工作。
>
> ——谢光选

从陈老总的一番话中,谢光选再次体会到自己和同伴们责任的重大。采访中,他给我们讲了一个笑话:1964年10月,中国成功地爆炸了第一颗原子弹,一天,在聂荣臻副总理的办公室,张爱萍将军主持有关研制导弹核武器的会议。在讨论中,有人诙谐地打比喻说:"导弹复杂,原子弹娇气,让它们结婚,不让恋爱怎么行?"于是,会后成立了导弹核武器技术协调小组,由参加这次会议的谢光选、龙文光担任正副组长。在各方面的共同奋战下,1966年10月26日,在酒泉发射场用导弹将热核弹头发射到了千里之外的核试验基地,弹头精确地命中目标。从此以后,中国有了"弹",也有了"枪"。

谢光选教授担任导弹、火箭总体设计部主任时,正是"文化大革命"动乱时期,他是周恩来总理批准的重点保护对象之一。他们在艰难的环境里埋头苦干,在研制成功中程导弹的基础上,于1970年1月又研制并发射成功两级中型远程导弹,到1971年9月,远程导弹也发射成功了。

中远程地地导弹的相继发射成功,为中国航天事业的发展铺平了道路。20世纪60年代中期,导弹、原子弹和氢弹等尖端科学技术接连取得重大突破以后,钱学森、赵九章等科学家先后上书党中央,建议加速我国空间技术的发展。在这之后,中央专门委员会批准了国防科工委关于在70年代初发射我国第一颗人造地球卫星的设想。由谢光选所在的七机部一院负责研制运载火箭,以中远程导弹为原型,研制出的"长征一号"运载火箭,于1970年如期将我国第一颗"东方红一号"卫星送上了天。从此以后,揭开了中国人参加航天活动的序幕,宣告中国进入了航天时代。

谈到这里,谢光选教授感慨地说:"在国家底子薄、科学技术落后的条件下,中国完全靠自己的力量研制成功原子弹、氢弹,把人造卫星送上天,国际舆论为此惊叹说,中国有了'两弹一星',无疑有了进入联合国的门票。"

谢光选回忆说,在十年动乱中,他们的工作同样受到了很大的干扰,原有完善的研制管理规章制度被冲散了。

"'长征二号'运载火箭在1974年11月5日第一次发射失败，就是一根导线断了的原因，为此损失了3000万元。"他痛心地说。

"1975年张爱萍将军复出并主持工作，提出'还我老五院'（即恢复原国防部五院行之有效的制度），并对各项工作进行了整顿。同时明确目标：一抓洲际导弹，二抓潜地导弹，三抓同步卫星与运载火箭。在这之后，'长征二号'连续十一次发射成功。"

"长征三号"总设计师

不久，研制发射定点通信卫星所用的运载火箭"长征三号"的艰巨工作又摆在谢光选他们的面前。1977年12月，"长征三号"的研制工作上马，谢光选被国防科工委任命为总设计师。任务很明确：在"长征二号"的基础上，研制出足够推力的运载火箭，把中国第一颗试验通信卫星送到地球的静止轨道上。

与此同时，谢光选所在的研究院里，洲际导弹的研制工作也在加紧进行。在1980年5月，中国成功地向南太平洋海域发射了一枚洲际导弹，从而成为继美国和苏联之后，第三个拥有洲际导弹的国家。

谈到这里，谢光选教授解释说，所谓地球静止轨道，是指距离地面约36000千米高、与地球同心、与赤道同面的轨道。卫星在这样的轨道上绕地球一圈要24小时，与地球自转的速度相同。由于卫星与地面之间无相对运动，因此，从地球上看，卫星好像是静止的，这种卫星便被称为"静止卫星"或"同步定点卫星"。通过在地球静止轨道的通信卫星的传输，只要0.3秒的时间，西藏等边远地区便可以接收到北京中央电视台的节目。它可以广泛地应用于电话、电报、电传等的电信传播。

在论证方案的时候，谢光选等设计师们决定一、二级火箭沿用"长征二号"，用常规推进剂，第三级火箭则采用具有二次启动能力的新型氢氧发动机，用低温高能推进剂，也就是用液氧做氧化剂，用液氢做燃料。液氢发动机是20世纪60年代初国际上出现的新型火箭发动机，比一般常规发动机的推力大50%以上，低温高能推进剂的研制，比常规推进剂的难度和风险更大。谢光选他们的选择是挑战当时国际航天的先进水平。

"兵熊熊一个,将熊熊一窝。"在那些日子里,谢光选常这么想。作为这种新型运载火箭的总设计师,他勤奋地钻研国内外有关的文献资料。自从进入国防部五院以后,始终记着聂荣臻给五院提出的建院方针:自力更生为主,力争外援和利用国际上已有的科学成果。年复一年,为了做好研制工作,他始终坚持自己直接阅读大量的国外报刊及情报资料,上百本的工作笔记都记得密密麻麻的。他深知作为主要技术负责人,单凭个人的智慧和能力是很难完成如此复杂的系统工程的。因此,在主持设计工作时,他很注意充分发扬学术民主。他带领大家夜以继日地工作,完成了火箭的方案论证以后,又成功地设计了火箭的总体方案。当时,仅研究院总设计师系统和总体设计部提出的预研课题就有36个,其中大约60%是低温方面的技术难题。谢光选和龙乐豪等科学家积极组织队伍攻关,先后进行了29项共249次试验,取得了大量的数据,终于突破了在低温条件下的材料工艺技术关键。

"长征三号"第三级发动机是我国自行研制的第一台液氢—液氧发动机,尽管20世纪70年代初已经着手搞氢氧发动机的预研,但突破不大。在攻关过程中,谢光选、刘传儒、王之任、朱森元、王彬等同数十位工程技术人员做了大量的发动机地面试车试验,在长达7年的时间里,先后共试车130多次,在这个过程中,他们不断地完善和修改设计,参试人员几乎没有星期天和节假日,加班加点工作是平常事。那时,更没有什么加班费、奖金。他们凭的是报效祖国的一腔热忱。地面试验要步行四五十分钟的山路,在山上试车。在那些日子里他们常常喝不上水、吃不上饭,试车不成功就连夜拉回车间分解,再回研究室研究、讨论,随后再上山重来。

就这样经过长达7年的努力,一枚全长43.25米、起飞重量202吨、起飞推力280吨的三级大型火箭诞生了。当时,谢光选他们整装奔赴卫星发射场时脑子里只有一个念头:用中国人自己研究和制造的神箭,把卫星送到地球的静止轨道上。

在谢光选教授和他的同伴们的记忆中,1984年1月29日这一天是难忘的。这天,西昌航天发射场指挥中心的大厅里一片寂静,晚上8点42分,第一枚"长征三号"火箭正点起飞。在座的人们年复一年地献身于中国的航天事业,许多当年满头青丝的青年如今已经两鬓染霜,有的人积劳成疾仍带病工作。他们看到将要用自己亲手研制的运载火箭把通信卫星送入太空时，心情都十分激动。

"当我们从荧光屏上看到火箭起飞后，第一级、第二级飞行正常，第三级的第一次点火和关机也正常，不料飞到400千米的高度的停泊轨道时发动机失去了推力，二次点火没有成功，没能将卫星送入预定的轨道。见这情景，在场的不少人都哭了。"

谢光选教授告诉我们说，"长征三号"第一次发射没能够进入同步转移轨道，但是有关的各个系统和地面测控网的部分试验还是完成了。虽然这是局部失败，但谢光选的心情仍然很沉重，他们没有互相埋怨，而是迅速地行动起来，在各自负责的范围内找问题。为了不失时机地赶在西南地区雨季到来之前把试验通信卫星送入地球静止轨道，从前方到后方，从设计、生产到试验部门，开展了后来称之为70天"闪电"行动的奋战。

第二次发射前的准备工作必须抢在3月底前完成。在谢光选等人的主持下，围绕发动机问题组成了15人的分析小组，连续工作了四五个通宵，很快找到了故障的原因。然后，提出了三个技术方案，着手修改发动机并进行地面试车试验。

谢光选回忆说，当时许多在第一线工作的中年科技人员从基地乘飞机到北京后，立即被接进研究院的工厂着手工作，有了结果又赶紧返回基地，根本顾不上踏进自己的家门。

"传说大禹治水三过家门而不入，当年你们恐怕也是用这种精神工作的吧？"我笑着插话问道。

谢光选听后笑了起来。他说，在发射基地工作的一些老专家，干脆就把铺盖抱到了现场，日夜连轴转地工作。

在这之前，在太平洋赤道附近执行测量任务的测量船，不断地发回有关的测试参数，供北京和西昌两地的科技人员们分析。

谢光选说，修改设计后的发动机样机，在北京的研制基地进行了8次试车，成功以后迅速送往西昌，在基地更换了发动机。那些日子里，在任新民、谢光选等人的领导下，改装工作在已经竖起的火箭箱体上进行。工作时，运载火箭总装厂的师傅们衔上潜水用的呼吸器，钻进机舱里，既不能站立，也不能坐下，要敛声屏气地弯着腰小心翼翼地工作。改装后的各种测试数据表明完全符合要求。

1984年4月8日，改装后的"长征三号"运载火箭第二次发射成功，顺利地把试验通信卫星送入了地球静止轨道，入轨精度很高。信息传开，当时的美国宇航局局长给中国航天部部长张钧发来电传祝贺说，你们完全可以为中国航天计划中的这一重要技术里程碑感到自豪，因为世界上只有少数几个国家达到了这次发射所显示的技术能力。

后来，"长征三号"又相继发射成功三颗卫星，从1988年开始，接受国外卫星客户的发射订单。

到我采访时为止，谢光选教授主持和参与设计的各种型号的导弹、运载火箭的飞行试验共47次，成功率达到93%。

"长征三号"的研制发射成功，在经济、国防及科学技术方面都具有重大意义。它为我国发射同步定点通信卫星、电视广播卫星、气象卫星、资源普查卫星创造了条件；它所显示的主要技术成就是：火箭具备了可以把1430千克重的卫星送入远地点为36000千米的转移轨道的运载能力；使用了高能低温的液氢—液氧发动机；解决了氢氧发动机在失重条件下二次点火的技术。所有这些表明中国在运载火箭技术方面已经进入了世界先进行列。

自古以来，人类就向往着飞向太空，遨游宇宙。如今，这个美好的梦想正在变成现实。当人们仰望着浩瀚的宇宙里正在日夜飞行的各种各样的人造星体时，应该不会忘记那些中国人的名字：他们是成千上万的谢光选和他的伙伴们。

大气人生抒远志

• 记大气物理学家叶笃正

科学家档案

叶笃正(1916—2013),出生于天津,气象学家,中国现代气象学主要奠基人之一、中国大气物理学创始人、全球气候变化研究的开拓者。创立大气长波能量频散理论、东亚大气环流和季节突变理论、大气运动的适应尺度理论等。

当你每天打开收音机或是电视,关注天气预报的消息时,你可曾想到,有人为了创建中国的气象科学倾注了毕生的心血、智慧,在天气预报的背后,蕴含着一位老人的动人故事。

1995年一个晴朗的秋日,北京西郊钓鱼台国宾馆里喜气洋洋。一年一度的何梁何利基金颁奖典礼在这里举行。当精神矍铄的中国科学院原副院长叶笃正教授走上讲台领取"科学与技术成就奖"时,伴随着欢乐的乐曲声和掌声响成一片。

叶笃正回到中国科学院大气物理研究所(他原是这个所的老所长),从这笔100万元港币的奖金中,拿出45万元港币捐献给研究所。研究所经过讨论,决定设立"学笃风正奖金",用以奖励在大气物理科学中做出突出成就的年轻人。

与此同时,叶笃正还和兄弟一起,给培养他们的母校——天津南开中学捐献人民币10万元,该校特设立了"叶氏五兄弟奖助学金",以奖励学习成绩优良、家境贫寒的学生。叶氏五兄弟——叶笃义、叶笃庄、叶笃廉(叶方)、叶笃正、叶笃

大气人生抒远志

> 一个人如果能把一个国家的气象科学提到一定的水平，这比个人写多少篇论文所做的贡献都要大。
>
> ——叶笃正

成（方实），还给他们的家乡安徽省安庆叶祠小学捐资赞助。

2005年，世界气象组织（World Meteorological Organization, WMO）的主席和秘书长又亲自来到北京给叶笃正颁发了这个组织设立的第48届世界气象组织最高奖——IMO奖。国务院副总理回良玉出席了颁奖仪式。会上，世界气象组织的主席致辞盛赞叶笃正的杰出贡献。叶笃正也到会致辞答谢。20世纪50年代，叶笃正的老师C. G. Rossby（罗斯贝）——世界著名的大气物理学家也曾获此奖。

世界气象组织设立的IMO奖，每年由选举委员会在各国推选出的候选者中选出六名获奖者。一位年近九旬的中国老人为何会受到如此厚待？叶笃正教授为何接连获得国内外的殊荣呢？

我为此专程到北京中关村叶笃正教授的家中拜访了他。在他家的客厅里，叶笃正向我讲述了他那不平凡的人生经历和创建中国气象科学的艰苦岁月。

走上"科学救国"之路

生于1916年2月21日的叶笃正，祖籍安徽安庆。他的父亲叶崇质在清末时做过道台。后来目睹了军阀混战和官场的种种腐败，毅然弃官赴天津办实业，先后参与开办了华新纱厂、启新洋灰公司（即唐山水泥厂）。最后病故在华新银行总经理的任上。他们的家庭生活虽然富裕，但传统的封建气氛却很浓厚，再加上叶笃正等五兄弟均为庶出，待遇上的不平等和思想上的压抑使得他们对封建家庭深恶痛绝。因此，父亲一去世，他们便先后叛离家庭，走上了自强之路，甚至投身革命。

"很想知道您是怎样从事气象科学研究，又是怎样取得如此卓越成就的？"采访中我问道。

"我的经历，一言难尽！"叶笃正用带有天津口音的普通话对我说。随后便陷入了对往事深沉的回忆中。

1935年，叶笃正在天津南开中学毕业后，以优异的成绩考入北平清华大学。日本侵略者强占中国东北三省之后，在长城一线不停地向北平进犯，北平困处危境，天津沦陷在即，"华北之大，已经安放不下一张安静的书桌了"。此时叶笃正积极参加了"反对内战，一致抗日"的北平"一二·九"学生运动。

"至今我还清楚地记得60多年前，1936年3月31日，我们为在国民党监狱折磨致死的北平17中学郭清同学举行抬棺示威游行时的情形。"叶笃正说，"那天，清华大学的学生们走在游行队伍的前列。当学生们走到王府井大街时，军警手持大刀、木棍和皮鞭，从两翼包抄过来，对手无寸铁的学生任意砍杀、殴打。学生队伍冲破包围继续冒死示威。军警追杀到灯市口一带，冲散游行队伍后，分头追捕学生。我突然听见同学喊我的名字，说'快跑！快跑'，我这才扭头看见几个手拿大刀和木棍的军警正朝我追来，我见势不妙，撒腿就跟同学跑，跑着跑着，跑进了一条死胡同，我急中生智，搭了老百姓家的梯子爬上墙头，跳到了墙外的河里，这才暂时摆脱了军警的追捕。"

回忆起这段惊险的经历，叶笃正说："在这之前的2月29日黎明时分，开进清华园的国民党军警，对清华大学的爱国学生进行了重点搜捕。凡是军警认为可疑的学生都被关进一座大房子里，逐个审查。军警照着学生的花名册喊人，叫到谁，谁就要站起来回答问题，稍有迟疑，就抓去坐牢。坐在我旁边的章宏道（即章文晋，新中国成立后曾任中国外交部副部长）悄悄对我说：'你千万不要说出真名！因为你哥哥叶笃廉（当时也是清华大学的学生）是上了黑名单的，你要讲出真名字，他们很可能把你当成嫌疑犯抓起来。'过了片刻，章宏道又出主意说：'你可以讲个假名字。施全元和我住同屋，他的学号是"3024"，他肯定不在这个圈子里，等一会儿，你就用他的姓名和学号吧！'

"我把章宏道的话暗暗记在心里，等军警喊到'施全元'时，我毫不迟疑地答了个'有'字，大着胆子走到了军警的面前，等候问话。

"'学号？！'

"'3024。'

"军警铁青着面孔，翻看着花名册。我一眼瞥见我哥哥叶笃廉的名字上果然画了两个红圈圈。心想：真险啊！如果自己说出真名实姓，肯定会遇到大麻烦的。"

"一二·九"运动之后，北平各大学的学生纷纷走出校门，有的走向农村，有的走向工厂，到民众中宣传抗日救国。一次，叶笃正险遭逮捕，脱险后，他毅然参加了中国共产党的外围组织——中华民族解放先锋队。七七事变爆发后，他离开沦陷的北平，和同学们一起在地下共产党的领导下，参加了学生救亡团到卫立煌的军队里去做宣传工作去了。他们跟随部队辗转在陕西、山西的农村，时而走进破旧的农舍，时而冒着风雨跋山涉水。一天，他们要从延水关渡过黄河到第二战区去，经过延安时，当时正是国共合作时期，延安边区政府正举行盛大欢迎会，欢迎卫立煌的部队。在延安停留期间，叶笃正到各处参观访问，中国共产党领导下的延安到处生机勃勃，使他耳目为之一新。

当叶笃正又跟随卫立煌的部队经过西安，再返回山西垣曲国民党战区时，截然迥异的情景引发他无限感慨，尤其是他亲自经历的一件事使他刻骨铭心。

> 一个人拔尖永远都比不上一群人拔尖。
>
> ——叶笃正

他说："那是一天拂晓前，睡梦中我忽然被刘毓衡（地下共产党员，后改名为陈其五，新中国成立后曾任上海市委宣传部部长）叫醒。他让我立刻赶往王屋镇，把救亡团派到那里的小分队调回来，说日本鬼子离王屋镇只有5里路了。当时我们所在的垣曲离王屋镇95里地，路途遥远，情况紧急，心里想到小分队的战友们处在危险境地，因此，我二话没说，就独自上路了。一路上我看到惊慌失措的国民党官兵们预备不战而退、仓皇逃命的情景，非常寒心。我一口气走了95里路赶到了王屋镇，却见学生救亡团小分队的同志们镇静自如。跟他们说，队长调你们回去，还不快跟我走！"

"怕什么？鬼子离王屋镇还有20多里呢，而且并没有再前进的样子。"

这件事使叶笃正深刻地认识到了国民党的腐败无能。心想一个战区司令部对二三十公里地方的敌人竟然如此不知情，怎么打胜仗？他无论如何在这种部队里也待不下去了。就这样，他怀着一腔忧国的愁绪，沿着滔滔的黄河，离开了胡宗南的部队，去寻找一条新路。

几经周折，叶笃正回到了学校里。他说："当时同学们都不满现状，课上课下议论纷纷，讨论着怎样才能救中国。我起初想学物理，走'科学救国'之道。一个偶然的原因使我改变了想法。一天，我在学校的体育馆里和钱三强打乒乓球。这时，我还是理学院一年级的学生，而钱三强已经是物理系四年级的学生，眼看就要毕业了。"

"念完了一年级，我想念物理，你觉得怎样？"叶笃正一面打球，一面问钱三强。

"钱三强兄长般地劝我说，你不要念物理，还是搞点实用的学问吧！我看你还是学气象比较好，中国的气象科学太落后了。现在，中国最需要的是实实在在的学问。"

叶笃正听了学兄钱三强的这番话，觉得很有道理。他想，研究气象也必须有扎实的物理和数学知识。从此以后，他读书更为认真。大学一毕业就考进了浙江大学研究生院，成为气象学家涂长望和物理学家王淦昌教授的研究生，专攻大气电学。两年以后，通过论文答辩，进入原中央研究院气象研究所工作。

1945年秋天，叶笃正经过考试，被选送去美国留学。他从重庆乘飞机到印度，又乘船经印度和澳大利亚，在海上漂流了一个多月到达美国。到了美国芝加哥，他无心去风光旖旎的密歇根湖泛舟，也无心去高耸入云的希尔斯大楼游览，而是终日投身在紧张的学习之中。经过勤奋学习，1948年他在芝加哥大学研究生院获得了博士学位。毕业后留校，师从世界著名大气物理学家罗斯贝教授，做研究工作，成为以罗斯贝为代表的"芝加哥学派"的主要成员。罗斯贝很喜欢这位性格文静的东方青年，很快就请他主持了一项计划——研究夏威夷的气候。

在美国，叶笃正以中国人的勤奋和刻苦精神努力地学习和工作。在欧美各种著名杂志上发表了十几篇重要论文，他《关于大气能量频散传播》的博士论文为影响天气发展的大槽和大脊的预报提供了科学依据。这些成果直到今天人们还在沿用。

冲破阻力，如愿回国

一天，美国气象局派人来找叶笃正，提出愿以优厚的待遇请他到华盛顿工作。不料，叶笃正不仅一口拒绝了这个肥缺，而且提出了美国人预料不到的要求：回中国。

当时，正值新中国成立初期、朝鲜战争爆发之前，中美两国关系很紧张。因此，他的多次回国申请都遭到了拒绝。但他归心似箭，到处奔走。一天，他来到英国驻美国领事馆，提出去香港的申请。他想通过香港返回祖国的计划，同样遭到了拒绝。英国人说，你们中国人不能去香港。

"为什么？"

"你去问美国国务院！"

叶笃正一听气坏了，他质问那位英国官员说："你们是独立的国家，为什么要我去问美国国务院？"

"那个我不管，反正我不能发给你签证。"

叶笃正心情郁闷地回到研究所里，他的导师罗斯贝教授告诉他，美国气象局又派人来了，仍然希望他能到华盛顿去工作，并且让罗斯贝教授帮助劝说。结果，老师不但没有说服学生，反而被学生说服了。那天，坐在这位美籍瑞典老人的身旁，叶笃正诉说了自己深切思念祖国的心情："教授，你知道，国民党是个腐败的政府，正因为这个原因，我才离开自己的国家来到美国；如今，这个政府已经被推翻，我要回去和中国人民一起，建设我的国家。"

讲到这里，他用期待的目光望着罗斯贝说："教授，希望你能支持我的想法。"罗斯贝教授望着这位异国青年，深深地被他这一席话感动了，思忖半晌，罗斯贝激动地说："好吧，我支持你！我请你到瑞典去，你在那里待上一段时间，然后从瑞典回中国。"

过了几天，罗斯贝教授帮他搞到了瑞典使馆的签证。正在这时，叶笃正听说有条船要在香港靠岸，允许中国学者乘坐，于是连忙收拾行李，告别了罗斯贝教授。1950年8月27日，叶笃正登上"威尔逊总统号"轮船，横渡太平洋回到了祖国。

"您终于如愿以偿了。回国后呢？"我被叶笃正教授的爱国热情深深地打动，听完他的上述经历,我又急切地问道。

创气象研究,测大地风云

叶笃正教授喝了口水,说:"我们中国人不笨,早在1500年前的《淮南子》中就有关于二十四节气的记载,这在当时是了不起的发现。可是,后来我们落后了。全国解放时,现代气象科学几乎是空白的,研究手段也非常落后,真是百废待举啊!"

"我从美国回来之前,原想到清华大学教书,或是做研究工作。回来以后,涂长望教授让我帮助中国科学院筹建气象方面的研究所,同时帮助中央气象局把天气预报搞起来,就这样,我被任命为中国科学院地球物理研究所北京工作站的主任,在北京西直门内北魏胡同的一座破房子里开始了艰苦的创业。"

在那些日子里,叶笃正怀着建设新中国的喜悦,早出晚归,从怎样看天气图教起,培养了一批又一批年轻的气象工作者。

当时,抗美援朝战争正在紧张地进行。前方打仗,后方生产,从四面八方不时地传来要求预报天气的呼声:出动空军,急需天气预报!防洪抗洪,急需天气预报!农业生产,急需天气预报……

不久,中国科学院地球物理研究所和中央气象局共同建起了以顾震潮、陶诗言等人为正副主任的天气分析预报联合中心和以张宝堃、朱岗昆等为首的气候资料联合中心。叶笃正代表赵九章教授参加了对这两个中心的领导。这两个中心随后发展成为采用近代方法做天气预报的中央气象台和以近代方法整编气候资料的气候资料室。

叶笃正教过的许多学生至今还记得当年他指着墙上挂着的巨幅天气图,兴奋地告诉年轻的气象工作者说,回国后他过得很充实,没有虚度光阴。他曾自豪地说:"中国的天气预报要在物理、数学的基础上建立起来。今后,'天有不测风云'的时代在我国基本结束了。"

叶笃正在纷繁的工作中,教书、育人、创业,年复一年地建设中国的气象科学,仅几年时间,他就和科技人员们一起把大气物理学的主要分支一一建立起来。由他担任所长的大气物理研究所从原来的十几个人,只做一些天气和气候研究,发展到集上百人的门类齐全的大型研究所。

他平时总是随身带着一个小本子，想到什么就立刻记下来。叶笃正惜时如金，即使是工间10分钟也不浪费。在回国最初的几年里，他和其他科学家一起，建立起了中国自己的气象科学。他关心和研究的课题是：影响中国的是什么天气系统？控制中国天气的环流是怎样发生发展的？研究发现，在青藏高原以南和以北，有两股强西风以50米/秒左右的速度向东吹，青藏高原好比一个巨大的屏障，使它们的位置比较稳定。越往东走，两股气流的距离越近，最后合成一股，到了日本风力最强。

他还用当时最先进的手段和分析方法，研究了东亚大气环流的演变。他和他的同事陶诗言教授指出：东亚大气环流的演变不像以往人们认为的是渐变的，而是有个突变的过程，他指出了两个变化最大的时间，一个是春末，另一个是近于秋末。因此，9月份以后，中国的大部分地区忽然秋风飒飒，冷空气过来两三个星期以后，冬天来临。

回国后的第7年，叶笃正把这些重大发现写进了他与朱抱真合著的《大气环流的若干基本问题》一书中。同时，他还和顾震潮、陶诗言等科学家总结了他们对东亚大气环流的研究，写成长篇论文，寄给罗斯贝教授主办的瑞典气象杂志发表。

许多外国气象学家看了都很惊讶，想不到这么短的时间，他们就把东亚大气环流的许多基本问题摸清楚了。

两年以后，他又和大家一起出版了《青藏高原气象学》一书。他还发现，青藏高原的夏季是个大的热源，并发现高原的热源作用可以影响到遥远的地区。后来，又和李麦村合著了《大气运动中的适应问题》一书。在这本书中，解决了长期以来国际气象学界争论不休的一个重要问题。事情是这样的：20世纪40年代以前，气象学家普遍认为大气环流主要是气压分布不均匀产生运动的，气压场在其中起了主要作用；1940年左右，叶笃正的老师罗斯贝教授提出，气压场不是主导，风场是主导，不少的实验也证明他的理论是对的。"真理只能有一个，到底古老的想法对呢？还是老师的理论对呢？"叶笃正经过反复研究后发现，古老的想法对，老师的想法也对。若以数千公里以上的环流为对象，则古典理论对；若以千把公里的环流为对象，则老师的理论对。研究对象一大一小,因此得出了不同的结论。四五年以后,外国科学家也发现了这个问题。

在从事气象科学研究的数十年间,叶笃正共写了6部专著(包括与人合写),发表了90多篇论文,为中国培养了大批大气物理研究人才。由于功绩卓著,1978年被推选为中国气象学会理事长;1980年当选为中国科学院学部委员,并担任了中国科学院副院长、国际大地测量与地球物理学联合会中国委员会主席、中国全球变化委员会主席等职务。之后他还担任国际气象和大气物理委员会执行委员会及国际大地测量与地球物理学联合会中国委员会执行委员,被选为芬兰科学院外籍院士、英国皇家气象学会和美国气象学会的荣誉会员,翻开美国出版的《世界名人录》,也能找到中国科学家叶笃正的名字。

比几百篇学术论文更大的贡献

1979年春季,叶笃正率领中国气象代表团再次踏上了美国的土地。在紧张的学术活动之余,美国朋友来看望他时,又提出了30年前那个曾经使他们困惑不解的问题:"你离开美国,回到中国,很后悔吧?"

"不,我不后悔。"叶笃正摇摇头坚定地说。

那位美国朋友用惊奇的目光望了望这位年逾花甲、瘦削和蔼的中国老朋友,耸了耸肩,听他继续讲下去。

"当然,如果不回去,我的个人生活会优裕得多。可是,我是中国人,我回去是给祖国做事。"

"但是,你如果在美国继续工作下去,你的成就会比在中国大!"

"不,如果当时我不回去,我的成就肯定不如在中国大!"

"为什么呢?"

"当然啦,如果我留在美国,我个人取得的成就可能很大,我写的论文质量可能比较高。可是,我认为不应当这样看待成就。当时,诸位都知道,中国的气象科学几乎是一张白纸,非常落后。"

在座的美国科学家很感兴趣地听着,叶笃正用非常自豪的口吻说:"我认为,一个人如果能把一个国家的气象科学提高到一定的水平，那么，这比他个人写多少篇论文所做的贡献都要大！"

美国科学家听了，点点头笑了。

他还告诉他的美国朋友：回国后他和同事们在中国建立了一个研究所。当时这个研究所的前身只是一个由十三四个人组建的研究小组，只能做些一般的天气和气候研究。现在这个研究所几乎包括了大气科学的各个分支，它的水平可以和先进国家的研究所相比，这不仅是对中国大气科学的贡献，也是对世界的重大的贡献，难道不比他在美国写几百篇学术论文的贡献大得多吗？

叶笃正用这番充满炽热爱国思想的话，把他的美国朋友们征服了。在座的美国科学家听了他的这番话，动情地说："我们美国人尊敬叶先生，不仅因为你的科学成就，更因为你的高贵人格！"

回忆往事，叶笃正说："回国以后，一直想把中国气象科学推到世界上去；同时把国外的东西引进来，然后在这个基础上发展、创造自己的东西。"如今，他的想法实现了。中国的大气科学与世界接轨，并占有了一席之地。由于叶笃正对世界气象科学的卓越贡献，他也蜚声海内外，在世界气象科学界享有很高的声誉。

船骥托起一片天

● 记工程热物理学家吴仲华

科学家档案

吴仲华（1917—1992），出生于上海，祖籍江苏苏州，中国工程热物理学家，中国科学院院士。历任清华大学动力机械系教授兼系副主任，中国科学院动力研究室主任、研究员，力学研究所副所长，中国科学院工程热物理研究所所长、名誉所长。他领导研究的整套亚、跨、超声速计算机方法与计算机程序已在国内广泛应用，为提高我国能源利用水平做出了重大贡献。

采访著名工程热物理学家吴仲华，是在20世纪80年代中期，在他中关村的实验室里进行的。

采访前，我请他首先给我科普一下他所从事的科学研究工作，他欣然同意。吴仲华说："早在公元200年的东汉末年，我国已有关于使用风车的记载。到了公元1000年左右的北宋年间，就出现了燃烧蜡烛产生热气以此来驱动轮子的走马灯。这些都是我国古代人民的伟大创造，是原始的叶轮机械和燃气轮机的雏形。20世纪30年代末期，同时在英、德、瑞士研制成功的飞机和发电用的燃气轮机就是利用这一原理。这说明我们中国人的智力并不比别人差。只是近百年来落后了，我们要奋起直追，迎头赶上，让中国人设计、制造的飞机飞上祖国的蓝天，飞遍全世界。"

随后，吴仲华教授对我谈了他如何归心似箭，如何在联合国大厦旁听席上旁听，以及如何冲破种种阻挠从美国回到祖国的曲折经历。

立志"造中国人自己的好飞机"

"我的童年是在上海度过的。小时候我很喜欢音乐，也曾幻想长大了当一名音乐家。可是不久这个梦想就破灭了。日本人打来了，国民党政府节节败退。我觉得中国人受欺侮，是因为科学技术不发达。于是，决心学习机械工程，报考了清华大学机械系。抗战爆发后，我随学校迁到了昆明，这里离前线虽然很远，但也时常响起空袭警报。日本飞机狂轰滥炸，我亲眼看到老百姓和同学们被炸死、炸伤，心里很难过。心想：要是我们中国人也有好的飞机，飞上去把它们揍下来就好了！"

"有一天，我从报纸上看到一篇报道：由于国民党政府不好好搞工业建设，无能力制造飞机，向外国购买飞机时又贪赃枉法，买来的飞机性能很差，致使一位爱国将士驾驶着一架装满了炸弹的破飞机，冲着日本的军舰撞去，与敌人同归于尽。这个悲壮的现实促使我大学毕业以后就到美国学习制造航空发动机的理论与技术。1947年我在美国麻省理工学院获得科学博士学位后，由系主任介绍到美国国家航空咨询委员会（NACA，美国宇航局前身）的发动机研究中心工作。在那里，我一面工作，一面指导三位美国技术人员的工作。"

"什么叫燃气轮机呢？它有什么用途？"我打断吴仲华教授的回忆。

吴仲华随即深入浅出地讲解："燃气轮机，也叫燃气透平，是一种由压气机、燃烧室和燃气轮组成的动力机。这种机械工作的原理是：空气在压气机里先被压缩成高压空气，和燃料在燃烧室里相遇后燃烧起来，使温度上升到1000℃上下。而后，燃烧后的高压高温气体便以高速度冲击燃气轮的叶片，使装着叶片的轮子飞快地旋转起来。"

"噢，原来是这样，那么，它又是怎样成为喷气式飞机的发动机的呢？"我好奇地追问。

"如果把这个燃气轮的轴和发电机的轴相连接，发电机就会转动起来发电。1939年，瑞士的工程师使用这种方法建立了世界第一座燃气轮机发电站。与此同时，英国和德国的工程师则把燃气轮机安装在飞机上，利用从燃气轮机排出的高速气体，通过一个尾喷管使气体以更高的速度向后喷出，成功地制造出喷气式飞机的发动机。

渐渐地，燃气轮机又被用来做舰艇、机车和坦克的发动机，越来越多地出现在人类生活的各个领域里。"

"可是，用到了一定阶段时人们发现设计这种燃气轮机时，已有的'二元（平面或圆柱面）流动理论'只能满足设计低性能喷气式飞机发动机的要求，要造出更高性能的喷气发动机，这种理论就显得很不够了。为了航空事业发展的需要，人们迫切希望能创造出一种崭新的理论，这就是'三元（空间）流动理论'，以适应需要。"

吴仲华深情地回忆道："这个大难题提出来的时候，我正在美国。研究所的领导把这个难题交给了我。在这之后，我仔细地研究了世界各国关于燃气轮机的实验报告和计算方法，应用物理学的基本原理对发动机的内部流动，做了深入细致的剖析。设计了一个又一个计算模型。三年以后，终于解决了这个难题。"

说完，吴仲华教授的脸上泛起了喜悦的神情。

他告诉我说，正在这时，传来了新中国成立的消息。

"飞向太阳升起的地方"

"对于旧中国，我早已深恶痛绝。而新中国又是个什么样子呢？相距万里之遥，我了解得太少了。有一次，我出差去纽约，特地跑到唐人街，在出售中国书籍的小店里买到了一本毛泽东的《论联合政府》，回到家里急忙阅读了起来。

"我那次去纽约是为了在美国机械工程学会的年会上宣读论文的。有一天，忽然在《纽约时报》上看到一条新闻：伍修权率领的新中国代表团到达纽约，并且将要参加联合国关于朝鲜问题的辩论。看到这条新闻，我兴奋极了，整整一夜没有睡觉，一大早我便赶到了联合国大厦。

"那天，我全神贯注地坐在旁听席上，注视着主席台。突然，我看见伍修权穿着一身崭新的中山装，昂首阔步地走到了麦克风前。他说：'刚才发言的那位先生，不是中国人，因为他讲的不是中国话！'伍修权用洪亮的中国话，驳斥了国民党代

> 孩子，这里的太阳正落山了。我们的祖国太阳刚刚升起。现在，我们要向东飞，飞向太阳升起的地方！
> ——吴仲华

表蒋廷黻的谬论，又谴责了美国出兵侵略朝鲜的行为。"

这位当年一心研制新的航空发动机的科学家，激动地回忆说："我听着听着，不禁哭了起来。从我记事的时候起，在半殖民地的旧中国，我看到的是'华人与狗不得入内'；听到的是'中国人是劣等民族''东亚病夫'。在上海，在北京，外国人在公开场合也敢任意欺侮中国人。而中国人呢，有的奴颜婢膝，有的忍气吞声，还有许多人不得已只好任人宰割。现在，在强大的超级大国——美国的土地上，在世界讲坛上，忽然出现了这样一些天不怕、地不怕的中国人，竟然敢于声色俱厉地谴责起美国人的侵略行径来了！我这个饱尝被压迫民族辛酸的知识分子怎能无动于衷呢！我一面激动地流着眼泪听伍修权的报告，一面几乎情不自禁地要跳起来高呼：新中国万岁！"

吴仲华教授说，那天散会以后，他从纽约回克里夫兰的路上，心情一直很激动。见到妻子就兴奋地说："敏华，祖国新生了，不管有多大的困难和风险，我们也要想方设法回到祖国去！"

"对，我们学的专业，祖国很需要！"学术上很有造诣的李敏华是与吴仲华同时在美国留学的。

"自从在联合国大厦听了伍修权的讲话以后，我们回国的决心就更加坚定了。为了摆脱美国有关方面的阻挠，我们先辞掉了研究工作条件很好的美国国家研究机构的职务，到一所私立大学——布鲁克林埋工大学，担任教授和主任研究员的职务，经过三年的努力，也经过多方面的联系了解，终于在1954年8月1日踏上了归途。"

吴仲华教授深情地对我谈了他带领全家人回国时的动人经历："那是一个天气非常晴朗的星期天，我和妻子李敏华领着两个小男孩，提着两只轻便的衣箱，乘车来到纽约拉瓜地区的机场。从表面上看，一家人完全像是去欧洲旅游的样子。但是，我俩的心里却很紧张：能否顺利地通过海关检查？事先，我们已经打听好，星期日移民局的工作人员休息，委托航空公司检查。我们的旅游手续办得很完善，结果很顺利地通过了检查，登上了飞机，横越大西洋向英国飞去。"

"爸爸，我们要飞到哪儿去呀？"飞机起飞后，孩子们问吴仲华。

"孩子，这里的太阳正落山了，我们祖国的太阳刚刚升起。现在，我们要向东飞，飞向太阳升起的地方！"说完，吴仲华的眼睛湿润了。一种游子归来的喜悦滋味在

科学家档案

李敏华（1917—2013），江苏吴县（现吴中区）人，固体力学专家，中国塑性力学的开拓者，中国科学院院士。美国麻省理工学院工科方面第一位女博士。

他的心中奔涌。整整10年的海外漂泊生活就这样结束了。

这年秋天，他和李敏华带着两个孩子，绕道瑞士、奥地利、捷克斯洛伐克、苏联，穿过西伯利亚荒原，历尽千辛万苦回到了北京。

1955年春天来临，一批批从海外归来的科学家，同党和国家领导人欢聚一堂，共商建国大计。大家在一起研究制定科学规划，设计怎样尽快造出第一颗原子弹，尽快造出中国第一架自己设计的飞机……

一天下午，吴仲华和李敏华被邀请出席欧美同学会欢迎从海外归来的科学家的招待会。会上，周恩来总理发表了热情洋溢的讲话。随后，周总理走下主席台，紧紧地握了吴仲华的手，又紧紧地握了李敏华的手，当听到茅以升会长说他俩只有30多岁时，周总理非常高兴地说："你们还很年轻，希望你们多为国家做贡献！"

吴仲华告诉我说，回国后，他一面在清华大学教书，一面在中国科学院积极筹建动力研究室。由于他的积极倡导，1956年清华大学成立了中国第一个燃气轮机专业。不久，动力研究室也建立起来了。继《三元流动理论》之后，回国后不到两年时间，他又发表了几篇重要论文，于1957年获得了国家自然科学奖。

"过去，在国外是给人家干，现在不同了，是在给自己干！"吴仲华说。他怀着一种主人翁的责任感到处奔走，为的是使燃气轮机这种先进的动力机械，能把各行各业装备起来。与此同时，他还和助手们多次深入到飞机发动机工厂，研究如何尽快地设计、制造出中国第一台飞机发动机。

吴氏通用理论

1979年秋天的一个早晨，吴仲华乘飞机去西安。途中，王震同志指着坐在身旁的吴仲华向大家介绍："这位就是我国著名的工程热物理学家吴仲华教授！"

吴仲华微笑着点了点头，宽阔的额头下一双炯炯有神的眼睛闪着睿智的光芒。

"噢，原来您就是吴仲华教授！"机长紧紧地握着他的手，惊喜地说。机长说，他在20世纪60年代去英国接收飞机时，就听英国飞机发动机厂的工程师们谈起过吴仲华教授。英国工程师们说，他们生产的飞机和世界上很多大型客机、战斗机的发动机，在设计中都不同程度地采用了吴仲华教授创立的"叶轮机械三元流动理论"！

在这之前，在吴仲华的倡导下，中国科学院工程热物理研究所和有关的工厂联合成立了中华燃气轮机研究发展公司。作为中国工程热物理学的创始人和世界著名的气动热力学家，吴仲华的名字随着日夜在地球上空呼啸而过的飞机已经传遍了全世界。

在挪威和比利时召开的先进压气机国际会议上，与会科学家把"叶轮机械三元流动理论"更明确地定名为"吴氏通用理论"，理论中的主要方程称为"吴氏方程"。

1976年，北大西洋公约组织的顾问团召开学术会议，专门评价世界各国有关叶轮机械的计算方法，大会主席在总结报告中说："在过去的两年里，使用了各种形式的吴的流面（即三元流动理论），这个模型（吴仲华理论）在将来仍然是非常有用的工具。"

就在这次会上，英国、法国、德国的科学家们纷纷报告了采用吴仲华理论设计飞机发动机取得的成果。

这年秋天，第三届国际航空喷气发动机会议在德国召开。吴仲华应邀参加了会议。他的出现受到了与会各国科学家的注目。吴仲华在会上，宣读了一篇经过多年潜心研究写出的论文——《任意非正交曲线坐标下基本方程组及其数值解法》。在这篇论文中，他把30年前提出的"叶轮机械三元流动理论"更普遍化了，使这个理论更加适合设计现代先进的叶轮机械的要求。

会议结束时，主席巴特勒教授在总结发言中说："由创始人提出的新的权威性的叶轮机械三元流动方程组，是吴教授50年代经典著作的发展和普遍化。他的报告是我们这次会议最为精彩的部分！"

采访结束的时候，吴仲华教授欣慰地告诉我，在英国国家燃气轮机研究院、罗罗发动机公司，美国宇航局的路易斯推进中心，法国国家宇航研究院、斯内克马发动机公司，德国的宇航院等世界著名的研究单位和航空发动机公司里，人们在研究和设计制造各种先进的飞机发动机时都普遍采用了吴仲华的理论。

后 记

　　《非凡的智慧人生》2006年由上海教育出版社出版。时隔14年，应广东高等教育出版社之约，我对原书做了增删。

　　20世纪60年代始，在长达30多年的时间里，我在新华社负责科技方面的报道工作。在数十年的记者生涯中，我有幸接触并采访了当代许多著名的科学家，采访他们的人生经历，使我领悟到他们不仅学术造诣深厚，而且有强烈的爱国心。在书中记述的科学家中，不少人曾荣获国家最高科学技术奖，不仅蜚声国内外，屡屡获奖，还有的国家将他们的名字镌刻在人造星球上，送入了浩瀚宇宙。

　　他们之中，有的拒绝了国外优厚的待遇，毅然归国，无私地奉献了青春年华；有的甚至毫不犹豫地以身许国，他们用自己的智慧和汗水默默无闻地工作，书写了一段崭新的国史。

　　在新的版本即将问世之际，我要感谢各位大科学家，正是他们当年的信任和重托，我才得以把他们的故事记录下来，激励后人，长留人间！我还要感谢广东高等教育出版社总编辑黄红丽女士和资深编辑钱丹女士，正是她们的热情支持，才使该书成功再版。

　　最后，我还要感谢上海教育出版社从未见过面的资深编审方鸿辉。当年，他曾非常精心地编辑这本书，并且喜欢这本书，近来他原想再次出版精装本，后因种种原因未能如愿。如今，他的愿望由黄红丽、钱丹两位女士实现了，我想方鸿辉编审见到新版的图书时也会高兴吧！

顾迈男
2019年11月于北京